Marco Mezzadri, Linuccio Pederzani

GP

**Grammatica pratica della lingua italiana
Esercizi supplementari**

A1-C1

Bonacci editore

 **LŒSCHER EDITORE** © Loescher Editore - Torino 2017
http://www.loescher.it

I diritti di elaborazione in qualsiasi forma o opera, di memorizzazione anche digitale su supporti di qualsiasi tipo (inclusi magnetici e ottici), di riproduzione e di adattamento totale o parziale con qualsiasi mezzo (compresi i microfilm e le copie fotostatiche), i diritti di noleggio, di prestito e di traduzione sono riservati per tutti i paesi. L'acquisto della presente copia dell'opera non implica il trasferimento dei suddetti diritti né li esaurisce.

Le fotocopie per uso personale del lettore possono essere effettuate nei limiti del 15% di ciascun volume dietro pagamento alla SIAE del compenso previsto dall'art. 68, commi 4 e 5, della legge 22 aprile 1941 n. 633.

Le fotocopie effettuate per finalità di carattere professionale, economico o commerciale o comunque per uso diverso da quello personale possono essere effettuate a seguito di specifica autorizzazione rilasciata da:

CLEARedi, Centro Licenze e Autorizzazioni per le Riproduzioni Editoriali, Corso di Porta Romana 108, 20122 Milano

e-mail *autorizzazioni@clearedi.org* e sito web *www.clearedi.org*.

L'editore, per quanto di propria spettanza, considera rare le opere fuori dal proprio catalogo editoriale. La fotocopia dei soli esemplari esistenti nelle biblioteche di tali opere è consentita, non essendo concorrenziale all'opera. Non possono considerarsi rare le opere di cui esiste, nel catalogo dell'editore, una successiva edizione, le opere presenti in cataloghi di altri editori o le opere antologiche.

Nel contratto di cessione è esclusa, per biblioteche, istituti di istruzione, musei ed archivi, la facoltà di cui all'art. 71 - ter legge diritto d'autore.

Maggiori informazioni sul nostro sito: *http://www.loescher.it*

Ristampe

6	5	4	3	2	1	N
2022	2021	2020	2019	2018	2017	

ISBN 9788820137786

Nonostante la passione e la competenza delle persone coinvolte nella realizzazione di quest'opera, è possibile che in essa siano riscontrabili errori o imprecisioni. Ce ne scusiamo fin d'ora con i lettori e ringraziamo coloro che, contribuendo al miglioramento dell'opera stessa, vorranno segnalarceli al seguente indirizzo:

Loescher Editore
Sede operativa
Via Vittorio Amedeo II, 18
10121 Torino
Fax 011 5654200
clienti@loescher.it

Loescher Editore Divisione di Zanichelli Editore S.p.A.
opera con sistema qualità certificato KIWA-CERMET n. 11469-A
secondo la norma UNI EN ISO 9001-2008

Coordinamento editoriale: Chiara Romerio
Progetto grafico: Laura Rozzoni
Adattamento e impaginazione: Angela Ragni
Redazione: Edizioni La Linea - Bologna
Illustrazioni: Ermanno Leso
Ricerca iconografica: Giorgio Evangelisti
Copertina: LeftLoft - Milano/New York
Stampa: Vincenzo Bona S.p.A.
Strada Settimo, 370/30 - 10156 Torino

Referenze fotografiche:

(ove non diversamente indicato, le referenze sono indicate dall'alto verso il basso, da sinistra a destra, in senso orario. a= alto; b=basso; c=centro; dx= destra; s=sinistra)

p.9:(ac) © PHOTOCREO Michal Bednarek/Shutterstock.com, 2014;(ad) © L.Andronov/Shutterstock.com, 2016;p.13:(cc) © Jele/Shutterstock.com, 2016;(cd) © D.Kalinovsky/Shutterstock.com, 2016;(bs) © E.Galeotti/Shutterstock.com, 2016;(bc) © stockyimages/Shutterstock.com, 2016;p.14:© Syda Productions/Shutterstock.com, 2016;p.19:(da) © M.Mayer/Shutterstock.com, 2014;(bs) www.angels-giocattoli.it;p.20:(as) © V. Kielaitis/Shutterstock.com, 2017;(ad) © A.Ivanov/Shutterstock.com, 2014;(cs) © Mangostock/Shuttersrtock.com, 2013;(cd) © Photographee.eu/Shutterstock.com, 2014;p.21:(cd) © Tsyhun/Shutterstock.com, 2014;(bs) © G.Dolgikh/Shutterstock.com, 2013;(bd) © R.Hoetink/Shutterstock.com, 2015;p.24:© rkl_foto/Shutterstock.com, 2017;p.31:© Photos.com, 2010;p.32:© Jupiter Images, 2010;p.33:© JL-Pfeifer/Shutterstock.com, 2016;p.34:(ad) © V.Volkov/Shutterstock.com, 2014;(cd) © vchal/Shutterstock.com, 2016;p.47:(cd) © goodluz/Shutterstock.com, 2016;(bs) © Jekurantodistaja/Shutterstock.com, 2016;(bc) © I.Afonskaya/Shutterstock.com, 2016;(bd) © K.A.Valerevich/Shutterstock.com, 2016;p.48 e p.53:© Photos.com, 2014;p.54:© Nastya22/Shutterstock.com, 2017;p.56:Fandango, Sacher Film, Rai Cinema in co-produzione con Le Pacte e con Arte/01 Distribution, 2015;p.61:© Iakov Kalinin/Shutterstock.com, 2012;p.65:© canadastock/Shutterstock.com, 2016;p.69:(cs) © blackred/Istockphoto.com, 2016;(b) © nem4a/Shutterstock.com, 2014;p.71:(dall'alto) © Gemenacom/Shutterstock.com, 2014;© M.Kraus/Shutterstock.com, 2016;© Photos.com, 2012;© Vova Shevchuk/Shutterstock.com, 2016;p.72:© Minerva Studio/Shutterstock.com, 2017;p.73:© geliatida/Shutterstock.com, 2017;p.77:© lipik/Shutterstock.com, 2017;p.89:(sx dall'alto) © Jupiterimages.com, 2013;© domnitsky/Shutterstock.com, 2017;© Os Peaceful/Shutterstock.com, 2017;© Photos.com, 2011;© ICPonline.com, 2008;(c dall'alto) © Minerva Studio/Shutterstock.com, 2013;© Melica/Shutterstock.com, 2015;© M.Allinger/Shutterstock.com, 2017;© Photomak/Shutterstock.com, 2013;© sylv1rob1/Shutterstock.com, 2017;p.91:Brescia Today, 2015;p.92:© leonid_tit / Shutterstock.com, 2011;p.97: (c da sx) © Rommel Canlas/Shutterstock.com, 2015;papageorge, 2008;© F.Caparros/Shutterstock.com, 2017;© Sabphoto/Shutterstock.com, 2017; (b da sx) © stokkete/Shutterstock.com, 2014;© Image Point Fr/Shutterstock.com, 2016;© Syda Productions/Shutterstock.com, 2017;p.106:Oscar Mondadori;p.107:(ad) © E.Isselee/Shutterstock.com, 2017;(c da sx) © ICPonline.com, 2008;© Kurhan/Shutterstock.com, 2015;© wavebreakmedia/Shutterstock.com, 2013;© fotoNino/Shutterstock.com, 2017;(b da sx) © wavebreakmedia/Shutterstock.com, 2014;© Syda Productions/Shutterstock.com, 2016;© Photos.com, 2010;© Osetrik/Shutterstock.com, 2017; p.110:© T.koch/Shutterstock.com, 2017;p.111:© D.Kuvaev/Shutterstock.com, 2017;p.113:© Photographee.eu/Shutterstock.com, 2017;p.115:© PhotoMediaGroup/Shutterstock.com, 2017;p.117:© A.Koroglu/Shutterstock.com, 2017;p.120:www.laterrazzadimichelangelo.it;p.123 (da sx) © Kaarsten/Shutterstock.com, 2014;© yongtick/Shutterstock.com, 2017;© Gearstd/Shutterstock.com, 2017;© Di Studio/Shutterstock.com, 2017;p.133:(da sx) © Nejron Photo/Shutterstock.com, 2016;© wavebreakmedia/Shutterstock.com, 2017;© M.Apostolovic/Shutterstock.com, 2017;p.138:© luckyraccoon/Shutterstock.com, 2016;p.143:(ad) © P.Jilek/Shutterstock.com, 2017;(cd) © J. Ibrakovic/Shutterstock.com, 2017;(bd) © Stokkete/Shutterstock.com, 2017;p.145:© ArtFamily/Shutterstock.com, 2017;p.150:(as) © MONDADORI PORTFOLIO/Archivio Giorgio Lotti/Giorgio Lotti;(bd) © rainews.it;p.151:(ad) RAI- su licenza Archivi Alinari;(bd) www.italy24.ilsole24ore.com;p.160:© rangizzz/Shutterstock.com, 2017;p163:© Odua Images/Shutterstock.com, 2016;p.167:(ad) J.Kemp/www.naroomanewsonline.com.au;(bs) P.Nicklen, 2013/ National Geographic;p.169:© alphaspirit/Shutterstock.com, 2017;p.171:(ac) © S.Mironov/Shutterstock.com, 2017;(ad) © MiloVad/Shutterstock.com, 2013;p.173:© azin-v/Shutterstock.com, 2017;p.176:(as) © DykyoStudio/Thinkstock, 2014;(ac) © COLOA Studio/Shutterstock.com, 2017;(d) © H.Kueverling/Shutterstock.com, 2017;(bs) © R.Jay/shutterstock.com, 2017;(cc) © siloto/Shutterstock.com, 2017;(bc) © V.Volkov/Shutterstock.com, 2017;p.177:(ac) © photka/123RF.com, 2015;(b) © FloridaStock/Shutterstock.com, 2014;

INDICE

1	Essere e avere: presente indicativo	6
2	La forma interrogativa e la forma negativa	8
3	Il presente dei verbi regolari	10
4	Il presente dei verbi irregolari	12
5	I pronomi personali soggetto e la forma di cortesia	14
6	L'articolo determinativo	16
7	L'articolo indeterminativo	18
8	I nomi: il genere femminile e maschile	20
9	Il plurale dei nomi	22
10	Il plurale irregolare dei nomi	24
11	Gli aggettivi	26
12	Aggettivi e pronomi dimostrativi	28
13	Aggettivi e pronomi possessivi	30
14	Vorrei e potrei	32
15	Gli interrogativi: *Chi? Che cosa? Come?...* e gli esclamativi	34
16	*Stare* + gerundio e *stare per* + infinito	36
17	I numeri cardinali e ordinali	38
18	L'ora	40
19	Le date, gli anni e i secoli	42

20	Gli avverbi	44
21	Le preposizioni (1)	48
22	Le preposizioni (2)	52
23	Le preposizioni (3)	56
24	I connettivi (1)	58
25	Il passato prossimo	62
26	L'imperfetto	66
27	Il futuro semplice	68
28	I pronomi personali complemento	70
29	I verbi riflessivi	74
30	Il *si* impersonale	76
31	I pronomi relativi	78
32	Il condizionale semplice	80
33	I verbi fraseologici	82
34	*Ci* e *ne*	84
35	Il ne partitivo	86
36	I pronomi composti	88
37	Il passato remoto	90
38	Imperfetto o passato prossimo/passato remoto	94
39	Il futuro anteriore	96
40	Il trapassato prossimo	98

41	Il condizionale composto	100
42	La forma impersonale – *Loro, tu, uno* e i verbi impersonali	102
43	La forma passiva	104
44	La forma passiva con *si*	108
45	Gli indefiniti (1)	110
46	Gli indefiniti (2)	114
47	I comparativi e i superlativi	118
48	L'imperativo	124
49	Il congiuntivo	128
50	La concordanza dei tempi	134
51	Il periodo ipotetico	140
52	Il trapassato remoto	144
53	Il discorso indiretto	146
54	Il gerundio	152
55	Il participio	154
56	L'infinito	156
57	Verbi e aggettivi + *di* o *a* + infinito	160
58	I connettivi (2)	164
59	La formazione delle parole (1)	170
60	La formazione delle parole (2)	176

SOLUZIONI 178

1 ESSERE E AVERE: PRESENTE INDICATIVO

1 • **Completa le frasi con *essere*.**

1. Antonio e Camilo _____ due studenti spagnoli.
2. Il professor Salmelli _____ il nostro insegnante di matematica.
3. – Tu chi _____ ? – Io _____ Gela, una studentessa tedesca.
4. – Voi chi _____ e di dove _____ ?
   – Io _____ Aziz e _____ marocchino. Lei _____ Simarjit ed _____ indiana.
5. Noi _____ due professori dell'università.

2 • **Completa le frasi con *avere*.**

1. Lucio _____ sempre sete.
2. – Quanti anni (tu) _____ ? – Io _____ 23 anni.
3. Mary e John non _____ ancora il libro di italiano.
4. Buongiorno ragazzi, oggi scriviamo. (voi) _____ tutti la penna e il quaderno?
5. Sono le 13.10 e (noi) _____ molta fame.
6. Anna _____ una matita rossa.
7. Oggi vado a letto perché (io) _____ sonno.

3 • **Completa le frasi con *essere* o *avere*.**

1. Tu _____ in Italia.
2. Voi _____ sonno.
3. Paolo e Marta _____ italiani, lui _____ di Roma e lei _____ di Napoli.
4. Luigi _____ 20 anni ed _____ uno studente universitario.
5. – E Lei chi _____ ? – (io) _____ Michele Carra, _____ 39 anni e _____ il professore di italiano.
6. (tu) _____ una gomma, per favore?
7. – E voi di dove _____ ? – (noi) _____ croati, di Zagabria.
8. Noi _____ caldo e loro _____ freddo. Apriamo o chiudiamo la finestra?

4 • **Descrivi che cosa c'è sulla cattedra. L'esercizio è avviato.**

Sulla cattedra ci sono due libri.
_____
_____
_____
_____
_____
_____

5 • **Completa le frasi con i verbi *essere*, *esserci* (*c'è*, *ci sono*) e *avere*. Abbina le domande della colonna di sinistra con le risposte della colonna di destra.**

1. Quanti anni (tu) _____ ?
2. Di dove _____ Juan e Ernesto?
3. (voi) _____ una penna?
4. Signora Paola, _____ caldo?
5. Che cosa _____ sul banco?

a. No, ma (noi) _____ una matita.
b. Sì e (io) _____ anche molta sete.
c. _____ un libro e un quaderno.
d. (loro) _____ argentini, di Rosario.
e. (io) _____ 25 anni.

6 GP | Grammatica pratica della lingua italiana | Esercizi supplementari

6 ●● **Forma delle frasi e trasforma i verbi *essere*, *esserci* (*c'è*, *ci sono*) e *avere* nella forma corretta.**

1. Michelle / io / essere / essere / di / e / francese / Parigi
2. Tina / avere / e / freddo / Francesca
3. 17 / croato / essere / avere / Pietro / e / anni
4. essere / il / di / tuo / italiano / come / libro / ?
5. penne / banco / esserci / sul / tre

7 ●● **Scrivi una frase, come nell'esempio.**

IO SONO PIERRE, SONO FRANCESE, DI PARIGI.

1. Io sono Monica
2. Io sono Angela
3. Noi siamo Paul e Mary
4. Io sono Xiao

8 ●● **Completa il testo con *c'è* o *ci sono*, o forme di *avere* o *essere*.**

Cari studenti,
questa **a.** _____ la prima unità degli esercizi del libro di grammatica. In questa unità **b.** _____ i verbi *essere* e *avere* e **c.** _____ anche il verbo *esserci*, con le sue forme *c'è* e *ci sono*. Il libro **d.** _____ molte unità e tutte **e.** _____ uno o più argomenti grammaticali. Impariamo insieme alcune parole della grammatica. Ad esempio: *essere* **f.** _____ un verbo; *alto* e *bello* **g.** _____ due aggettivi; nella frase "Noi **h.** _____ italiani" la parola *noi* **i.** _____ il soggetto; invece nella frase "La classe **l.** _____ tre finestre e due porte", le parole *finestre* e *porte* **m.** _____ nomi.

9 ●● **Forma le domande a partire dalle risposte.**

1. _____ ? Ha 22 anni.
2. _____ ? Siamo russi, di Mosca.
3. _____ ? Sì, oggi fa molto caldo.
4. _____ ? No, ma ho una matita.
5. _____ ? Interessante. C'è lezione tutti i giorni dalle 9.00 alle 12.00.
6. _____ ? Ci sono due libri e un quaderno.

10 ●● **Rispondi alle domande.**

1. Quanti anni hai?
2. Di dove sei?
3. Che cosa c'è sul tuo banco?
4. Che cosa c'è nella tua classe?
5. Che studenti ci sono nella tua classe?

2 LA FORMA INTERROGATIVA E LA FORMA NEGATIVA

1 • **Scrivi se la frase è affermativa, negativa o interrogativa.**

1. Alberto è italiano.
2. Karl non è svizzero.
3. Il libro è sul banco.
4. La matita non è rossa.
5. Di dove sei?
6. Siete in classe.
7. Siete francesi?

2 • **Metti le frasi alla forma negativa.**

1. Ahmed è tunisino.
2. Io sono di Milano.
3. La penna è rossa.
4. La matita è sul quaderno.
5. Il libro di italiano è divertente.
6. La gomma di Paul è sotto il banco.
7. Le sedie della classe sono marroni.

3 • **Completa il dialogo con le parole o i segni indicati.**

non (x 2) • ? (x 2) • no (x 2) • sei • tu

• Come ti chiami **a.** _____

• Andreas. **c.** _____ sei tedesco, vero?

• **e.** _____ di Tirana?

• No, **h.** _____ sono tedesco, sono svizzero. C'è l'autobus. Ciao.

■ Jurgen, e tu **b.** _____

■ **d.** _____ , sono albanese.

■ **f.** _____ , sono di Valona. E **g.** _____ sei tedesco?

■ Ciao.

4 •• **Correggi l'errore dov'è necessario.**

1. La matita è non sul banco.
2. Anna e Pino italiani sono.
3. Di dove voi siete?
4. Mohamed è non tunisino, è marocchino.
5. Quanti anni hai?
6. Tu spagnolo non sei, vero?
7. La penna non è rossa, è blu.
8. - Sei cubano? - No, non sono cubano, sono cileno.

5 •• **Forma delle frasi.**

1. uno / è / Satvan / indiano / studente

2. Khadim / Modou / e / sono / dove / ? / di

3. ucraina / russa / Olga / è / è / non

....

4. moldavi / rumeni / ? / siete / o

....

5. sono / libri / quaderni / i / i / ? / dove / e

....

6. vero / tu / ? / libro / hai / il / non

....

6 ●● **Metti il dialogo nell'ordine corretto.**

1. ☐ – Sì, di Milano. E tu?
2. ☐ – Giulio. E tu?
3. ☐ – Io sono inglese, di Cardiff.
4. ☐ – No, studio Lingue all'università.
5. ☐ – Ciao, come ti chiami?
6. ☐ – Sei in Italia per lavoro?
7. ☐ – Sarah. Sei italiano?

7 ●● **Completa il dialogo con *non*, *no*, *sì* o *?* dov'è necessario.**

• Buongiorno ragazzi. Benvenuti a scuola **a.** ....

• Oggi è il primo giorno del corso di italiano. Avete tutti il libro **c.** ....

■ Buongiorno professoressa **b.** ....

■ Io sì **d.** ....
■ Io **e.** ....
■ Noi **f.** .... sappiamo quando arriva.

• Oggi **g.** .... è importante. Di dove siete **h.** ....

■ Io **i.** .... sono francese **l.** ....
■ Io spagnola **m.** ....
■ E io di dove sono **n.** ....

• Secondo me sei russo **o.** ....

■ **p.** .... , **q.** .... sono russo, sono ucraino **r.** ....

• E voi due, ragazze, chi siete **s.** ....

■ Io **t.** .... mi chiamo Aisha e sono tunisina.
■ Io sono Maryam **u.** ....

• Anche tu sei tunisina **v.** ....

■ **z.** .... , io **aa.** .... sono marocchina.

• Bene, per cominciare ascoltiamo un dialogo.

8 ●● **Rispondi alle domande in modo personale.**

1. Quanti anni hai?
2. Di dove sei?
3. Sei inglese?
4. Studi in Italia?
5. Sei sposato/a?
6. Hai una penna?

9 ●● **Forma le domande a partire dalla risposte.**

1. .... ? Sven è svedese.
2. .... ? No, ma ho una penna.
3. .... ? Alina ha 26 anni.
4. .... ? Il libro è sopra il banco.

3 IL PRESENTE DEI VERBI REGOLARI

1 • **Completa le frasi con il verbo.**

1. Antonio (*ascoltare*) _____ la lezione di italiano.
2. Paolo non (*usare*) _____ internet e (*scrivere*) _____ ancora molte lettere.
3. Marina (*leggere*) _____ il giornale tutte le mattine.
4. Mio nonno (*guardare*) _____ sempre la tv.
5. Tu (*sentire*) _____ la musica ad alto volume.
6. Di solito noi (*finire*) _____ di studiare alle 19.00.
7. Perché (voi) (*mangiare*) _____ tanti dolci dopo cena?
8. Io (*capire*) _____ bene lo spagnolo ma lo (*parlare*) _____ male.

2 • **Scegli il verbo giusto tra quelli indicati e completa la frase.**

1. Gli studenti _____ bene alle domande. (parlare, ascoltare, rispondere)
2. Giuseppe _____ in un supermarket. (guidare, studiare, lavorare)
3. Io non _____ gli amici di Paolo. (parlare, conoscere, telefonare)
4. A noi non piace correre, (noi) _____ camminare. (piacere, divertire, preferire)
5. Perché al ristorante _____ sempre tu? (pagare, comprare, capire)
6. Francesca _____ la casa tutti i giorni. (sentire, abitare, pulire)
7. Roberto e Elisa _____ le vacanze in montagna. (trascorrere, andare, giocare)
8. Tu e Daniela _____ sempre fino alle 6.30. (finire, capire, dormire)

3 • **Completa le frasi con uno dei verbi indicati.**

aprire • dormire • suonare • spendere • partire •
scrivere • conoscere • giocare

1. Cristina _____ la chitarra due ore al giorno.
2. I bambini della scuola _____ nel cortile.
3. Il gatto deve entrare. _____ tu la porta?
4. A che ora _____ il treno per Bologna?
5. Quanti soldi (tu) _____ al mese per la palestra?
6. Io non apro mai la porta alle persone che non _____ .
7. Tu e tuo marito _____ sempre sulla poltrona davanti alla tv.
8. Noi _____ su un foglio la lista della spesa.

4 •• **Correggi l'errore dov'è necessario.**

1. Quando noi andiamo al ristorante normalmente spende circa 30 euro a testa.
2. Io torni a casa da lavorare verso le 14.
3. Non capisco perché (tu) non mangia mai la frutta. È buona e fa bene!
4. I nostri figli leggano molti libri anche se sono ancora bambini.
5. Marta capisce subito tutto quello che dico.
6. I corsi di lingua italiana al CPIA finiscono alla fine di maggio.
7. Lino non capisce bene e chieda sempre di ripetere le parole.
8. Ragazzi, (voi) rispondate sempre male alle mie domande. Ma, studiate o no?

5 •• **Forma delle frasi.**

1. in questa scuola / lavorare / da 25 anni / io

2. con molto interesse / i miei studenti / la lingua italiana / *studiare*

3. *pensare* / in Corsica / Loredana / in vacanza / di andare

4. in una casa / a Milano / *abitare* / voi

5. in discoteca / i miei figli / al sabato sera / *ballare* / fino alle 3

6. l'autobus / a lavorare / per andare / *prendere* / tutte le mattine / noi

7. ogni giorno / alla sua ragazza / *spedire* / Alessandro / un'e-mail

5 •• **Completa il testo con i verbi indicati.**

abitare • aspettare • camminare • abbracciare • scrivere • decidere • prendere • lavorare • vivere • studiare • essere • frequentare • esserci

Cari Carmelo e Micole,
vi **a.** _____ questa e-mail da Bologna, la città dove **b.** _____ da circa un anno. Bologna **c.** _____ una città abbastanza grande, ma non è una metropoli. **d.** _____ una grande università dove **e.** _____ molti studenti di diverse nazionalità. Anch'io **f.** _____ l'università e precisamente la Facoltà di Lingue, insieme alla mia amica Helga. Noi **g.** _____ nello stesso appartamento vicino alla nostra facoltà e così al mattino non **h.** _____ mai l'autobus ma **i.** _____ per dieci minuti per arrivare in classe. Alla sera, per guadagnare un po' di soldi, **l.** _____ tutte e due in un pub come cameriere.
E voi come state? Perché non **m.** (voi) _____ di fare una pausa e di venire qui da noi in Italia?
Anche Helga vi **n.** _____ a braccia aperte!
Vi **o.** (io) _____ forte!

7 •• **Completa le frasi con un verbo.**

1. La cuoca del ristorante Da Francesca _____ veramente bene.
2. Emy _____ abiti di alta moda.
3. Il tunnel del Canale della Manica _____ la Francia all'Inghilterra.
4. Quando (io) _____ in ritardo, _____ le scale di corsa.
5. I negozi del centro _____ alle 8.30 del mattino.
6. Tu e tua moglie _____ sempre l'ascensore per salire in casa.
7. Giacomo e io _____ la lezione dell'università alle 9.00.
8. Alessandro e Daniela _____ sempre un libro prima di dormire.

8 •• **Sul quaderno, forma le domande a partire dalle risposte.**

1. Finisco in settembre.
2. Ascolta sempre rock'n'roll.
3. Preferisco la carne.
4. In via Rosa Augusto 17.
5. Cominciamo alle 7.30.
6. No, solo tedesco e spagnolo.
7. In banca.
8. All'università di Parma.

9 •• **Scrivi un breve testo usando quante più parole riesci tra quelle indicate.**

essere • avere • esserci • ascoltare • parlare • chiedere • scrivere • leggere • cancellare • rispondere • imparare • studiare • conoscere • capire

l'insegnante • gli studenti • la classe • la gomma • la penna • il banco • la matita • la sedia • il libro • il quaderno • il corso di italiano • il compagno di banco

alto • basso • bello • brutto • simpatico • antipatico • magro • grasso • grande • piccolo • (le nazionalità) italiano, inglese ecc.

4 IL PRESENTE DEI VERBI IRREGOLARI

1 ● Completa le frasi con il verbo.

1. Gianni (*avere*) _____ 70 anni ma (*potere*) _____ camminare ancora molte ore in montagna.
2. Non (tu) (*dovere*) _____ venire alla festa di domani se non (*volere*) _____ .
3. I miei studenti (*dire*) _____ sempre che a loro (*piacere*) _____ studiare la grammatica.
4. - (voi) (*sapere*) _____ il tedesco? - No, ma (noi) (*sapere*) _____ l'inglese e lo spagnolo.
5. L'estate prossima (io) (*volere*) _____ andare a Creta.
6. - Come (*stare*) _____ i tuoi genitori? - Bene! (*venire*) _____ a trovarmi sabato prossimo.
7. - Che cosa (tu) (*fare*) _____ per il fine settimana?
   - (io) (*dovere*) _____ finire un lavoro urgente.
8. Anna (*uscire*) _____ ogni giorno dal lavoro alle 17.00.

2 ● Metti al singolare o al plurale le frasi dell'esercizio 1.

1. Gianni e Mauro (*avere*) _____ 70 anni ma (*potere*) _____ camminare ancora molte ore in montagna.
2. (voi) Non (*dovere*) _____ venire alla festa di domani se non (*volere*) _____ .
3. Uno dei miei studenti (*dire*) _____ sempre che a lui (*piacere*) _____ studiare la grammatica.
4. - (tu) (*sapere*) _____ il tedesco? - No, ma (io) (*sapere*) _____ l'inglese e lo spagnolo.
5. L'estate prossima (noi) (*volere*) _____ andare a Creta.
6. - Come (*stare*) _____ tuo padre? - Bene! (*venire*) _____ a trovarmi sabato prossimo.
7. - Che cosa (voi) (*fare*) _____ per il fine settimana?
   - (noi) (*dovere*) _____ finire un lavoro urgente.
8. Anna e Lucia (*uscire*) _____ ogni giorno dal lavoro alle 17.00.

3 ● Scegli il verbo giusto e completa la frase.

1. Scusi Sig. Bianchi, mi _____ dire a che ora abbiamo l'appuntamento? (sapere, dovere, piacere)
2. Ciao Francesco, _____ dal lavoro da tre giorni. Perché? (andare, mancare, volere)
3. Domani _____ la luce e il gas. (prendere, comprare, pagare)
4. Franco e Romano non _____ mai a carte. (vincere, pagare, andare)
5. Oggi sono stanco e _____ a letto a guardare la tv. (abitare, rimanere, vivere)
6. Non ho capito: dove _____ i tuoi amici domani? (volere, sapere, andare)
7. (tu) _____ di arrivare puntuale ma sei sempre in ritardo. (venire, cercare, stare)
8. In questo ristorante il cane _____ entrare. (potere, andare, piacere)

4 ● Metti il verbo corretto e abbina le frasi delle due colonne.

1. Quando (tu) (*venire*) _____ a casa,
2. (voi) (*volere*) _____ dirci
3. Prima (noi) (*dare*) _____ l'esame di italiano,
4. Che cosa (*fare*) _____ Laura domani sera?
5. Ada e Luigi (*dovere*) _____ stare meno tempo in casa:
6. Non (io) (*sapere*) _____ che cosa mangiare;

a. poi (noi) (*andare*) _____ in vacanza.
b. (lei) (*andare*) _____ al cinema con le amiche.
c. secondo me, (loro) (*uscire*) _____ troppo poco.
d. (tu) (*potere*) _____ comprare il latte per la colazione di domani?
e. forse (io) mi (*fare*) _____ un piatto di spaghetti alla carbonara.
f. come (voi) (*stare*) _____ veramente?

4 IL PRESENTE DEI VERBI IRREGOLARI

5 • **Completa le frasi con uno dei verbi indicati.**

leggere • dare • tradurre • dovere • fare (x 2) • piacere • dire • valere • contenere

1. Non mi _____ i formaggi piccanti.
2. Gli italiani _____ pochi giornali.
3. Questa settimana mia moglie _____ lavorare anche alla domenica.
4. Con questa inflazione i nostri soldi non _____ più come tre anni fa.
5. Scusa Ugo, mi (tu) _____ un favore? Mi (tu) _____ questa lettera in italiano?
6. Secondo me questo bicchiere _____ almeno mezzo litro d'acqua.
7. Come (io) _____ a seguire quello che (tu) _____ ? Parli sempre a bassa voce.
8. Mi (tu) _____ le tue chiavi di casa? Ho dimenticato le mie in macchina.

6 •• **Correggi l'errore dov'è necessario.**

1. Andrea e Cristian non sapponno parlare inglese.
2. Mi dite che cosa facete domani sera?
3. Le mie colleghe domani non volono venire a lavorare perché è sabato.
4. Noi non capiamo bene che cosa dobbiamo preparare per l'esame.
5. Di solito Angela usce dal lavoro alle 18.00.
6. La settimana prossima viene a trovarci Marco da Milano.
7. Mi dispiace, ma tu qui non poi entrare. È vietato.
8. Paolo e Luigi andano ogni giorno a scuola in autobus.

7 •• **Completa il testo con i verbi indicati.**

avere • essere • esserci • volere • scrivere • arrivare • cercare • sapere • venire •
amare • tradurre • piacere • andare • potere • dovere

HOTEL MARE E MONTI

Questa pubblicità si rivolge a giovani dai 18 ai 26 anni che **a.** _____ trascorrere un periodo di vacanza/lavoro nel nostro hotel, ai piedi dell'Appennino e a pochi chilometri dal mare.

1. Ragazzi, nel nostro hotel **b.** _____ la possibilità di lavorare quattro ore al giorno come camerieri e per il resto del tempo **c.** _____ scegliere che cosa fare: se vi **d.** _____ camminare, qui vicino **e.** _____ i sentieri di montagna del nostro Appennino; se invece **f.** _____ il mare e **g.** _____ senza macchina, **h.** _____ solamente prendere l'autobus davanti all'hotel e in 10 minuti **i.** _____ in spiaggia.

2. **l.** (tu) _____ parlare qualche lingua straniera, **m.** _____ senza problemi e-mail in inglese? Il nostro hotel è il posto che **n.** _____ bene per te. **o.** (noi) _____ un ragazzo/una ragazza per lavorare alla reception in luglio e agosto. Se ti interessa il lavoro **p.** _____ al nostro indirizzo mail oppure **q.** _____ a fare una visita direttamente in hotel. Ti aspettiamo!

8 •• **Forma le domande a partire dalle risposte.**

1. _____ ? Usciamo sempre alle 17.00.
2. _____ ? Anna va in Grecia in agosto.
3. _____ ? Aldo fa il medico in ospedale.
4. _____ ? Non lo sappiamo.
5. _____ ? Maria è spagnola, di Granada.
6. _____ ? No, grazie. Non mi piace la discoteca.

ESERCIZI E GIOCHI SU  IMPARO SUL WEB

13

5 I PRONOMI PERSONALI SOGGETTO E LA FORMA DI CORTESIA

1 • **Sostituisci i pronomi alle parole in corsivo.**

1. *Anna e io* andiamo spesso in piscina. ....
2. *Giuseppe* studia Medicina a Bologna. ....
3. *Tu e Luigi* fate sempre colazione al bar. ....
4. *Marta e Antonella* lavorano in ospedale. ....
5. *Francesca* cucina molto bene. ....
6. *Franco e Adele* vivono a Milano. ....
7. *Tu e tua moglie* siete simpatici. ....
8. *Giorgio e Marco* vengono da Roma. ....

2 • **Abbina le due colonne e forma delle frasi.**

1. Io
2. Tu e tua madre
3. Lei
4. Pietro e Michele
5. Lui
6. Antonia e io
7. Tu
8. Voi

a. è tedesco, di Stoccarda.
b. naviga in internet ogni sera.
c. non amano andare in discoteca.
d. domani andiamo in Comune.
e. leggo il giornale di sera.
f. studiate spesso in biblioteca.
g. pulite la casa tutti i giorni.
h. suoni molto bene il pianoforte.

3 • **Metti le frasi al plurale o al singolare.**

1. Puoi cancellare tu la lavagna?
   _____
2. Noi leggiamo un libro al mese.
   _____
3. Lui studia italiano al CPIA.
   _____
4. Voi siete di Roma, vero?
   _____
5. Loro non lavorano da tre mesi.
   _____
6. Io passo le vacanze sul Lago di Garda.
   _____
7. Lei non scrive mai con la matita.
   _____

4 •• **Correggi l'errore dov'è necessario.**

1. Tu non vado a scuola al sabato. ....
2. Loro non capiamo bene l'inglese. ....
3. Io non senti il professore quando parla. ....
4. Scusi, risponde io al telefono? ....
5. Loro ascoltano sempre i cd. ....
6. Voi non amano guidare in autostrada. ....
7. Lei abita in una grande città. ....
8. Lei non volete rispondere alle domande. ....

5 • **Scegli il soggetto corretto e completa le frasi.**

1. .... parli inglese molto bene. (io, tu, Lei)
2. Scusi, vuole leggere .... il dialogo? (noi, tu, Lei)
3. .... sono due studenti polacchi. (io, loro, noi)
4. Se fai un viaggio in Toscana vengo anch' .... (io, tu, Lei)
5. Esatto, i signori Bianchi siamo .... (loro, noi, voi)
6. Leggete anche .... le ultime notizie su internet? (Lei, noi, voi)
7. - Chi è Paolo? - È .... , il ragazzo con il libro in mano. (Lei, lui, tu)

6 • **Metti il pronome soggetto scegliendolo tra quelli indicati.**

Claudio e io • voi • lei • Lei • noi • Daniele e Luisa • tu e Alberto • io • lui

1. _____ andate spesso in pizzeria.
2. Scusi, è _____ il professor Verdi?
3. _____ partiamo per la Germania in macchina.
4. Stasera _____ vado al cinema. Venite anche _____ ?
5. _____ ascoltano la radio tutte le mattine.
6. _____ è Paolo, è italiano, di Parma.
7. _____ è Rita, è americana, di Boston.
8. _____ guardiamo poco la tv.

7 • **Metti il pronome soggetto.**

1. _____ sto bene e _____ , signora, come sta?
2. _____ andiamo al mercato ogni martedì.
3. Aldo e Daniela studiano all'università. Anche _____ hanno gli esami in maggio.
4. Io prendo un piatto di spaghetti. E _____ che cosa mangi?
5. Scusate, ma _____ chi siete e da dove venite?
6. Che coppia fuori del comune! _____ è molto basso, invece _____ è altissima.
7. _____ sono stanco e resto a casa, ma _____ puoi uscire, se vuoi.
8. Perché non vengono anche _____ al mare domenica?

8 • **Forma delle frasi e aggiungi il pronome soggetto.**

1. ogni giorno / cammino / un'ora _____
2. lavorano / del centro / in un ospedale _____
3. tutti gli studenti / conosciamo / del nostro corso / non _____
4. rumeno / moldavo / o / ? / è _____
5. anche / vieni / con noi / stasera / ? / a teatro _____
6. di Madrid / i due / vero / siete / studenti / ? _____
7. il professor / dell'Università / è / Verdi / di Roma _____

9 •• **Riscrivi il dialogo dal formale all'informale.**

• Buongiorno signor Cavalca.
■ Buongiorno, signora Carra, come sta oggi?

• Abbastanza bene e Lei?
■ Così così. Oggi ho mal di testa. Che cosa desidera?

• Vorrei comprare ancora delle penne. A scuola perdo tutto! Ha ancora le penne della settimana scorsa?
■ Sì, certo. Quante penne vuole?
• Tre nere e una rossa. Quanto pago?
■ Ecco qui. In tutto paga sei euro.
• Ho solo 50 euro.
■ E io non ho il resto, ma non c'è problema. Mi può pagare domani.
• È molto gentile. Grazie ancora e arrivederci.

• **a.** _____ Alberto.
■ **b.** _____ Camilla, come **c.** _____ oggi?

• Abbastanza bene e **d.** _____ ?
■ Così così. Oggi ho mal di testa. Che cosa **e.** _____ ?

• Vorrei comprare ancora delle penne. A scuola perdo tutto! **f.** _____ ancora le penne della settimana scorsa?
■ Sì, certo. Quante penne **g.** _____ ?
• Tre nere e una rossa. Quanto pago?
■ Ecco qui. In tutto **h.** _____ sei euro.
• Ho solo 50 euro.
■ E io non ho il resto, ma non c'è problema. Mi **i.** _____ pagare domani.
• **l.** _____ molto gentile. Grazie ancora e **m.** _____ .

5 I PRONOMI PERSONALI SOGGETTO E LA FORMA DI CORTESIA

6 L'ARTICOLO DETERMINATIVO

1 • **Scegli l'articolo giusto.**

1. .... amica (la, l', il)
2. .... tedesco (il, l', lo)
3. .... stadio (il, la, lo)
4. .... penna (l', la, le)
5. .... australiano (il, la, l')
6. .... lavoro (lo, il, la)
7. .... zia (lo, la, il)
8. .... salame (la, il, lo)
9. .... treno (lo, il, la)
10. .... zucchero (il, la, lo)

2 • **Metti al plurale gli articoli dell'esercizio 1.**

1. .... amiche
2. .... tedeschi
3. .... stadi
4. .... penne
5. .... australiani
6. .... lavori
7. .... zie
8. .... salami
9. .... treni
10. .... zuccheri

3 • **Metti l'articolo determinativo.**

1. .... matita
2. .... inglese (m)
3. .... spagnola
4. .... francese (f)
5. .... montagna
6. .... isola
7. .... zio
8. .... amico
9. .... professore
10. .... studio

4 • **Metti al plurale gli articoli dell'esercizio 3.**

1. .... matite
2. .... inglesi (m)
3. .... spagnole
4. .... francesi (f)
5. .... montagne
6. .... isole
7. .... zii
8. .... amici
9. .... professori
10. .... studi

5 • **Completa le frasi con l'articolo giusto.**

1. ...... mese prossimo mi iscrivo a un corso di russo.
2. Roma è ...... capitale d'Italia.
3. ...... scuola dove lavoro è in via La Spezia 110.
4. ...... Dottor Restori è ...... psicologo di mia moglie.
5. Venezia e Firenze sono ...... città italiane che preferisco.
6. ...... animali che mi piacciono di più sono ...... elefante e ...... cavallo.
7. ...... giapponesi amano molto passare ...... vacanze in Italia.
8. Quando vai a scuola non dimenticare di prendere ...... zaino con ...... libri e ...... quaderni.

6 •• **Completa il testo con gli articoli.**

Ragazzi, buongiorno! **a.** ...... mio nome è Camilla Ferraro e sono **b.** ...... vostra nuova insegnante di italiano. Oggi è **c.** ...... primo giorno di lezione e, come sapete, **d.** ...... vostro corso c'è tutti **e.** ...... martedì e **f.** ...... giovedì dalle 10.30 alle 12.30. **g.** ...... nostra scuola è statale e **h.** ...... iscrizione al corso vi dà diritto ad avere **i.** ...... assicurazione e **l.** ...... fotocopie gratuite. Anche **m.** ...... lezioni sono gratuite; **n.** ...... unica cosa che dovete pagare extra è **o.** ...... libro di testo, che costa circa 20 euro. È importante avere un libro perché nel libro potete trovare **p.** ...... cd-rom con **q.** ...... ascolti dei dialoghi e, nella seconda parte, **r.** ......

esercizi supplementari di grammatica. **s.** .... studenti e **t.** .... studentesse che ancora non hanno il libro, lo possono comprare alla libreria "**u.** .... Bancarella" di via Garibaldi. Bene, allora cominciamo **v.** .... prima lezione. Osservate **z.** .... immagini del libro e provate a dire dove sono **aa.** .... ragazzi delle foto.

7 •• **Forma delle frasi e metti l'articolo davanti alle parole in corsivo.**

1. *figli* / Paolo / di / al mare / sono
2. di / *nonna* / ha / Andrea / 85 anni
3. partono / *Brasile* / *zii* / José / per / di
4. del mio quartiere / sono / *case* / alte
5. *uomini* / di oggi / *donne* / molto / e / viaggiano
6. di Silvia / in vacanza / *psicologo* / in agosto / va
7. più bello / *albero* / è / del mio giardino / un ciliegio
8. affascinante / un continente / *Africa* / è

8 •• **Correggi l'errore dov'è necessario.**

1. I zaini dei bambini della scuola sono troppo pesanti.
2. Lo semaforo della mia via è sempre rosso.
3. La Parigi è la capitale della Francia.
4. La Italia è una penisola nel Mar Mediterraneo.
5. Il Tevere è il fiume che passa da Roma.
6. La Sardegna e la Sicilia sono isole italiane.
7. Professoressa Malpeli è l'insegnante d'inglese di mio figlio.
8. Oggi ci sono 35°C: adesso capisco perché ho il caldo.

9 •• **Completa le frasi con l'articolo dov'è necessario.**

1. .... Monte Bianco è .... monte più alto d'Italia.
2. Buongiorno .... Professor Casappa, che cosa facciamo oggi?
3. Quando mi alzo molto presto al mattino, alla sera ho sempre .... sonno.
4. .... miei studenti senegalesi parlano tutti wolof.
5. .... indiani e .... indiane della mia classe vengono dal Punjab.
6. Domani .... sorella di Francesca ha una visita con .... dottor Peri.
7. .... scolari delle scuole elementari italiane vengono da tutti .... continenti.
8. .... Signora Sicari, che cosa desidera mangiare oggi?

10 •• **Completa il testo con l'articolo dov'è necessario.**

a. .... Italia è una nazione che **b.** .... persone di tutto **c.** .... mondo conoscono per **d.** .... bellezza dei suoi paesaggi: **e.** .... mare, **f.** .... montagne dove in inverno si può sciare, **g.** .... colline dell'Appennino, **h.** .... laghi alpini o **i.** .... grandi laghi come **l.** .... Lago di Garda. E che cosa possiamo dire delle città d'arte? **m.** .... Roma e **n.** .... Firenze oppure **o.** .... Venezia: sono milioni **p.** .... turisti che le visitano ogni anno. Poi c'è anche **q.** .... cucina; tutte **r.** .... regioni italiane sono conosciute per **s.** .... piatti tipici o per **t.** .... vini: ad esempio **u.** .... Emilia Romagna è conosciuta per **v.** .... prosciutto o **z.** .... formaggio parmigiano, **aa.** .... Toscana per **ab.** .... carne alla griglia o **ac.** .... vino Chianti ecc. Insomma, in tutta Italia se hai **ad.** .... fame o **ae.** .... sete, puoi mangiare e bere molto bene.

7 L'ARTICOLO INDETERMINATIVO

1 • Scegli l'articolo giusto.

1. _____ uscita   (un, una, un')
2. _____ americano   (un, un', uno)
3. _____ spagnolo   (un, un', uno)
4. _____ casa   (uno, una, un')
5. _____ indiana   (un, una, un')
6. _____ cane   (un, una, uno)
7. _____ ristorante   (un', un, una)
8. _____ stazione   (uno, una, un)
9. _____ pasta   (un, una, un')
10. _____ psicologo   (un, un', uno)

2 • Cambia gli articoli dell'esercizio 1 con le forme plurali *dei, degli, delle*.

1. _____ uscite
2. _____ americani
3. _____ spagnoli
4. _____ case
5. _____ indiane
6. _____ cani
7. _____ ristoranti
8. _____ stazioni
9. _____ paste
10. _____ psicologi

3 • Metti l'articolo indeterminativo.

1. _____ xenofobo
2. _____ svedese (m)
3. _____ spagnola
4. _____ cinese (f)
5. _____ pizza
6. _____ australiana
7. _____ autobus
8. _____ libro
9. _____ maestro
10. _____ zebra

4 • Cambia gli articoli dell'esercizio 3 con le forme plurali *dei, degli, delle*.

1. _____ xenofobi
2. _____ svedesi (m)
3. _____ spagnole
4. _____ cinesi (f)
5. _____ pizze
6. _____ australiane
7. _____ autobus
8. _____ libri
9. _____ maestri
10. _____ zebre

5 • Completa le frasi con l'articolo indeterminativo giusto.

1. Il Dott. Pietra è _____ medico dell'Ospedale di Parma.
2. Tutti dicono che quest'anno ci sarà _____ estate molto calda.
3. Paola è _____ ragazza alta e magra con _____ capelli neri e corti.
4. Alessandro e Lorenzo sono _____ amici sinceri.
5. Daniela e Luisa sono _____ insegnanti di italiano in _____ Centro Provinciale per l'Istruzione agli Adulti.
6. Nel giardino della mia casa ci sono _____ alberi molti alti.
7. Maurizio è _____ cuoco molto bravo e cucina _____ piatti buonissimi.
8. Paul è _____ inglese che vive in Italia da molti anni.

6 •• Correggi l'errore dov'è necessario.

1. In questo film ci sono dei attori molto bravi.
2. Domani vado a comprare uno dizionario inglese-italiano.
3. Gianni è un'operaio che lavora in fabbrica.
4. Sul banco ci sono dei fogli bianchi.
5. La Corsica è un isola vicino alla Sardegna.
6. Di solito faccio colazione con uno yogurt di soja.

7. La Margherita e la Quattro stagioni sono degli pizze molto buone.
8. In via Farini ci sono dei bar molto alla moda.

7 •• **Completa le frasi con l'articolo determinativo o indeterminativo.**
1. Andrea deve comprare ___ computer nuovo.
2. ___ Arno è ___ fiume italiano.
3. ___ mia vicina di casa ha ___ amici francesi molto simpatici.
4. In questo negozio ci sono ___ bei vestiti di tutte ___ taglie.
5. Olga è ___ ragazza russa che frequenta ___ corso di italiano.
6. Sulle Alpi ci sono ___ montagne con ___ neve tutto ___ anno.
7. Jane è ___ americana che vive in Italia per studiare ___ lingua italiana.
8. Il MusicLab è ___ spazio dove ___ giovani possono suonare ___ loro musica.

8 •• **Abbina le due colonne per formare delle frasi e scrivi l'articolo determinativo o indeterminativo.**
1. Nella Pianura Padana ___ autunno
2. In via Garibaldi c'è ___ libreria
3. A pranzo mangio spesso ___ piatto di spaghetti
4. ___ Liguria è ___ regione
5. ___ zie di Luigi
6. ___ amici di Pietro
7. ___ entrata della scuola
8. ___ miei studenti

a. con ___ spiagge bellissime.
b. sono ___ ragazzi alti e magri.
c. vengono da tutti ___ Paesi del mondo.
d. è ___ stagione con molta nebbia.
e. ha ___ porte di legno.
f. che ha ___ libri molto economici.
g. lavorano in ___ ristorante tradizionale.
h. con ___ pomodori e ___ olive.

9 •• **Completa le frasi con l'articolo determinativo o indeterminativo dov'è necessario.**
1. ___ Oslo è ___ capitale della Norvegia.
2. ___ Vittorio ha ___ bel cane bianco e nero.
3. ___ Professoressa Pradelli è ___ insegnante di inglese.
4. Scusi, ___ signora Cappelletti, ci sono ___ amici di suo figlia che vogliono parlare con lei.
5. In estate, quando ho ___ sete, bevo sempre ___ bicchiere d'acqua non molto fredda.
6. ___ lasagne e ___ tortellini sono ___ specialità dell'Emilia Romagna.
7. ___ autobus 27 e 32 partono per ___ Torino ogni due ore.
8. ___ appartamento di Paolo è molto luminoso perché ha ___ finestre molto grandi.

10 •• **Completa il testo con l'articolo determinativo o indeterminativo dov'è necessario.**

Venite, **a.** ___ signori, venite a vedere. Oggi **b.** ___ nostro negozio ha **c.** ___ offerte speciali per **d.** ___ vostri bambini che vanno alla scuola elementare: ci sono **e.** ___ matite e **f.** ___ penne di tutti **g.** ___ colori; abbiamo **h.** ___ quaderni a righe e a quadretti di tutte **i.** ___ grandezze. Là in fondo ci sono **l.** ___ zaini e qui vicino a me trovate **m.** ___ gomme a forma di animale: ci sono **n.** ___ elefanti, **o.** ___ maialini e qui ho anche **p.** ___ gomma verde che sembra **q.** ___ albero. Se fate una spesa di 30 euro avete **r.** ___ sconto del 10%. Avete anche **s.** ___ altra possibilità: con **t.** ___ spesa di 40 euro, **u.** ___ mia collega, **v.** ___ signora Martini, vi accompagna al bar qui vicino e offre ai vostri bambini **z.** ___ panino e **aa.** ___ aranciata. È **ab.** ___ occasione da non perdere!

8 I NOMI: IL GENERE FEMMINILE E MASCHILE

1 • **Metti l'articolo davanti ai nomi.**

1. ..... libro
2. ..... pane
3. ..... tesi
4. ..... moto
5. ..... mano

6. ..... unione
7. ..... stazione
8. ..... problema
9. ..... matita
10. ..... educatore

2 • **Metti l'articolo e la desinenza corretta.**

1. ..... quadern.....
2. ..... poet.....
3. ..... analis.....
4. ..... farmacist.....
5. ..... controllor.....

6. ..... fot.....
7. ..... sabat.....
8. ..... domenic.....
9. ..... soluzion.....
10. ..... penn.....

3 • **Ricostruisci i nomi maschili dei mestieri e metti l'articolo determinativo. Poi trasforma i nomi al femminile.**

	MASCHILE	FEMMINILE
1. srofsporee		
2. setuedtn		
3. tigonaialsr		
4. ierrnmfiee		
5. cattanen		
6. iredtetor		
7. otodret		
8. ttareo		

4 • **Completa le frasi con la desinenza corretta.**

1. Gabriele fa la docci..... ogni ser..... alle 7.
2. Non piove da tre mesi: è un grande problem..... per l'agricoltur..... .
3. Viviamo un period..... difficile e la cris..... economica non è ancora finita.
4. La giovent..... di oggi non vive le difficoltà di 50 anni fa.
5. Non mi piace il sapor..... di questo formaggi..... .
6. La stagion..... che preferisco è l'autunn..... .
7. Patrizia spera di superare l'esam..... di matematic..... .
8. In estat..... prendo spesso il sol..... sul balcon..... .

5 •• **Correggi l'errore dov'è necessario.**

1. La Monte Cervino si trova tra la Svizzera e l'Italia.
2. Mi puoi mandare un'e-mail con la programma dell'esame?
3. La Mare Tirreno bagna le coste della Toscana.
4. In estate mi piace fare lunghi viaggi con la moto.

5. Il campanile della chiesa suona ogni ora.
6. La Roma è una delle più belle città del mondo.
7. Dante Alighieri è il poeta che ha scritto *La Divina Commedia*.
8. Il televisione della mia camera non funziona più.

6 •• Completa le frasi con l'articolo determinativo e la desinenza corretta.

1. ____ direzion____ dell'hotel è aperta dalle 8.00 alle 20.00.
2. ____ primo gioved____ del mese ____ pizzeri____ Nettuno offre una pizza gratis ai bambini fino ai 12 anni.
3. ____ "venditor____ di fumo" è una persona che fa molte promesse ma non dice mai ____ verit____.
4. ____ Mar Egeo è ____ mio luog____ di vacanza preferito.
5. ____ can____ di Silvia si chiama Milo, ____ gatt____ invece si chiama Artù.
6. ____ parol____ *foto* è ____ abbreviazion____ di *fotografia*.
7. Adesso in Italia ____ separazion____ e ____ divorzi sono molto più veloci di prima.
8. ____ pazienz____ è una virt____ molto importante.

7 •• Completa le frasi con l'articolo determinativo o indeterminativo e la desinenza corretta.

1. Messi è ____ bravissimo calciator____.
2. ____ padr____ di Luigi è ____ rappresentant____ di profumi.
3. ____ giornal____ di oggi riporta ____ notizi____ molto triste.
4. ____ marted____ e ____ mercoled____ ____ segreteri____ è aperta anche al pomeriggio.
5. ____ appartamant____ di Franco ha ____ salon____ molto grande e uno più piccolo.
6. A Parma c'è ____ grande produzion____ di formaggio.
7. ____ giorn____ della settimana che mi piace di più è ____ domenic____.
8. ____ parrucchier____ di mia mogli____ si chiama Matteo.

8 •• Completa il testo con le parti mancanti dov'è necessario.

Al giorno d'oggi trovare **a.** ____ lavor____, sia per **b.** ____ uom____ che per **c.** ____ donn____, è molto difficile. Ad esempio una ragazz **d.** ____ che non ha **e.** ____ titol____ di studio universitario o **f.** ____ diplom____ di scuola superiore può forse fare **g.** ____ commess____ in **h.** ____ negozi____ o **i.** ____ cassier____ in **l.** ____ supermercat____, ma non può certo fare **m.** ____ segretari____ in **n.** ____ uffici____ privato o pubblico. C'è anche **o.** ____ possibilit____ di fare **p.** ____ centralinist____ in un *call center*, ma è un lavoro pagato molto male. Anche un **q.** ragazz____ può fare questi lavori se non vuole andare a fare **r.** ____ operai____ in **s.** ____ fabbric____, oppure può fare **t.** ____ camerier____ o **u.** ____ barist____ in **v.** ____ bar. In ogni caso **z.** ____ guadagn____ è poco e **aa.** ____ fatic____ è tanta! Ma, come si dice, è meglio di niente!

9 IL PLURALE DEI NOMI

1 • Metti l'articolo e la desinenza del singolare poi trasforma nomi e articoli al plurale.

SINGOLARE	PLURALE	SINGOLARE	PLURALE
1a. ___ tem___	1b. ___ tem___	11a. ___ uffici___	11b. ___ uffici___
2a. ___ avvocat___	2b. ___ avvocat___	12a. ___ alberg___	12b. ___ alberg___
3a. ___ fuoc___	3b. ___ fuoc___	13a. ___ segretari___	13b. ___ segretari___
4a. ___ pescheri___	4b. ___ pescheri___	14a. ___ sintes___	14b. ___ sintes___
5a. ___ supermercat___	5b. ___ supermercat___	15a. ___ citt___	15b. ___ citt___
6a. ___ fot___	6b. ___ fot___	16a. ___ sport___	16b. ___ sport___
7a. ___ archeolog___	7b. ___ archeolog___	17a. ___ lezion___	17b. ___ lezion___
8a. ___ ospedal___	8b. ___ ospedal___	18a. ___ commess___	18b. ___ commess___
9a. ___ ciliegi___	9b. ___ ciliegi___	19a. ___ art___	19b. ___ art___
10a. ___ parc___	10b. ___ parc___	20a. ___ scuol___	20b. ___ scuol___

2 • Completa le parole e abbina le due colonne per formare delle frasi.

1. ___ libr___ di narrativa
2. ___ mens___ dell'università
3. ___ macellai___ di via Bixio
4. ___ meccanic___
5. ___ zi___ di Pietro
6. ___ professor___ della mia scuola
7. ___ fotografi___ delle vacanze
8. ___ stazion___ dei treni

a. vivono in Croazia.
b. vanno in vacanza in agosto.
c. sono in un file nel computer.
d. sono sulla libreria in fondo a destra.
e. riparano le auto nelle loro officine.
f. non sono aperte alla domenica.
g. hanno le biglietterie automatiche.
h. vendono carne biologica.

3 • Metti al plurale le parole in corsivo.

1. *Il campo* vicino a casa mia *ha* l'erba molto alta.

2. *Il dottore riceve* ogni giorno dalle 9.00 alle 13.00.

3. *La cassiera* del supermercato *saluta* gentilmente tutti i clienti.

4. *L'idraulico ripara* il lavandino del mio bagno.

5. *La pescheria* di via Mazzini *apre* tutti i giorni alle 9.30.

6. *Il cameriere* del ristorante "Da Michel" *offre* sempre un caffè ai suoi clienti.

7. *L'ambulatorio* del veterinario *chiude* alle 7 di sera.

8. Mi piace la campagna. *La città è* un posto dove non voglio abitare.

9 IL PLURALE DEI NOMI

4 ●● **Riordina le frasi e scrivi l'articolo davanti ai nomi in corsivo.**

1. crea / *crisi* / agli italiani / difficoltà economiche
   ....
2. *poliziotto* / dei passeggeri / controlla / *documento* / dell'aereo
   ....
3. di matematica / *studente* / *lezione* / frequenta
   ....
4. con prudenza / dell'autobus / guida / *autista*
   ....
5. la terra / lavora / in autunno / *contadino*
   ....
6. *avvocatessa* / *causa* / in tribunale / discute
   ....

5 ● **Metti al plurale le frasi dell'esercizio 4.**

1. ....
2. ....
3. ....
4. ....
5. ....
6. ....

6 ●● **Correggi l'errore dov'è necessario.**

1. Le farmace dei centri commerciali aprono anche alla domenica. ....
2. In Emilia-Romagna ci sono nove provincie. ....
3. Le arance e le ciliege sono frutti buonissimi. ....
4. Le banche non sono mai aperte al sabato. ....
5. In centro non possono circolare le auto ma solo le bici. ....
6. Anna e Luigi sono sposati da 15 anni e hanno due figli. ....
7. I chirurgi hanno molte responsabilità nel loro lavoro. ....
8. Non ci sono più cinemi nel centro delle città. ....

7 ●● **Completa le frasi con uno dei nomi indicati aggiungendo l'articolo al plurale.**

cuoco • medico • valigia • psicologo • calzolaio • profumeria • ufficio • pioggia

1. .... dell'ospedale oggi fanno sciopero.
2. .... aiutano le persone con problemi di depressione.
3. .... del centro offrono uno sconto del 30% su tutti i profumi.
4. .... estive rinfrescano l'aria.
5. Devo portare .... al check-in per il controllo bagagli.
6. Alla "Grande Festa della Cucina Toscana" ci sono .... di tutta la regione.
7. .... riparano le scarpe rotte.
8. .... del Comune sono aperti al pubblico dalle 9.00 alle 14.00.

8 ●● **Completa le frasi con uno dei nomi di mestiere indicati aggiungendo l'articolo. A volte sono possibili sia il maschile sia il femminile.**

operaio/a • cassiere/a • pilota • giornalista • parrucchiere/a • attore

1. .... passano molto tempo negli aeroporti.
2. .... lavorano 8 ore in fabbrica.
3. .... scrivono articoli di politica, di cronaca, di sport ecc.
4. .... tagliano i capelli a uomini e donne.
5. Tutti .... del film ricevono un premio per la loro interpretazione.
6. .... prendono i soldi e danno il resto al supermercato.

ESERCIZI E GIOCHI SU *iW IMPARO SUL WEB*

23

10 IL PLURALE IRREGOLARE DEI NOMI

1 • **Scrivi le parole corrette al singolare con il relativo articolo.**

1. oinohcgci
2. boacrci
3. ssoo
4. trutfa
5. boralb
6. teneg
7. sgopliacrcio
8. mefa
9. tiod
10. tees
11. ooum
12. oouv

2 • **Metti al plurale i nomi dell'esercizio 1, quando possibile.**

1. 7.
2. 8.
3. 9.
4. 10.
5. 11.
6. 12.

3 •• **Correggi l'errore dov'è necessario.**

1. Le donne e gli uomi della mia città hanno manifestato contro la guerra.
2. Il giornalisto della tv locale ha intervistato il sindaco della città.
3. Rita e Antonella sono due colleghe di lavoro molto gentili.
4. Francesca compra le frutte e le verdure al mercato biologico.
5. Elisa è diventata direttore della banca dove lavora.
6. *La fame e la sete* è un famoso film di Antonio Albanese.
7. Alda Merini è una grande poeta italiana.
8. Nadia e Stefania sono due professore di matematica del CPIA.

4 • **Completa le parole e abbina le due colonne per formare delle frasi.**

1. ..... aberg..... di questa città
2. Per le strade del centro possono circolare ..... bic.....
3. I dottori e ..... dottor..... di questo reparto
4. ..... grand..... supermercat..... sono aperti anche nei giorn..... festiv..... ,
5. Sull'autobus sono saliti due controllor.....
6. Il professore deve correggere ..... tes..... di laurea
7. In Italia molt..... person..... stanno discutendo sulla liberalizzazione
8. ..... aranc..... che ho comprato al mercato sono

a. ross..... e succos..... .
b. dalle 9.00 alle 13.00.
c. hanno camer..... silenzios..... e pulit..... .
d. delle drog..... legger..... a scopi terapeutici e il dibattito è molto acceso.
e. ma non ..... aut..... .
f. dei suo..... student..... dell'ultimo anno.
g. visitano ogni giorno ..... pazient..... dalle 9.00 alle 11.00.
h. che hanno chiesto il biglietto a tutti ..... passegger..... .

5 • **Completa le frasi con un parola tra quelle indicate, al singolare o al plurale, e il relativo articolo.**

gente • città • dio • uomo • mano • direttore • pantalone • autista • camicia

1. Nella mitologia greca .... dei venti si chiama Eolo.
2. Devo lavare .... e .... perché sono tutti sporchi.
3. .... ama andare nei centri commerciali alla domenica.
4. .... del mio corso di italiano sono tutti indiani o africani.
5. .... italiane sono ricche di monumenti storici.
6. Ti dico sempre di lavarti .... prima di mangiare!
7. Lunedì prossimo .... degli autobus fanno sciopero.
8. Sabato e domenica c'è la riunione di tutti .... delle filiali della nostra banca.

6 •• **Riordina le frasi e scrivi l'articolo davanti ai nomi in corsivo.**

1. *soluzione* / questo / trovo / non / *problema* / per
2. di / il / Gianna / *parrucchiera* / chiusa / sempre / è / lunedì
3. capisco / *sistema* / questo / non / *scrittura* / di / di / *programma*
4. al / ascolto / *giornale* / faccio / mattino / colazione / *radio* / leggo / mentre / e
5. da / Alessio / grande / *chirurgo* / fare / vuole
6. Mostra / *attrice* / Cinema / con / del / presentano / preferita / *film* / mia / alla
7. moglie / il / fa / cugino / mia / di / autobus / *autista* / di
8. scuola / ammalato / *direttore* / è / della / oggi

7 •• **Metti al plurale le frasi dell'esercizio 6.**

1. ....
2. ....
3. ....
4. ....
5. Alessio e Nicola ....
6. ....
7. ....
8. ....

8 •• **Descrivi te stesso/a o un amico/a usando almeno alcune delle parole indicate al singolare o al plurale.**

basso • alto • bello • brutto • carino • giovane • vecchio • grasso • magro • biondi • neri • bianchi

occhio • mano • ginocchio • braccio • dito • labbro • sopracciglio • gamba • testa • naso • orecchio • piede • gomito • spalla • caviglia • testa • gamba • occhio • capelli

ESERCIZI E GIOCHI SU

10 IL PLURALE IRREGOLARE DEI NOMI

11 GLI AGGETTIVI

1 • **Scegli l'aggettivo giusto.**

1. La mia macchina è _____ . (marrona, marrone, marrono)
2. I libri di italiano sono _____ . (nuove, nuovi, nuovi)
3. La porta della casa di Francesco è _____ . (verda, verdi, verde)
4. Il ristorante di Luigi è _____ . (piccola, piccolo, piccole)
5. Il test di italiano è abbastanza _____ . (lungo, lunga, lunghe)
6. Molte studentesse del corso sono _____ . (inglese, inglesi, inglesa)
7. Gli attori di quel film sono tutti _____ . (divertente, divertenta, divertenti)
8. Il mio colore preferito è il _____ . (viole, viola, violo)

2 • **Metti le frasi al plurale.**

1. Paola è una ragazza molto carina.
   Paola e Maria sono due ragazze molto _____ .
2. Il taxista ha un'auto bianca.
   I taxisti hanno delle auto _____ .
3. Il mobile del soggiorno è antico.
   I mobili del soggiorno sono _____ .
4. Questo formaggio non è ancora buono, è troppo giovane.
   Questi formaggi non sono ancora _____ , sono troppo _____ .
5. Maria va in vacanza con un amico francese.
   Maria va in vacanza con degli amici _____ .
6. Il contadino fa un lavoro molto pesante.
   Il contadino fa lavori molto _____ .

3 • **Completa le frasi con l'aggettivo *bello* nella forma corretta.**

1. Micole ha proprio un _____ bambino. Da grande sarà un ragazzo molto _____ .
2. Franco e Luisa abitano in una _____ casa di campagna.
3. In primavera, nel parco della mia città, ci sono dei _____ alberi verdi.
4. Carla ha un _____ appartamento con quattro camere.
5. Dalla finestra del bagno vedo una collina molto _____ .
6. Molte città italiane hanno dei _____ palazzi antichi.
7. Di solito i film che vedo al cinema Astra sono _____ .
8. L'avvocato lavora in un _____ studio in centro.

4 • **Completa le frasi con l'aggettivo *buono* nella forma corretta.**

1. Il fornaio di via Bixio fa un pane proprio _____ e anche un _____ strudel.
2. Vi auguro un _____ Natale e un _____ Anno Nuovo!
3. Di solito le pizze in Italia sono _____ .
4. Per il vino di quest'anno si prevede una _____ annata.
5. All'Università di Venezia ci sono dei _____ corsi di italiano per stranieri.
6. I pomodori poco maturi non sono _____ .

5 •• **Correggi l'errore dov'è necessario.**

1. Il cane di mio cugino è molto allegre. _____
2. Antonio ha le mani molto lunghi. _____

3. In centro ci sono dei palazzi molto alti. ....
4. La madre del mio fidanzato è una signora ancora giovana. ....
5. James è uno studente veramente intelligente. ....
6. Il mio dottore è un professionista molto preparato. ....
7. Parigi è una granda capitale europea. ....
8. Daniela ha tre studentesse cinese e due studenti inglesi. ....

6 ●● Metti le desinenze corrette dov'è necessario.

1. La mia nuov___ auto ha i sedili marron___ .
2. Le pareti della camera da letto sono blu___ con fiori bianc___ e arancion___ .
3. Andrea è bass___ e grass___ mentre sua moglie è alt___ e magr___ .
4. Non mi piacciono le magliette ros___ . Preferisco quelle viol___ .
5. Le aule della scuola hanno dei banchi vecch___ e scomod___ .
6. Olga e Svetlana sono due ragazze alt___ e biond___ , con gli occhi azzurr___ .
7. Il parrucchiere di Paola usa prodotti natural___ ed ecologic___ .
8. Quel ragazzo nel prim___ banco è uno studente svedes___ , di Stoccolma.

7 ●● Fai delle frasi e metti gli aggettivi in corsivo nella forma corretta.

1. giornalista / articoli / *quel* / scrive / *interessante* / molto
   ....
2. studenti / *nuovo* / i / di italiano / *simpatico* / del corso / sono / molto
   ....
3. Eva / *tedesco* / è / amica / *buono* / una
   ....
4. persone / sono / *gentile* / le cassiere / *onesto* / e / del supermercato
   ....
5. vivere / *grande* / nelle città / non mi piace / *rumoroso* / e
   ....
6. Pietro / con le spalle / è / *lungo* / un ragazzo / *largo* / e / le gambe
   ....

8 ●● Completa le frasi con un aggettivo tra quelli indicati, mettendolo nella forma corretta.

giovane • italiano • vecchio • rosso • buono • fresco • carino • lungo • verde • bianco • nero

1. Ferma la macchina! Non vedi che il semaforo è ....
2. Le commesse del negozio di abbigliamento sono .... e ....
3. Molte ragazze .... hanno i capelli ....
4. Alberto ha 53 anni: non è ancora .... ma ha già tutti i capelli ....
5. In Italia non ci sono fiumi molto ....
6. In primavera le colline dell'Appennino sono ....
7. La macelleria vicino a casa mia ha della .... carne.
8. Se vuoi magiare del pesce .... , vai nella pescheria di via Mazzini.

9 ●● Completa le frasi con un nome e un aggettivo tra quelli indicati mettendoli nella forma corretta.

lungo • aria • lingua • grande • nuovo • bello • vacanza • occhiali • naso • studente • straniero • libro • fresco • problema • indiano • rosso

1. Dopo un anno di duro lavoro devi fare delle ....
2. Paolo non va mai all'estero perché non parla nessuna ....
3. Qui c'è troppo caldo. Apri la finestra e fai entrare un po' di ....
4. Quest'anno, nella mia classe, ci sono molti ....
5. Mi puoi aiutare? Ho un .... da risolvere.
6. Prima di dormire leggo sempre un ....
7. Hai freddo? Hai tutto il ....
8. Paola non può più leggere bene. Secondo me deve prendere gli ....

12 AGGETTIVI E PRONOMI DIMOSTRATIVI

1 • **Collega le parole delle tre colonne e crea delle frasi.**

1. Quel
2. Queste
3. Quest'
4. Questi
5. In questa
6. Quella
7. In quegli

I. ospedali
II. documenti
III. cartella
IV. disco rigido
V. ragazza
VI. cuffie
VII. allegato

a. alla finestra è mia cugina.
b. ha molta memoria.
c. è in formato PDF.
d. lavorano medici molto preparati.
e. mi fanno male agli orecchi.
f. sono molto riservati.
g. ci sono documenti molto importanti.

2 • **Completa le frasi con *questo/a* ecc. o con *quel/quella* ecc., come nell'esempio.**

Es. *Questo computer è vecchio. Quello invece è nuovo.*

1. _____ tastiera va bene per l'Italia. Questa invece va bene per la Germania.
2. Con quelle cuffie sento molto male. Con _____ invece sento bene.
3. _____ albero è un castagno. Quello invece è un melo.
4. Questo tablet è di nuova generazione. _____ invece è più vecchio.
5. La dimensione di _____ schermi è 23,8". La dimensione di quelli invece è 21,5".
6. _____ idea di grafica della pagina è carina. Quella invece non mi piace.
7. _____ casella di posta elettronica è piena. Quella invece è vuota.
8. Devo cancellare _____ cartelle. Non mi interessano più. Queste invece contengono ancora documenti interessanti.

3 • **Completa le frasi con il dimostrativo *questo* poi metti al plurale.**

1. Non so ancora usare bene _____ nuovo programma.
   Non so ancora usare bene _____.
2. _____ libreria chiude sempre alle 19.30.
   _____ sempre alle 19.30.
3. _____ indirizzo è sbagliato.
   _____.
4. _____ attrice è proprio brava.
   _____.
5. Scusi, _____ strumento musicale è una chitarra o un basso?
   Scusi, _____?
6. _____ dottore è molto attento alla salute dei suoi pazienti.
   _____ alla salute dei loro pazienti.

4 • **Completa le frasi con il dimostrativo *quello* poi metti al plurale.**

1. Guarda com'è bella _____ montagna coperta di neve!
   Guarda come sono _____ coperte di neve!
2. Scusi, mi saprebbe dire quanto costa _____ schermo là in vetrina?
   Scusi, mi saprebbe dire quanto _____ là in vetrina?
3. Ti ricordi di _____ amica francese di Paola? Torna in Italia la settimana prossima.
4. Ti ricordi di _____ di Paola? _____ in Italia la settimana prossima.
5. Enrico è _____ zio di Francesco che è emigrato in America.
   Enrico e Luigi _____ di Francesco che sono emigrati in America.

28 GP | Grammatica pratica della lingua italiana | Esercizi supplementari

6. Che frutti ci sono su _____ albero là in fondo al prato?
   Che frutti ci sono su _____ là in fondo al prato?

7. Mi puoi spedire _____ documento che è arrivato ieri dal Ministero?
   Mi puoi spedire _____ che sono arrivati ieri dal Ministero?

5 • **Completa le frasi con gli aggettivi e i pronomi dimostrativi, come nell'esempio.**

Es. *Questo* libro è l'ultimo di Umberto Eco?
(Camilleri) *No, questo è l'ultimo di Camilleri, invece quello è l'ultimo di Umberto Eco.*

1. _____ studente viene dalla Croazia?
   (Slovenia)

2. _____ schermo è di ultima generazione?
   (vecchio)

3. _____ ufficio ha le finestre piccole?
   (grandi)

4. _____ auto è una Ferrari?
   (Lamborghini)

5. _____ documento è il report di Luigi?
   (Franco)

6 •• **Metti al plurale le frasi dell'esercizio 5, come nell'esempio.**

Es. *Questi libri sono gli ultimi di Umberto Eco?*
(Camilleri) *No, questi sono gli ultimi di Camilleri, invece quelli sono gli ultimi di Umberto Eco.*

1. _____
2. _____
3. _____
4. _____
5. _____

7 •• **Completa le frasi con *questo* o *quello* nella forma corretta.**

1. – Quali film preferisci? – _____ che parlano d'amore.
2. Sergio è _____ meccanico che ripara le macchine nell'officina di via Bandini.
3. Di chi sono _____ chiavi? Sono le tue o sono _____ di Paolo?
4. – Mi scusi, è libero _____ posto? – No, _____ è occupato, ma sono liberi _____ là.
5. Vedi _____ studenti in giardino? Sono _____ che aspettano di fare l'esame A2.
6. Che bel menu! Devo dire che _____ è una scelta molto difficile, perché tutti i piatti sono buoni. Sai cosa faccio? Mangio _____ che mangi tu!
7. Che bella! È tua _____ auto? Posso fare un giro fino a _____ case in fondo alla via?

8 •• **Forma delle frasi.**

1. computer / Power Point / sì / ha / non / questo / quello / invece

2. Giovanni / di / sul / ? / sono / di / cuffie / tavolo / chi / quelle / mio / sono

3. schermo / caro / questo / quello / è / è / invece / economico

4. informatico / si / programma / chiama / questo / antivirus

5. questa / questa / quella / preferisci / preferisco / o / è / ? / bella / più / tastiera

6. sempre / quello / voglio / che / faccio

ESERCIZI E GIOCHI SU

29

13 AGGETTIVI E PRONOMI POSSESSIVI

1 • **Scrivi il possessivo con l'articolo determinativo dov'è necessario, come nell'esempio.**

Es. (mio) <u>il mio</u> cane   <u>le mie</u> penne   <u>i miei</u> fratelli

1. (tuo) .... cane   .... tastiere   .... classe
2. (di Anna) .... matita   .... cugine   .... quaderni
3. (di Paolo) .... scuola .... mani   .... schermo
4. (nostro) .... genitori .... gomma   .... gambe
5. (vostro) .... sorella   .... uffici   .... cugino
6. (loro) .... banchi   .... zio   .... nonne

2 • **Metti al singolare o al plurale la parole dell'esercizio 1, come nell'esempio.**

Es. (mio) <u>i miei</u> cani   <u>la mia</u> penna   <u>mio</u> fratello

1. (tuo)
2. (di Anna)
3. (di Paolo)
4. (nostro)
5. (vostro)
6. (loro)

3 • **Trasforma le frasi con un possessivo, come nell'esempio.**

Es. Gli amici di Marco abitano a Milano. <u>I suoi amici</u> abitano a Milano.

1. Il mio computer e quello di mia moglie non funzionano più. .... non funzionano più.
2. Gli occhi di Anna e quelli di sua sorella sono uguali. .... sono uguali.
3. La cugina di mia sorella e la mia lavorano a Torino. .... lavorano a Torino.
4. Dove studiano gli amici di Giuseppina e i tuoi? Dove studiano .... ?
5. La sorella di Paolo si chiama Angela. .... si chiama Angela.
6. La madre di Anna si chiama Luisa. .... si chiama Luisa.
7. La casella di posta elettronica di tuo fratello e tua è piena. .... di posta elettronica è piena.

4 •• **Correggi l'errore dov'è necessario.**

1. Nel parco ci sono i bambini della scuola con le sue famiglie.
2. Francesca va con la sua sorella alla Fiera del Libro di Torino.
3. Che cosa c'è nella tuo mano? Un regalo per me?
4. Andrea e Angela passeggiano sempre con il loro cane lungo il fiume.
5. Mattia va in vacanza con i loro genitori.
6. Claudia va al cinema con il sua fidanzato.
7. Potete trovare il mia programma d'esame sul sito internet dell'università.
8. Questa sera usciamo a cena con mio fratello e mia cognata.

5 • **Metti il possessivo con l'articolo determinativo dov'è necessario.**

1. Ciao Paolo, ti presento .... cugino Franco, il figlio di .... zia Caterina.
2. Micole va ogni giorno al parco con .... figlia e .... marito.
3. In aprile Andrea e Carmelo vanno a Parigi con .... amici.
4. Ogni mattina Lorenzo fa colazione al bar con .... collega.
5. Perché tu e .... moglie lavate sempre .... auto al sabato mattina?

6. Quando vado in biblioteca con .... compagni di università incontro sempre .... due professoresse del corso di letteratura italiana.
7. Sei sicuro di quello che dici? Sono queste .... ultime parole?
8. *Giuseppe e .... fratelli* è una famosa opera di Thomas Mann.
9. Sandra è una persona molto chiusa e parla poco anche con .... amiche.
10. Mia moglie e io mandiamo .... figli ogni estate a studiare inglese a Londra.

6 ●● **Unisci le frasi con un possessivo e con *e* o *ma* dov'è necessario, come nell'esempio.**

Es. Lo zio di Luigi è professore all'università. Il padre di Luigi insegna al liceo.
<u>Lo zio di Luigi è professore all'università e suo padre insegna al liceo.</u>

1. I genitori di Anna e Antonio sono ricchi. I nonni di Anna e Antonio sono poveri.

2. I vostri libri sono sulla cattedra in classe. I libri di Lucia e i miei sono nel laboratorio di informatica.

3. Milano è una grande città italiana. Gli abitanti di Milano si chiamano milanesi.

4. Queste sono le nostre penne. Le penne di Daniela e le tue sono dentro lo zaino.

5. La mia regione è l'Emilia-Romagna. La regione di Francesca è la Lombardia.

6. Devo mandare un'e-mail al mio professore. Non conosco l'indirizzo mail del mio professore.

7. Lorenzo è ingegnere. Il fratello di Lorenzo è laureato in Economia.

7 ●● **Completa il testo con un possessivo e l'articolo determinativo dov'è necessario.**

Mi chiamo Antonio e sono un medico spagnolo. Sono in Italia per uno stage al Policlinico di Milano. Oggi finisce **a.** .... primo mese di lavoro e sono molto contento di quello che faccio. **b.** .... esperienza finora è stata molto positiva. **c.** .... lavoro è duro, ma per fortuna **d.** .... colleghi collaborano e mi aiutano sempre, anche perché conoscono bene **e.** .... problemi con la lingua italiana. Lavoriamo bene insieme e **f.** .... pazienti sembrano contenti del **g.** .... lavoro. Quando finisco il turno in ospedale, alla sera, sono abbastanza stanco e spesso vado a casa: telefono a casa **h.** .... , parlo con **i.** .... famiglia e rimango a lungo in chat con **l.** .... fidanzata. Qualche volta esco con i colleghi e con **m.** .... amici o **n.** .... famiglie e andiamo al ristorante o in pizzeria. Insomma, anche se **o.** .... abitudini sono cambiate e **p.** .... affetti sono lontani, non mi posso lamentare!

8 ●● **Trasforma il testo nel modo seguente.**

Si chiama Antonio ed è un medico spagnolo. È in Italia per uno stage al Policlinico di Milano.

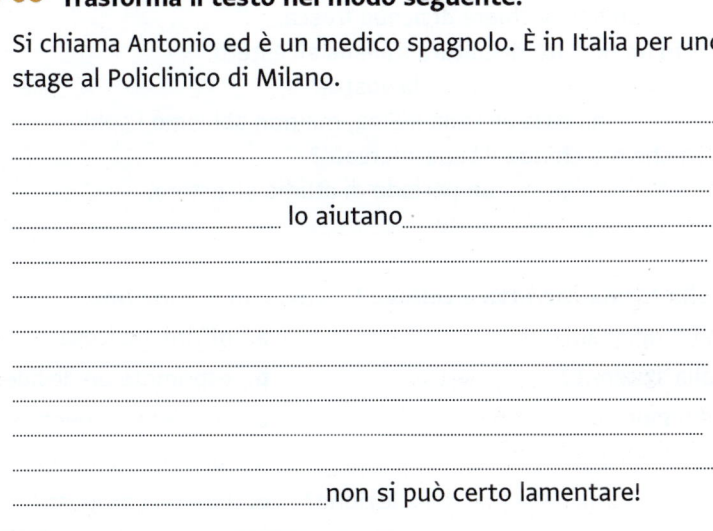

....
....
....
.... lo aiutano ....
....
....
....
....
.... non si può certo lamentare!

ESERCIZI E GIOCHI SU iW IMPARO SUL WEB

31

14 VORREI E POTREI

1 • **Completa le frasi con *potrei* nella forma corretta.**

1. Scusi, _____ dirmi dov'è il duomo, per favore?
2. Gli italiani _____ leggere più giornali.
3. Scusa, _____ abbassare il volume della tv?
4. L'anno prossimo (noi) _____ iscriverci a un corso di russo.
5. Ragazzi, se non sapete che cosa fare, _____ aiutarmi a pulire la casa.
6. (io) _____ uscire qualche volta con Luigi. È sempre così solo!
7. Con un corso di un anno, Paola _____ diventare maestra di yoga.

2 • **Completa le frasi con *vorrei* nella forma corretta.**

1. Stasera Alessandro e io _____ andare al cinema.
2. Paola _____ comprare un appartamento in centro.
3. Tu ed Elisa _____ un altro figlio.
4. Nicholas, da grande, _____ fare il calciatore.
5. Tutti _____ vivere in un mondo senza guerre.
6. (tu) _____ venire a studiare con me in biblioteca?
7. (io) _____ un biglietto di andata e ritorno per Milano.

3 • **Completa le fasi con *vorrei* e *potrei* nella forma corretta.**

1. Buongiorno Professore, mi _____ dire l'argomento della lezione della settimana scorsa, per favore?
2. Francesca _____ trovare un lavoro, ma in questo periodo è molto difficile.
3. L'estate prossima io _____ andare in Sicilia, e tu dove _____ andare?
4. Gianna e Maria _____ aprire una profumeria in centro.
5. Scusa, _____ chiudere quella finestra perché ho un po' freddo.
6. Se vi piace la letteratura tedesca, tu e Daniela vi _____ iscrivere alla Facoltà di Lingue.
7. Con il tuo aiuto (io) _____ finire questo lavoro prima di sera.
8. Buongiorno, (noi) _____ avere alcune informazioni sugli orari di apertura del museo.

4 •• **Completa le fasi con *vorrei* e *potrei* nella forma corretta e un infinito tra quelli indicati.**

comprare • insegnare • cantare • ordinare • dire • prestare • trascorrere • bere

1. Hai una voce così bella che _____ _____ in un coro.
2. Che sete! (io) _____ un bel bicchiere di acqua fresca.
3. Elisabetta _____ in un Istituto di cultura italiana all'estero.
4. La mia macchina è rotta. Mi (voi) _____ la vostra?
5. Mia moglie e io _____ una casa all'Isola d'Elba, ma non abbiamo i soldi.
6. Scusi, mi _____ a che ora chiude il supermercato?
7. Molti studenti universitari _____ un periodo di studio all'estero.
8. E come secondo che cosa (voi) _____ _____ ?

5 •• **Completa le frasi con *vorrei* o *potrei* nella forma corretta e collega le frasi con la funzione.**

1. (io) _____ fare un viaggio in Patagonia.   **a.** offrire qualcosa
2. (tu) _____ accompagnarmi alla stazione?   **b.** esprimere un desiderio
3. (voi) _____ provare il menù del giorno.   **c.** chiedere un permesso
4. (tu) _____ assaggiare le mie lasagne?   **d.** fare una richiesta
5. Scusi professore, (io) _____ uscire 5 minuti prima della fine della lezione?   **e.** fare una proposta

6 • **Completa il dialogo con *vorrei* e *potrei* nella forma corretta e un infinito tra quelli indicati dov'è necessario.**

sedere • mangiare • stare • avere • consigliare • prendere • provare • vedere

ANNA E PAOLO: Buongiorno, **a.** .... qualcosa. È possibile o è troppo tardi?
CAMERIERE: Non c'è problema, la cucina è aperta ancora un'ora. Dove vi **b.** .... ?
ANNA: Per me va bene quel tavolo in mezzo alla sala, oppure tu **c.** .... più vicino alla finestra?
PAOLO: No, no va bene dove vuoi tu!
CAMERIERE: Sapete già cosa volete o **d.** .... il menù?
PAOLO: Che cosa ci **e.** .... ?
CAMERIERE: Io vi consiglierei il piatto del giorno: pasta e fagioli appena fatta.
PAOLO: Per me va bene.
ANNA: Io invece **f.** .... qualcosa di più leggero. **g.** .... un piatto di spaghetti al pomodoro?
CAMERIERE: Certamente. E da bere che cosa **h.** .... ?
ANNA: Per me acqua minerale.
PAOLO: Io invece **i.** .... un bicchiere di vino rosso della casa.
ANNA: Sai che hai ragione. Forse **l.** .... anch'io un bicchiere di vino. Mio padre dice sempre che un bicchiere aiuta la digestione!

7 •• **Scrivi sul tuo quaderno un dialogo al ristorante e usa alcune delle parole indicate o altre a tua scelta.**

Gianni • Laura • cameriera

avere • bere • prendere • sedere • preferire • mangiare • ordinare • scegliere • consigliare • stare • provare

lasagne • pizza margherita • fiorentina • spaghetti • pesce • risotto • pesto • carbonara • carne alla brace • carne alla griglia • pasta • ragù di carne • acqua minerale • vino • caffè • dolce

8 •• **Che cosa si dice in queste situazioni? Segui l'esempio.**

Es. Chiedi a un tuo amico se vuole venire in piscina con te.
Vorresti venire in piscina con me?

1. In pizzeria il cameriere chiede a te e a un tuo amico che cosa volete mangiare.

2. Sei dal fornaio. Ordina mezzo chilo di pane integrale.

3. Sei a casa di amici, non hai il telefono e vuoi telefonare a casa. Che cosa chiedi?

4. Chiedete ai vostri amici se vogliono venire a cena stasera.

9 •• **Proponi una soluzione con *Secondo me...* e il verbo *potere* al condizionale, come nell'esempio.**

Es. La macchina di Andrea è troppo vecchia. Secondo me potrebbe cambiare macchina.
1. La tua amica ha paura di ingrassare. ....
2. Tuo fratello va male a scuola. ....
3. Carlo e Ada non si amano più. ....
4. Alessio è sempre triste. ....
5. Lino porta sempre gli stessi vestiti. ....

15 GLI INTERROGATIVI: *CHI? CHE COSA? COME?...* E GLI ESCLAMATIVI

1 • **Abbina le domande alle risposte.**

1. Di dove sono John e Mary?
2. Che caldo! Quanti gradi ci sono oggi?
3. Chi viene stasera a casa mia?
4. Dove vai domenica pomeriggio?
5. Che cosa mangi di solito a pranzo?
6. Perché mandi tanti sms a Angela?
7. Quale attore ha vinto l'Oscar quest'anno?
8. Da dove viene Monica?

a. In montagna a fare una passeggiata.
b. Una pasta e un po' di verdura.
c. Leonardo Di Caprio.
d. 35.
e. Dall'Argentina.
f. Sono australiani.
g. Perché vorrei uscire con lei.
h. Veniamo Franco e io.

2 •• **Correggi l'errore dov'è necessario.**

1. Quanti costano queste mele?
2. Di dove vengono i tuoi amici?
3. Quale sono i tuoi libri?
4. Che cosa lavoro fai?
5. Dove va Andrea ogni mattina?
6. Quando tornate in Italia?
7. Da dov'è Irina?
8. Perché dormi sempre fino alle 10?

3 • **Scegli l'interrogativo giusto.**

1. _____ viene Samuel? (dove, di dove, da dove)
2. _____ non ascolti mai quando parlo? (come, perché, quanto)
3. _____ andate in vacanza l'estate prossima? (di dove, da dove, dove)
4. _____ esami ti mancano per finire l'università? (quanto, quale, quanti)
5. _____ vuoi fare dopo l'università? (come, che cosa, perché)
6. _____ è il tuo numero di telefono? (quanto, qual, quali)
7. _____ parti per il Senegal? (quanto, che cosa, quando)
8. _____ posso arrivare a Roma in quattro ore? (come, perché, quanto)

4 • **Completa le domande e poi abbinale alle risposte.**

1. _____ arriva questo autobus?
2. _____ pizze mangi alla settimana?
3. _____ ascolti alla radio?
4. _____ sei in ritardo?
5. _____ si dice "car" in italiano?
6. _____ è la capitale della Francia?
7. _____ torna Romano da Cuba?
8. _____ sono le mie chiavi?

a. Ho perso l'autobus.
b. Macchina.
c. Due o tre.
d. Parigi.
e. Sul tavolo.
f. Dalla stazione.
g. Musica classica.
h. La settimana prossima.

5 • **Completa le frasi con *quanto* e *quale* nella forma corretta.**

1. _____ chilometri mancano per arrivare a Milano?
2. _____ autobus va in via La Spezia?
3. - _____ sono i tuoi figli? - Quei due vicino alla finestra.
4. _____ costano quelle scarpe in vetrina?

5. _____ farina serve per fare una pizza?
6. – La foto della scuola elementare! E tu _____ sei? – Il secondo da sinistra.
7. _____ macchine! Con questo traffico non arriviamo più a casa.
8. _____ è l'indirizzo di tua sorella?

6 • **Scrivi un'esclamazione con *che* o *come* per le seguenti situazioni. Usa un aggettivo tra quelli indicati, come nell'esempio.**

maleducato • ricco • intelligente • forte • fortunato • triste • abbronzato • ~~ottimista~~

Es. Tania è sicura di vivere fino a 90 anni.   *Che/Com'è ottimista!*

1. Posso sollevare un peso di 70 Kg.
2. Carla e Sandra hanno vinto 5000 euro al lotto.
3. Paolo si è laureato con il massimo dei voti.
4. I signori Rossi hanno due ville al mare e una sulle Alpi.
5. Carlo va sempre via senza mai salutare nessuno.
6. Oggi il cielo è grigio, piove e fa molto freddo.
7. Siamo stati ai Caraibi un mese.

7 •• **Completa le frasi, come nell'esempio.**

Es. Che caldo!   *Adesso faccio una doccia fredda.*

1. Che sete!
2. Che sonno!
3. Che fame!
4. Che stupido!

8 •• **Forma delle domande con il verbo corretto.**

1. di solito / (tu) fare / al / sera / che cosa / sabato
   _____?
2. (voi) mangiare / la / solamente / verdura / frutta / perché / la / e
   _____?
3. (tu) fare / la / per / quando / tuo / compleanno / festa / il
   _____?
4. (noi) andare / spesa / dove / mattina / a / la / fare / sabato
   _____?
5. questo / (tu) potere / pensare / me / come / di
   _____?
6. professore / oggi / di / alle / fare / italiano / quale / lezione / 14.00
   _____?

9 •• **Forma le domande a partire dalle risposte.**

1. _____? A Bologna.
2. _____? Il 25 maggio 1990.
3. _____? In via Augusto Rosa 17.
4. _____? Di solito prendo un caffè.
5. _____? Sabato prossimo.
6. _____? Nello zaino.
7. _____? Perché voglio imparare l'inglese.
8. _____? Da Roma.

10 •• **Aldo Rossi cerca un lavoro come tecnico informatico. Scrivi sul quaderno il dialogo di un'intervista e usa i diversi interrogativi ed esclamativi. Prosegui la traccia.**

TU: Buongiorno. Come si chiama?
ALDO: Aldo Rossi.

ESERCIZI E GIOCHI SU

15 GLI INTERROGATIVI: CHI? CHE COSA? COME?... E GLI ESCLAMATIVI

35

16 STARE + GERUNDIO E STARE PER + INFINITO

1 • **Osserva le vignette e scrivi che cosa stanno facendo le persone.**

1. ....
2. ....
3. ....

2 • **Osserva le vignette e scrivi che cosa sta per succedere.**

1. ....
2. ....
3. ....

3 • **Completa il testo con *stare* + gerundio e un verbo tra quelli indicati. Una volta devi completare con *stare per* + infinito.**

parlare • lavorare (x 2) • fare (x 2) • telefonare • andare • cominciare • arrivare • partire

ANDREA: Oh no! L'autobus **a.** .... Dobbiamo aspettare il prossimo che arriva tra 20 minuti.
BRUNO: E adesso?
ANDREA: Adesso niente. Arriviamo in classe in ritardo con il professore che **b.** .... già .... !
Scusa, ma tu che cosa **c.** .... ?
BRUNO: **d.** .... a mio padre. Il suo ufficio è qui vicino e forse non **e.** .... ancora
....
ANDREA: Ma dai! Magari è a casa che **f.** .... colazione e…
BRUNO: Aspetta! "Pronto, ciao papà, **g.** .... già .... ? No? **h.** .... al lavoro?
Allora senti, sono qui con Andrea, abbiamo perso l'autobus. Hai tempo, per favore, di accompagnarci a lezione, altrimenti arriviamo troppo tardi. La lezione **i.** .... Ok, grazie!"
Bene. Mio padre **l.** ....
ANDREA: Per fortuna. Però, che gentile!

4 •• **Correggi l'errore dov'è necessario.**

1. Sto per mangiando. Ti telefono dopo.
2. Non sto potendo venire da te perché devo lavorare.
3. Non mi disturbare. Non vedi che sto leggendo?
4. È stato nevicando da due ore e la strada è già tutta bianca.
5. Corri! Il treno sta per partire.
6. Aspetta ancora cinque minuti. Sto arrivare.

7. Andrea e Sandro state giocando da tre ore con la Playstation.
8. Quel bambino non ce la fa più, ormai sta per piangere.

5 • **Completa le frasi con *stare per* + infinito e un verbo tra quelli indicati. Una volta devi completare con *stare* + gerundio.**

nevicare • mangiare • divorziare • laurearsi • prendere • invitare • succedere • guarire • cominciare

1. – Che cosa fa tutta quella gente in strada? – Secondo me .... qualcosa di brutto.
2. Che cielo! Forse .... , così domenica possiamo andare a sciare.
3. Mario e Sara non vanno più d'accordo: ....
4. Cammina velocemente. Le luci sono spente e il concerto ....
5. A Pietro e Vincenzo mancano solo due esami e la tesi. Ormai ....
6. – Paola, c'è Anna al telefono, ci .... a cena. – Grazie, ma ormai è già tutto pronto e (noi) ....
7. La settimana prossima torno a lavorare perché ....
8. Che faccia seria! Secondo me (tu) .... una decisione importante.

6 •• **Completa le frasi con *stare* + gerundio o *stare per* + infinito e un verbo tra quelli indicati.**

nuotare • traslocare • lavare • finire • partire • ammalare • chiudere • fare • tornare

1. C'è Carlo in giardino che .... la macchina.
2. Mi dispiace ma non siamo in ufficio perché .... una pausa al bar per un caffè.
3. Le auto sono tutte ferme sulla griglia di partenza e aspettano il semaforo verde. Ormai ....
4. Abbiamo ancora dieci minuti di tempo. Il supermercato .... e noi non abbiamo più pane.
5. Marco .... da un'ora in piscina ma forse adesso ....
6. Che mal di gola! Secondo me, mi ....
7. So che questa settimana non avete tempo di venire da noi perché .... Può andare la settimana prossima?
8. Nino .... dall'Inghilterra. Arriva la settimana prossima.

7 •• **Completa le frasi con *stare* + gerundio o *stare per* + infinito.**

1. Comincia a cucinare perché i nostri amici ....
2. In questo momento Elisa non può rispondere perché .... Chiama più tardi.
3. Mi dispiace, oggi non possiamo venire perché ....
4. .... anche voi la partita di calcio in televisione? Anche noi! Mancano dieci minuti alla fine e l'Inter .... la partita.
5. Carla .... 56 anni, ormai non è più una ragazzina.
6. Vittorio .... l'erba del giardino perché è troppo alta.
7. Lino .... da tre ore e adesso vuole andare a mangiare.
8. Il mese .... e noi dobbiamo ancora finire tutti i nostri lavori.

8 •• **Secondo te, che cosa sta succedendo o che cosa sta per succedere? Segui l'esempio.**

Es. Due persone al ristorante stanno bevendo il caffè e chiamano il cameriere. Una ha il portafoglio in mano.
Le due persone stanno per pagare il conto.

1. Una ragazza è davanti alla porta di casa e sta cercando le chiavi nella borsa.

2. Al mare: Franco è nell'acqua e Angela è al sole sul lettino.

3. Un persona ha rotto il finestrino di una macchina e sta aprendo la portiera.

4. Sono le 6.00 e il barista sta salendo le scale del bar.

5. Un uomo è davanti a un bel paesaggio con un pennello, una tela bianca e dei colori.

17 I NUMERI CARDINALI E ORDINALI

1 • **Scrivi in cifre i seguenti numeri.**

1. Trentotto
2. Duemilasettecentoventi
3. Sei decimi
4. Trentaquattresimo
5. Un milione e duecentoventottomila
6. Due miliardi e centotrentuno milioni
7. Tredici quindicesimi
8. Nono

2 • **Scrivi in lettere i seguenti numeri.**

1. 76
2. 6/14
3. 57°
4. 3721
5. 428 602
6. 7°
7. 3/8
8. 2 654 000

3 • **Scrivi in lettere le seguenti operazioni, come nell'esempio.**

Es. 57 + 12 = 69   *cinquantasette più dodici uguale sessantanove*

1. 430 − 229 = 201
2. 6 x 8 = 48
3. 182 : 14 = 13
4. 52 x 24 = 2288
5. 3765 + 4689 = 8454
6. 555 : 15 = 37
7. 759 − 643 = 116

4 • **Scegli fra il numero cardinale e l'ordinale.**

1. In casa mia il *primo/uno* bagno è vicino alla sala e il *secondo/due* è in fondo al corridoio.
2. La mia squadra di calcio preferita arriva sempre *terza/tre* o *quarta/quattro*.
3. Al *sesto/sei* piano di quel condominio ci sono *secondo/due* balconi molto grandi.
4. Nella musica jazz spesso si usa come tempo il *quinti quattro/quattro quinti*.
5. Anna vorrebbe affittare un appartamento con *seste/sei* stanze e almeno *dodicesime/dodici* finestre.
6. Per luce, acqua e gas Angelo spende ogni mese *un quattro/un quarto* del suo stipendio.
7. Nella classe di mio figlio oggi sono ammalati *settimi/sette* bambini su *ventiquattresimi/ventiquattro*.
8. Un bel film di Spike Lee in italiano si intitola "La *venticinque/venticinquesima* ora".

5 •• **Correggi l'errore nelle operazioni. Scrivi i numeri in lettere.**

1. Sette più quindici = ventidue
2. Sessanta diviso quindici = tre
3. Tredici per sei = settantadue
4. Trentuno meno dieci = diciannove
5. Ottantadue meno sessantacinque = diciotto

17 I NUMERI CARDINALI E ORDINALI

6 • Rispondi alle domande, come nell'esempio.

Es. Dov'è il Bar Sport? *La prima strada a destra*

1. Dov'è la panetteria?
2. Dov'è la pescheria?
3. Dov'è la pizzeria?
4. Dov'è la macelleria?
5. Dov'è la stazione?

7 • Scrivi in lettere i numeri cardinali o ordinali.

1. Vado in vacanza la (4) .... settimana di luglio.
2. Se lunedì è il (1) .... giorno della settimana, mercoledì è il (3) ....
3. In quei (2) .... condomini ci sono almeno (30) .... appartamenti.
4. In agosto (3/5) .... degli italiani sono in ferie.
5. Che bello! Mancano solo (11) .... giorni a Natale.
6. La villa di Luca costa (4 000 000) .... di euro.
7. Devo ancora leggere il (30%) .... dei libri della mia libreria.
8. Karol Wojtyla era Papa Giovanni Paolo (2) ....

8 •• Completa le frasi con i numeri indicati, scrivendoli in lettere.

10° • 30 • 31 • 0 • 1 000 000 000° • 2/5 • circa 100 • 28 • 6° • 2000

1. Una filastrocca dice: "................ giorni ha novembre, con aprile, giugno e settembre. Di .... ce n'è uno, tutti gli altri ne hanno ...."
2. Ottobre è il .... mese dell'anno.
3. Un nanosecondo è un'unità di misura uguale a un .... di secondo.
4. Due miliardi sono uguali a .... milioni.
5. Tremila è un numero con tre ....
6. - Quante persone ci sono in questo cinema? - Esattamente non lo so, forse ....
7. È la .... volta che Giuseppe va in vacanza a Parigi.
8. Alle ultime elezioni .... degli italiani non sono andati a votare.

9 •• Scrivi delle frasi usando i numeri indicati.

1. 15:
2. 2/3:
3. 1789:
4. 12°:
5. 31:
6. 1/10:
7. 3 000 000:
8. 3°:

ESERCIZI E GIOCHI SU IMPARO SUL WEB

39

18 L'ORA

1. Che ore sono? Scrivi gli orari in cifre, come nell'esempio.

Es. Ventuno e venti — Sono le 21.20.

1. Tre meno un quarto
2. Sette e tre quarti
3. Cinque e cinque
4. Mezzanotte
5. Nove meno venti
6. Due e dieci

2. Che ore sono? Scrivi gli orari in lettere. Attenzione all'uso normale e all'uso in situazioni ufficiali. Segui l'esempio.

	USO NORMALE	SITUAZIONI UFFICIALI
13.25	È l'una e venticinque.	Sono le tredici e venticinque.
17.45	1a.	1b.
1.20	2a.	2b.
12.00	3a.	3b.
3.20	4a.	4b.
16.50	5a.	5b.
18.10	6a.	6b.
14.15	7a.	7b.
19.30	8a.	8b.
20.55	9a.	9b.

3. Osserva le immagini della giornata di Anna e correggi gli orari dov'è necessario, come nell'esempio.

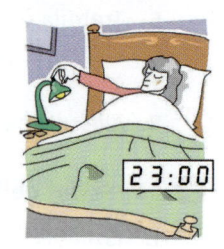

Es. Anna si sveglia alle sei e venti. — Anna si sveglia alle sette meno un quarto.

1. Anna fa colazione alle dodici e mezza.
2. Anna prende l'autobus alle otto e mezza.
3. Anna inizia la lezione alle undici.
4. Anna finisce la lezione all'una.
5. Anna torna a casa all'una e mezza.

6. Anna pranza alle sette meno un quarto.
7. Anna corregge i compiti alle otto e quaranta.
8. Anna va in palestra alle nove e venticinque.
9. Anna cena alle quattro e un quarto.
10. Anna guarda la tv alle otto.
11. Anna va a letto alle sette e mezza.

4 • Osserva l'orario ferroviario e descrivi le partenze, gli arrivi e la durata del viaggio. Scrivi sul quaderno gli orari in lettere, come nell'esempio.

	STAZIONE DI PARTENZA		STAZIONE DI ARRIVO		TRENO	DURATA
1	16.16	REGGIO EMILIA	17.08	BOLOGNA	Regionale	52'
2	17.30	ROMA TERMINI	18.36	NAPOLI CENTRALE	Frecciargento	1 h 06
3	20.54	TORINO PORTA NUOVA	22.46	MILANO CENTRALE	Regionale veloce	1 h 52'
4	18.25	VENEZIA SANTA LUCIA	20.30	FIRENZE S. M. NOVELLA	Frecciarossa	2 h 05'
5	5.55	BARI CENTRALE	13.59	FIRENZE S. M. NOVELLA	Intercity	8 h 04'
6	9.04	VERONA PORTA NUOVA	9.57	TRENTO	Eurocity	53'
7	10.47	GENOVA NERVI	13.48	LIVORNO CENTRALE	Regionale	3 h 01'

Es. *Il treno Regionale parte da Reggio Emilia alle sedici e sedici e arriva a Bologna alle diciassette e otto. Il viaggio dura cinquantadue minuti.*

5 • Osserva le immagini e sul quaderno ricostruisci la giornata di Gianni e Marta che hanno una libreria in centro. Usa i verbi indicati. Segui l'esempio.

andare a letto • svegliarsi • fare colazione • cenare • fare la doccia • prepararsi • pranzare • finire di lavorare • iniziare a lavorare

Es. *Gianni e Marta si svegliano alle sette e mezza*

6 •• Rispondi alle domande.

1. A che ora ti alzi di solito?
2. A che ora fai colazione?
3. A che ora hai la lezione di italiano?
4. A che ora vai a lavorare?
5. A che ora finisci di studiare?
6. A che ora pranzi?
7. A che ora ceni?
8. A che ora vai a letto?

7 •• Sul quaderno descrivi la tua giornata tipica usando gli orari.

ESERCIZI E GIOCHI SU **IMPARO SUL WEB**

18 L'ORA

19 LE DATE, GLI ANNI E I SECOLI

1 • **Scrivi le date in parole.**

1. 15/03/1970 ....
2. 01/08/1945 ....
3. 18/10/2014 ....
4. 23/07/1567 ....
5. 15/02/1789 ....
6. 29/09/1234 ....
7. 16/05/1876 ....
8. 24/12/1990 ....

2 •• **Correggi l'errore dov'è necessario.**

1. Napoleone è morto nel 5 maggio 1821.
2. Aldo è nato 6 aprile 1987.
3. L'Italia è unita dalla seconda metà del diciannovesimo secolo.
4. In Italia le scuole iniziano il settembre.
5. Marcella si è laureata il 2009.
6. Il ventunesimo secolo è anche l'inizio del terzo millennio.
7. La Prima guerra mondiale è finita il 1918.
8. Mi piacerebbe vivere nel ventiduesimo secolo.

3 • **Forma delle frasi.**

1. 1973 / Francesca / il / maggio / nata / è / 9
   ....
2. ha finito / Antonio / negli / l'università / Settanta / anni
   ....
3. molti / in / sono emigrati / nel / secolo / italiani / Sud America / ventesimo
   ....
4. analfabete / nell' / erano / persone / Italia / Ottocento / in / molte
   ....
5. in / in / l' / inizia / giugno / anno / settembre / scolastico / e / finisce
   ....
6. Rita / nel / vuole / in / andare / 2020 / pensione
   ....

4 • **Metti la preposizione con l'articolo o l'articolo da solo dov'è necessario.**

1. Sono nato .... 28 luglio 1998.
2. I Celti vivevano nell'Italia del Nord .... V secolo a.C.
3. Paolo è nato .... aprile, esattamente .... 21 aprile 1990.
4. Linda ha studiato all'Università di Salamanca .... 2010.
5. .... quindicesimo secolo è il secolo del Rinascimento in Italia.
6. L'Impero Romano è iniziato .... 27 a.C. ed è finito .... IV secolo d.C.
7. In Italia, ... diciannovesimo secolo, ci sono state tre guerre di Indipendenza.
8. Le lezioni di italiano finiscono .... giovedì 28 maggio.
9. Oggi è .... 5 aprile.
10. Oggi è .... martedì 14 maggio.

5 • **Rispondi alle domande.**

1. Quando sei nato?
2. In quale secolo l'uomo è andato sulla luna?
3. In quale anno hai finito di andare a scuola?
4. Quanti ne abbiamo oggi?
5. Che giorno è oggi?
6. Quando è la Festa del Lavoro?

6 •• **Indovina la data, l'anno o il secolo e scrivilo in lettere.**

1. Il secolo del Romanticismo in Italia.
2. In Italia è il giorno della Festa della Liberazione.
3. Si festeggia Ferragosto.
4. Il giorno della dichiarazione di indipendenza americana.
5. L'anno delle Olimpiadi in Brasile.
6. Il secolo che ha visto l'invenzione della macchina a vapore.

7 •• **Osserva l'agenda di Daniela e scrivi delle frasi, come nell'esempio.**

- 7 GENNAIO: DENTISTA ORE 15.00
- 4 MARZO: ARRIVO GENITORI DA ROMA
- 16 APRILE: REGALO COMPLEANNO DI FEDERICO
- 5 MAGGIO: CONVEGNO LETTERARIO SU ALESSANDRO MANZONI
- 10 GIUGNO: FINE ANNO SCOLASTICO
- 15 LUGLIO: VACANZE CRETA
- 3 SETTEMBRE: MAMMOGRAFIA OSPEDALE ORE 17.00

Es. *Il 7 gennaio Daniela ha un appuntamento dal dentista alle 15.00.*

1.
2.
3.
4.
5.
6.

8 •• **Hai sei impegni nei prossimi mesi? Scrivili, come nell'esempio.**

Es. *Il 12 novembre alle 21.00 vado alla festa di laurea di Emilia.*

1.
2.
3.
4.
5.
6.

19 LE DATE, GLI ANNI E I SECOLI

ESERCIZI E GIOCHI SU iW IMPARO SUL WEB

20 GLI AVVERBI

1 ● Trasforma gli aggettivi indicati in avverbi.

1. Ho sbagliato tutto e mi scuso (*umile*) _____ con te.
2. Il 10 settembre iniziano (*ufficiale*) _____ le lezioni a scuola.
3. Per fare una buona traduzione non bisogna tradurre (*letterale*) _____ ma interpretare (*buono*) _____ il significato del testo.
4. La tua proposta è (*economico*) _____ interessante.
5. Gentile Professore, La ringrazio per la sua risposta e La saluto (*cordiale*) _____ .
6. Il cane di Silvia è (*particolare*) _____ intelligente.
7. Se vogliamo dire la verità, questa lezione non è stata (*didattico*) _____ perfetta!
8. Non ha senso litigare (*inutile*) _____ , è meglio discutere (*costruttivo*) _____ .

2 ● Scegli l'aggettivo corretto e trasformalo in avverbio.

1. L'esame è andato molto *cattivo/buono/discreto* _____ . Ho risposto *felice/corretto/normale* _____ solamente a 2 domande su 10.
2. Roby canta molto bene ma le sue canzoni sono *singolare/logico/musicale* _____ poco originali.
3. Sono già le cinque e mancano ancora 150 chilometri all'arrivo. È *matematico/normale/fortunato* _____ impossibile arrivare alle cinque e mezza.
4. In Italia è *occasionale/facoltativo/legale* _____ vietato fumare al cinema.
5. Questo maglione è molto elegante ma per me è *leggero/discreto/grande* _____ corto. Vorrei qualcosa di più lungo.
6. È molto bello guardare un cavallo che corre *singolare/elegante/intelligente* _____ nei prati.
7. Siamo in autostrada e stiamo viaggiando molto *lieve/veloce/lento* _____ perché c'è stato un incidente tre chilometri più avanti.
8. A volte, d'estate in montagna c'è un bel sole caldo e poi *improvviso/potente/attivo* _____ arriva un temporale.

3 ● Completa le frasi con un avverbio formato dagli aggettivi indicati.

raro • strano • veloce • prossimo • tranquillo • felice • gentile • fisico

1. Per me è ormai _____ impossibile sollevare un peso di 80 kg.
2. Con tutte le possibilità che ci sono in tv e con il computer, da anni andiamo al cinema _____ .
3. Se camminiamo molto _____ possiamo arrivare alla stazione tra dieci minuti.
4. – Dov'è il gatto? – Sta dormendo _____ sul divano.
5. Rita è una persona molto carina. Risponde sempre _____ a tutti.
6. Il nuovo film di Tarantino esce _____ in tutti i cinema.
7. Alberto è sempre allegro. Oggi, invece, è _____ triste.
8. Camilla e Giorgio sono _____ sposati da 20 anni.

4 ●● Trasforma le frasi, come nell'esempio.

Es. Alessandro è un lettore attento.   *Alessandro legge attentamente.*

1. Daniela è una buona insegnante.
2. Cristian è un mangiatore esagerato.
3. Antonio è un cattivo giocatore.
4. Angelo è un corridore veloce.
5. Paola è una studentessa diligente.
6. Gabriella è una camminatrice costante.
7. Francesca è una guidatrice pericolosa.

5 • **Scegli l'avverbio giusto e completa le frasi.**

1. Oggi devo lavorare .... perché ho tante cose da finire. (poco, molto, troppo)
2. Questo libro è .... interessante, ma non eccezionale. (abbastanza, molto, poco)
3. Oggi è una bruttissima giornata e io sono .... triste. (poco, molto, troppo)
4. Paola ha studiato .... e adesso ha mal di testa. (abbastanza, poco, troppo)
5. Mi dispiace! Suo figlio è intelligente ma studia .... Così non va! (poco, abbastanza, un po')
6. Questa sera sono stanco e vorrei riposare .... (un po', troppo, poco)
7. Carla parla .... ma ascolta molto. (poco, molto, troppo)
8. Vado .... al mare perché mi piace nuotare. (tanto, troppo, poco)

6 • **Rispondi alle domande con uno tra questi avverbi: *molto/tanto, abbastanza/piuttosto, un po', poco*.**

1. Ti piace la musica rock? ....
2. Ti piace leggere libri? ....
3. Ti piace navigare in internet? ....
4. Ti piace camminare per il centro? ....
5. Ti piace la cucina vegana? ....
6. Ti piace guardare lo sport in tv? ....
7. Ti piace fare trekking in montagna? ....
8. Ti piace prendere il sole al mare? ....

7 • **Completa le frasi con uno tra questi avverbi: *molto/tanto, abbastanza/piuttosto, un po', poco*.**

1. Sto lavorando .... , ma non è ancora .... per finire in tempo questo lavoro. Ho paura di non riuscire.
2. Scusate, ma in questa stanza fa .... caldo. Devo uscire per prendere .... di aria fresca, altrimenti sto male.
3. Sei .... intelligente per capire che il tuo comportamento è sbagliato.
4. C'è ancora .... di arrosto? Ho già mangiato .... , ma è così buono!
5. Se oggi stai .... al sole, stasera devi mettere molta crema sulla pelle.
6. Aprite la finestra e lasciate entrare .... di luce. Qui è .... buio!

8 • **Rispondi alle domande con uno tra questi avverbi: *mai, quasi mai, raramente, talvolta/a volte, spesso, solitamente/normalmente, quasi sempre, sempre*.**

1. Vai a teatro a sentire l'opera lirica? ....
2. Leggi libri gialli? ....
3. Mangi carne di maiale? ....
4. Vai in palestra? ....
5. Chatti in rete con gli amici? ....
6. Guidi l'auto in autostrada? ....
7. Bevi acqua naturale durante il giorno? ....
8. Fai passeggiate in montagna? ....

9 •• **Scrivi delle frasi pensando a te stesso/a nelle quali impieghi uno o più di questi avverbi: *mai, quasi mai, raramente, talvolta/a volte, spesso, solitamente/normalmente, quasi sempre, sempre*.**

1. ....
2. ....
3. ....
4. ....
5. ....
6. ....
7. ....
8. ....
9. ....
10. ....

20 GLI AVVERBI

10 ●● Osserva le immagini e scrivi delle frasi con alcuni degli avverbi e delle espressioni di tempo indicate. Segui l'esempio.

prima • dopo/poi • presto • tardi • oggi • ieri • domani • ora/adesso • questa mattina/stamattina • questo pomeriggio • questa sera/stasera • questa notte/stanotte

Es. Grazia prima fa la doccia e poi fa colazione.

1. _____
2. _____
3. _____
4. _____
5. _____
6. _____
7. _____

11 ● Osserva le immagini e completa le frasi con un avverbio o un'espressione di luogo.

1. La mia macchina è _____ . La tua, invece, è _____ in fondo.

2. Bologna si trova a Parma ma _____ da Palermo.

3. _____ il banco c'è un libro e _____ il banco c'è uno zaino.

4. La moto è _____ al garage, mentre la bicicletta è _____ dal garage.

5. La ragazza è _____ allo specchio, ma i suoi vestiti sono tutti _____ lo specchio.

12 ● Completa il dialogo con un avverbio tra quelli indicati. Attenzione: alcuni non sono da usare, altri li puoi impiegare più volte.

sì • certamente • certo • sicuramente • neanche • davvero • esattamente • forse • no • non • magari

MAMMA: Bambini, oggi andiamo a vedere gli animali in una fattoria. Siete contenti?
ANDREA: **a.** _____ , che bello!
ANGELA: Io **b.** _____ . A me **c.** _____ piace vedere gli animali chiusi in una gabbia.
MAMMA: **d.** _____ a me. Ma qui gli animali sono liberi nella fattoria.

ANGELA: **e.** _____ ? Allora andiamo subito.
ANDREA: Ci sono anche i cavalli?
MAMMA: **f.** _____ , ma **g.** _____ solo: ci sono anche oche, galline, mucche, anatre e conigli.
h. _____ ci sono anche maiali, ma **i.** _____ sono sicura.
ANGELA: Io vorrei vedere anche gli asini. Ci sono?
MAMMA: **l.** _____ lo so.
ANGELA: Ma io li voglio vedere!
MAMMA: **m.** _____ più tardi telefono e lo chiedo. Ok?
BAMBINI: Benissimo.

13 ●● Completa il testo con gli aggettivi e gli avverbi indicati.

ultimamente • viva • regionale • didattica • forse • agricola • direttamente • magari • serena • finalmente • naturale • liberamente • tranquillamente

LA FATTORIA DIDATTICA "FRUIT PARK"

A Sala Baganza, in provincia di Parma, all'interno del Parco **a.** _____ dei Boschi di Carrega, ha **b.** _____ aperto le porte al pubblico Fruit Park, un'azienda **c.** _____ biologica che **d.** _____ ha deciso di fare conoscere a tutti i propri prodotti, ma soprattutto i propri animali e il proprio modo di lavorare. Nella fattoria **e.** _____ Fruit Park bambini e adulti possono osservare **f.** _____ gli animali nel loro habitat **g.** _____ , possono vedere **h.** _____ come si svolge la vita e il lavoro nei campi, possono raccogliere **i.** _____ i frutti della terra. Insomma, un'esperienza **l.** _____ e diretta che permette ai bambini di conoscere un mondo per loro **m.** _____ ancora nuovo e agli adulti di trascorre una giornata **n.** _____ , **o.** _____ imparando anche loro qualcosa di diverso.

14 ●● Osserva le immagini e scrivi, secondo te, che cosa fanno queste tre persone. Usa i suggerimenti e almeno un avverbio tra quelli indicati in ogni frase.

andare al cinema • lavorare (in banca/a scuola/in fabbrica ecc.) • studiare • fare ginnastica • andare in palestra • leggere libri • giocare a carte • guardare il calcio in tv • navigare in internet

mai • quasi mai • a volte • spesso • sempre • normalmente • probabilmente • forse • sicuramente • bene • male • poco • molto • abbastanza • un po'

1. Aldo _____
_____
_____

2. Lina _____
_____
_____

3. Antonio _____
_____
_____

21 LE PREPOSIZIONI (1)

1 • Metti la preposizione articolata e trasforma al plurale, come nell'esempio.

Es. (di) del libro   dei libri

1. (in) _____ armadio _____
2. (su) _____ sedia _____
3. (a) _____ specchio _____
4. (in) _____ lavandino _____
5. (a) _____ cinema _____
6. (da) _____ dottore _____
7. (da) _____ psicologo _____
8. (di) _____ amica _____
9. (su) _____ città _____
10. (di) _____ albero _____

2 • Rispondi alle domande, come nell'esempio.

Es. Quando sei partito per la Spagna? (in) Nel 2014.

1. A che ora hai la lezione di italiano? (a) _____ 9.00.
2. Da dove viene Gurpreet? (da) _____ India.
3. Con chi vai a cena stasera? (con) _____ l'amica di Maria.
4. Dov'è il mio sapone? (in) _____ doccia.
5. Dov'è il mio libro? (su) _____ tappeto.
6. Di chi è questo gatto? (di) _____ cugino di Andrea.
7. A chi regali questi fiori? (a) _____ miei genitori.
8. Dove vai così di fretta? (da) _____ dentista.
9. Dov'è il mio zaino? (tra) _____ banco e la sedia.

3 • Completa le frasi con la preposizione *in* semplice o articolata.

1. La settimana prossima vado _____ Senegal per un mese.
2. Quest'acqua è troppo calda. Mettila un po' _____ frigorifero.
3. Da qualche anno abito _____ via Rosa Augusto 17.
4. Sassuolo è una cittadina _____ provincia di Modena, _____ Emilia-Romagna.
5. _____ appartamento di Luigi ci sono tre camere da letto e due bagni.
6. _____ inverno parcheggio sempre la mia macchina _____ garage di mia sorella.
7. – Preferisci abitare _____ centro o _____ periferia? – A dire la verità preferisco vivere _____ campagna.
8. Potete comprare il libro di italiano _____ libreria di via Garibaldi.

4 • Completa le frasi con la preposizione *a* semplice o articolata e una delle parole indicate.

Milano • teatro • mercato • telefono • casa • cinema • stadio • destra

1. Questa sera vado _____ a vedere un film di Fellini.
2. José abita _____ da tre anni.
3. Mia moglie compra sempre la frutta e la verdura _____ biologico.
4. Per arrivare in piazza Duomo deve andare diritto e poi girare alla prima strada _____ .
5. Ieri sera Angelo è andato _____ a vedere *L'opera da tre soldi* di Brecht.
6. Ti sto chiamando da tre ore. Perché non rispondi mai _____ ?
7. Mi piacerebbe andare _____ a vedere una partita di serie A.
8. Questa sera siamo tutti a cena _____ di Andrea.

5 ●● **Completa il testo con le preposizioni** *da, tra/fra, su, per* **semplici o articolate.**

Ciao Franco,
ti scrivo per spiegarti il programma di domani. Ci troviamo tutti **a.** _____ me alle 8.00, pronti per partire **b.** _____ il mare. Il viaggio **c.** _____ casa mia al mare dura circa quattro ore e per questo prima dobbiamo andare **d.** _____ salumiere per prendere qualche panino e qualcosa da bere. Con noi c'è anche Paul, un amico che viene **e.** _____ Inghilterra. Dopo la partenza dobbiamo anche passare un momento **f.** _____ nonna di Luigi che ci ha preparato una torta da mangiare in spiaggia: è una signora un po' strana, che in estate sta sempre **g.** _____ terrazza di casa a guardare la gente che passa! Arriviamo verso mezzogiorno, stiamo in spiaggia al pomeriggio e alla sera possiamo fare una passeggiata **h.** _____ le vie del centro di Lerici. A cena vorremmo andare a mangiare in un bel ristorante che si trova un po' fuori Lerici, **i.** _____ il mare e la collina. Dimenticavo! Vai **l.** _____ farmacista a prendere una buona crema solare, perché non ho proprio voglia di scottarmi!
A domani

Lucia

6 ● **Scegli la preposizione o l'espressione di luogo corretta. Modifica la preposizione semplice in articolata se necessario.**

1. Il tuo telefono è _____ computer. (fino a, accanto a, lungo)
2. In autostrada si va _____ Milano _____ Bologna in due ore. (da - per, in - a, da - a)
3. Chi è quella ragazza seduta _____ professor Bianchi? (di fianco a, fino a, lungo)
4. Per arrivare dall'altra parte dobbiamo passare _____ questo torrente. (lungo, fino a, attraverso)
5. In primavera vado sempre a camminare _____ le rive del Torrente Baganza. (per, lungo, fino a)
6. Da molto tempo non è più possibile passare _____ il centro di Milano con la macchina. (lungo, per, di fianco a)
7. - Scusa dov'è il bagno? - È _____ il soggiorno e la camera da letto. Non puoi sbagliare. (tra, fino a, di fianco a)
8. La stazione dei treni? Arrivi _____ farmacia di via Mazzini poi giri a destra. In fondo alla via c'è la stazione. (lungo, su, fino a)

7 ●● **Correggi gli errori.**

1. Matteo abita in Milano, nella Lombardia.
2. Oggi andiamo a cena a ristorante di zia di Antonio.
3. Le chiavi di garage sono su frigorifero nella cucina.
4. Jean viene dal Parigi, cioè da capitale di Francia.
5. Mi piace passare le vacanze nella montagna.
6. In libreria di mio studio ci sono pochi romanzi.
7. Anna è tornata da mercato con un chilo delle mele.
8. In mia scuola ci sono studenti del tutto il mondo.
9. Telefono a idraulico perché è rotto il termo di bagno.
10. Vado dal dentista perché ho il mal dei denti.

21 LE PREPOSIZIONI (1)

49

21 LE PREPOSIZIONI (1)

8 ●● Metti in ordine le frasi inserendo la preposizione corretta.

1. primavera / _____ balcone / in / sempre / metto / fiori / i
2. pomeriggio / andiamo / _____ amico / domani / a studiare / di Giulia
3. sera / pesce / _____ ristorante / venerdì / il / mangiamo
4. per andare / Luisa / _____ scuola / due / prendere / autobus / deve
5. _____ Sicilia / molto / c'è / mare / un / bello
6. studiare / da letto / a Giorgio / molto / _____ camera / piace
7. affittare / un / di Maria / voglio / _____ casa / appartamento
8. di inglese / Francesca / _____ università / corso / segue / un

9 ●● Completa le frasi con le preposizioni indicate nella forma corretta.

da (x 3) • in (x 3) • fra • con • di (x 6) • a (x 2) • su • accanto a

1. Domani mattina Sara va _____ ortopedico per la fisioterapia.
2. Sabato andiamo tutti _____ collina _____ la macchina _____ mia cugina.
3. Questa sera _____ piazza Garibaldi c'è un concerto _____ mia band preferita.
4. Arriviamo _____ tre ore _____ aeroporto _____ Milano.
5. Mia zia torna _____ casa _____ ospedale mercoledì mattina.
6. _____ uffici _____ mia azienda non c'è l'aria condizionata.
7. Angelo incontra sempre la sua collega _____ scale _____ scuola.
8. A lezione _____ italiano mi siedo sempre _____ studente che viene _____ Inghilterra.

10 ●● Completa le frasi con la preposizione corretta.

1. Alberto non trova mai le calze _____ cassetti _____ suo armadio.
2. Carlo lavora _____ una banca _____ provincia _____ Bologna.
3. Il nonno vuole regalare _____ suoi nipoti una vacanza _____ una settimana _____ Praga.
4. – Che cosa ne pensi? Facciamo due giorni di camminata _____ Appennini? – _____ me va bene.
5. Oggi parlo _____ Federico e insieme decidiamo quali mobili possiamo comprare _____ il salotto.
6. È troppo tardi. _____ casa mia _____ casa tua ci vogliono almeno 30 minuti _____ l'autobus.
7. _____ muri _____ pareti _____ mio studio non voglio avere fotografie.
8. Se passi _____ salumiere, mi compri per favore un etto _____ prosciutto?

11 ●● Completa il testo con la preposizione corretta.

Finalmente sono andato **a.** _____ casa **b.** _____ Silvia e ho visto il suo appartamento. Ti devo dire che è veramente piccolo! **c.** _____ cucina ci sono le pentole **d.** _____ tavolo, perché non c'è posto **e.** _____ mobili. **f.** _____ bagno è ancora peggio, perché **g.** _____ vasca **h.** _____ bagno ci sono tutti i suoi vestiti sporchi e **i.** _____ lavandino trovi di tutto: dentifricio, spazzolino, sapone e creme! Sembra il supermercato che c'è **l.** _____ via Imbriani, dove **m.** _____ scaffali si trova solo confusione. **n.** _____ stanza che lei chiama salotto c'è la televisione **o.** _____ un tavolino piccolissimo e una piccola poltrona tutta rotta! Non è possibile vivere così!

12 ●● Rispondi alle domande usando le preposizioni.

1. Quando arrivi a casa?
2. Dove sono i miei libri?

3. Dove vai stasera?
4. Dov'è la scuola di tuo figlio?
5. Quando sei nato?
6. Dormi molto alla domenica mattina?
7. A chi regali di solito dei fiori?
8. Di chi è quella macchina?

13 •• **Forma le domande a partire dalle risposte usando le preposizioni.**

1. ....? Forse è di Pietro.
2. ....? Di solito mangio pesce.
3. ....? Sì, spesso. Mi piace l'opera lirica.
4. ....? Con mio marito.
5. ....? Tra due ore.
6. ....? Nella vasca no. Preferisco la doccia.
7. ....? Mi piacciono le isole greche.
8. ....? No, ho finito l'università l'anno scorso.

14 •• **Trova e scrivi le sette differenze.**

	IMMAGINE 1	IMMAGINE 2
1		
2		
3		
4		
5		
6		
7		

15 •• **Descrivi la tua camera da letto. Usa:** *accanto a, di fianco a, davanti a, dietro, dentro, fuori di, tra, su, sotto, sopra* **ecc.**

21 LE PREPOSIZIONI (1)

22 LE PREPOSIZIONI (2)

1 • **Abbina i testi delle due colonne per formare le frasi.**

1. Partiamo per la Scozia lunedì prossimo
2. Ti sto aspettando in macchina da dieci minuti. Scendi o no?
3. Mi piace molto andare a sciare e così
4. Nel XX secolo
5. Per Natale
6. Paolo si è fatto male e non è andato a lavorare
7. Il ristorante resterà chiuso per ferie
8. Anna ascolta sempre la musica
9. Dopo aver lavorato per tutto il giorno
10. Durante il concerto alcuni ragazzi sono usciti

a. per due mesi.
b. dal 14 al 28 agosto.
c. preferisco prendere le ferie in inverno.
d. ceniamo a casa mia con tutta la famiglia.
e. mentre scrive al computer.
f. e torniamo tra una settimana.
g. Gianni è andato in palestra.
h. Tra un attimo sono da te.
i. perché la musica era troppo alta.
l. ci sono state due terribili guerre mondiali.

2 • **Completa le frasi con *mentre* o *durante*.**

1. _____ le vacanze Franco ha letto due libri molto interessanti.
2. _____ dormivo, un ladro è entrato in casa e mi ha rubato il computer.
3. Sara legge sempre i giornale _____ fa colazione al bar.
4. Spesso Antonio si addormenta _____ la lezione di matematica.
5. Pietro ascolta le notizie del telegiornale _____ mangia.
6. _____ le Olimpiadi, Andrea ha trascorso molto tempo davanti alla televisione.
7. Francesca si è accorta di non avere il sapone proprio _____ faceva la doccia.
8. Abbiamo conosciuto molte persone _____ il viaggio in Messico.

3 • **Scegli la preposizione o l'espressione di tempo giusta.**

1. _____ autunno, nel Nord Italia, c'è molta nebbia. (da, a, in)
2. Luisa lavora nella nostra scuola _____ circa un anno. (a, da, di)
3. _____ vai in centro, guarda se ci sono ancora i saldi nei negozi di scarpe. (durante, mentre, prima)
4. Paolo abita in Francia _____ 2010. (*niente*, dal, per il)
5. Mia nonna è nata _____ XIX secolo. (dal, durante, nel)
6. Che bello! Le vacanze iniziano _____ una settimana. (*niente*, tra, fino a)
7. _____ mercoledì sera, nella mia famiglia, si mangia sempre vegano. (nel, il, *niente*)
8. Ci vediamo tutti _____ sabato prossimo da Andrea. (il, nel, *niente*)
9. Alice si è addormentata _____ la conferenza. (mentre, prima, durante)
10. Non posso venire a cena. Devo lavorare _____ 22.30. (per le, fino alle, nelle)

4 • **Rispondi alle domande con la preposizione o l'espressione di tempo corretta.**

1. Quando vai a Roma? (in) _____ agosto.
2. Fino a quando lavori nel bar come cameriere? (fino a) _____ 31 maggio.
3. Tra quanto arriva l'autobus? (tra) _____ 10 minuti.
4. Quando arrivano i tuoi parenti dal Belgio? (per) _____ Natale.
5. Abiti in questa casa da molto tempo? (da) _____ 2 aprile.
6. Quando siete andati a vivere in Francia? (in) _____ 2009.
7. Studi ancora molto? (fino a) _____ ora di cena.
8. Quando c'è stata la guerra di secessione americana? (in) _____ XIX secolo.
9. A che ora riceve il tuo medico al mattino? (da ... a) _____ 9.00 _____ 13.00.
10. Quanto tempo dura il corso estivo di italiano? (da ... a) _____ 15 giugno _____ 21 luglio.

5 • **Completa le frasi con una preposizione o un'espressione di tempo tra quelle indicate nella forma corretta.**

di (x 3) • il (x 2) • in (x 3) • da • a (x 3) • fino a • dopo • per • tra

1. Francesca non può guidare .... notte perché ha sempre sonno.
2. Cristian è nato .... 2001, esattamente .... 23 febbraio 2001.
3. Mio figlio non guarda mai la televisione .... pomeriggio.
4. .... primavera, ... aprile .... maggio, fioriscono gli alberi da frutto del mio giardino.
5. Partiamo domani per la Tunisia e non ci vediamo più .... tre settimane.
6. Mario inizia a lavorare .... sette e continua .... sei .... sera.
7. .... giugno iniziano i campionati mondiali di calcio.
8. .... venerdì sera andiamo spesso a cena all'osteria Del Benti.
9. Se tutto va bene arriviamo a casa .... otto, ... circa due ore.
10. .... il lavoro mi piace andare ad allenarmi in palestra.

6 • **Completa le frasi con una preposizione o un'espressione di tempo dov'è necessario.**

1. Giovanni è molto stanco e domani vuole dormire .... 11.00.
2. Il semestre inizia .... febbraio e prosegue .... a giugno.
3. .... 9 maggio è il compleanno di mia moglie, nata .... 1983.
4. .... studia, Sandra ascolta spesso la radio.
5. .... giovedì, ... 15.00, ho un appuntamento dal mio dentista.
6. Il professor Rossi riceve gli studenti .... venerdì mattina, ... 9.00 .... 12.00.
7. Ieri, ... camminavo per la città, ho incontrato mia cognata.
8. In questo momento sono occupato. Ti richiamo .... dieci minuti.
9. Andrea non fuma più .... 2005 e .... oggi non ha più ricominciato.
10. .... Pasqua, ... sabato 24 .... martedì 27, facciamo un piccolo viaggio in Toscana.

7 •• **Correggi l'errore dov'è necessario.**

1. Il corso di francese finisce per un mese.
2. All'estate il torrente vicino a casa mia è senz'acqua.
3. La segreteria della scuola rimane chiusa dal 5 a 21 agosto.
4. Dopo l'università, Pietro ha fatto un master negli USA.
5. Per Capodanno organizziamo una grande festa a casa nostra.
6. Mentre il lavoro parlo poco con i miei colleghi.
7. Hans è rimasto in Italia per sei mesi, poi è tornato in Svizzera.
8. Il XX secolo ci sono state due guerre mondiali.
9. Vieni a studiare a casa mia domani pomeriggio nelle tre?
10. Prendiamo un aperitivo da Ricky prima cena?

8 •• **Metti l'articolo dov'è necessario.**

1. Gianni è nato ...... 7 aprile 2001.
2. ...... sabato prossimo arrivano i miei cugini dalla Spagna.
3. Di solito ...... venerdì sera Lara esce sempre con le sue amiche.
4. Ci vediamo tutti ...... venerdì sera alla festa di compleanno di Luigi.
5. La panetteria chiude ...... giovedì 21 e riapre ...... giovedì 28 aprile.
6. ...... domenica mattina faccio spesso colazione al bar con Antonio.
7. ...... martedì prossimo Tina ha un appuntamento con il suo dottore.
8. L'ufficio è aperto tutti i giorni dalle 8.30 alle 13.30. ...... giovedì anche dalle 15.00 alle 18.00.

22 LE PREPOSIZIONI (2)

9 ●● **Metti in ordine le frasi inserendo la preposizione o l'espressione di tempo corretta.**

1. sera / .... 20.30 / film / questa / il / inizia / .... 22.00 / finisce / e
   ....
2. bevono / un / la / studenti / molti / .... pausa / caffè
   ....
3. settimane / inizia / il / nuovo / Marco / .... due / suo / lavoro
   ....
4. .... 2015 / .... studiare / Lisa / finito / .... università / ha
   ....
5. insegna / .... scuola / Daniela / elementare / 2010
   ....
6. non / cucinato / e / moglie / ho / io / minuti / mia / .... due / arriva / io / ancora
   ....
7. ha .... Berlino / .... cinque / Tiberio / italiano / insegnato / anni
   ....
8. calda / .... letto / piace / tisana / .... andare / mi / molto / bere / una
   ....
9. .... studiavamo / conosciuto / ragazzi / .... biblioteca / abbiamo / due / simpatici
   ....
10. lezione / .... bar / .... la / andiamo / .... bere / .... italiano / qualcosa / ?
    ....

10 ●● **Completa il testo con le preposizioni o le espressioni di tempo dove necessario.**

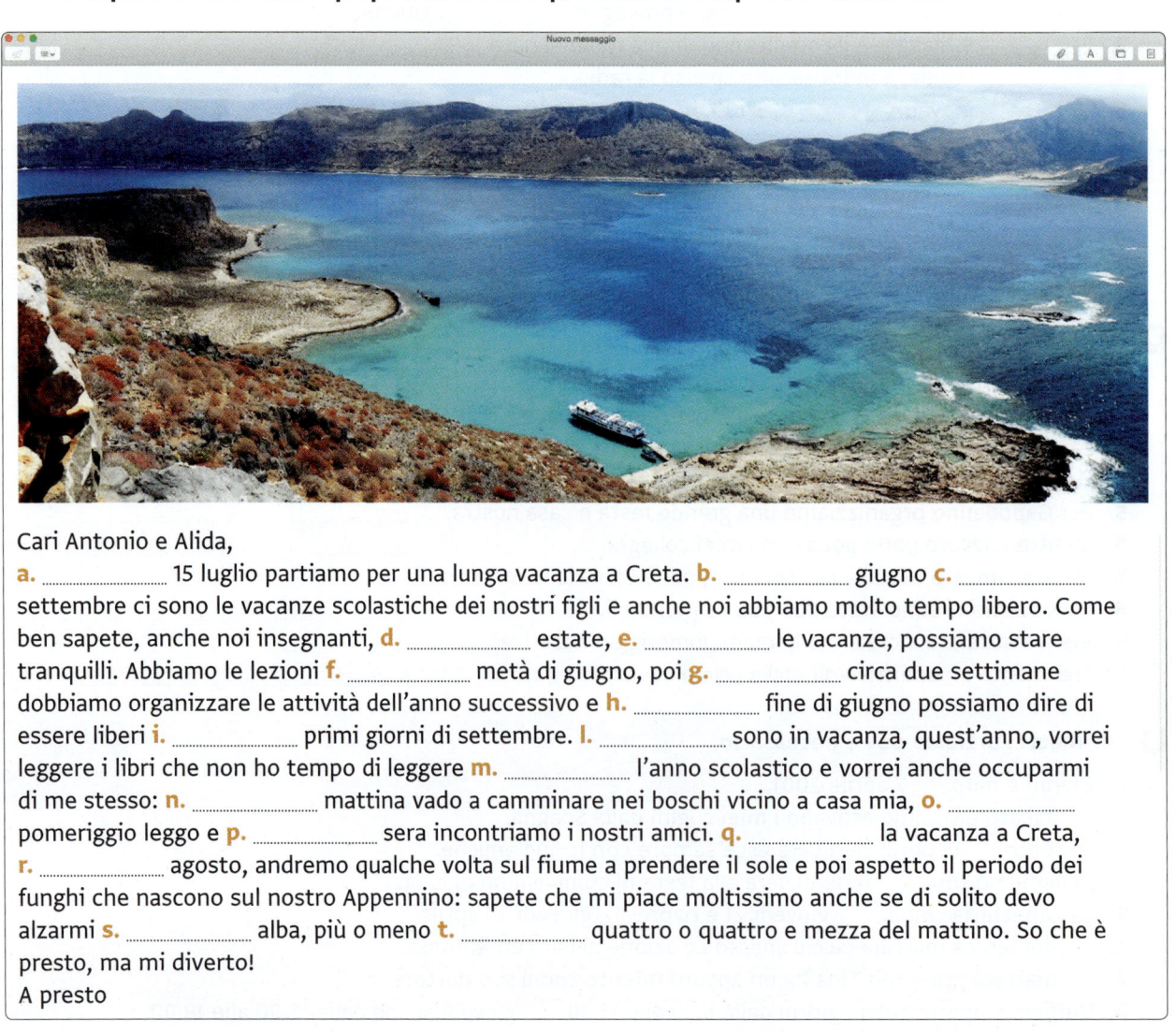

Cari Antonio e Alida,
a. .... 15 luglio partiamo per una lunga vacanza a Creta. **b.** .... giugno **c.** .... settembre ci sono le vacanze scolastiche dei nostri figli e anche noi abbiamo molto tempo libero. Come ben sapete, anche noi insegnanti, **d.** .... estate, **e.** .... le vacanze, possiamo stare tranquilli. Abbiamo le lezioni **f.** .... metà di giugno, poi **g.** .... circa due settimane dobbiamo organizzare le attività dell'anno successivo e **h.** .... fine di giugno possiamo dire di essere liberi **i.** .... primi giorni di settembre. **l.** .... sono in vacanza, quest'anno, vorrei leggere i libri che non ho tempo di leggere **m.** .... l'anno scolastico e vorrei anche occuparmi di me stesso: **n.** .... mattina vado a camminare nei boschi vicino a casa mia, **o.** .... pomeriggio leggo e **p.** .... sera incontriamo i nostri amici. **q.** .... la vacanza a Creta, **r.** .... agosto, andremo qualche volta sul fiume a prendere il sole e poi aspetto il periodo dei funghi che nascono sul nostro Appennino: sapete che mi piace moltissimo anche se di solito devo alzarmi **s.** .... alba, più o meno **t.** .... quattro o quattro e mezza del mattino. So che è presto, ma mi diverto!
A presto

11 ●● **Forma le domande a partire dalle risposte.**

1. _____ ? Tra due mesi.
2. _____ ? Nel 2006.
3. _____ ? Da due anni.
4. _____ ? Fino alle due.
5. _____ ? Dopo cena.
6. _____ ? In febbraio.
7. _____ ? Il 6 luglio.
8. _____ ? Mentre torno a casa.
9. _____ ? Dalle otto alle dieci.
10. _____ ? Di notte.

12 ●● **Scrivi le risposte.**

1. Quando torni a casa?
2. Quando sei nato?
3. Quando è il tuo compleanno?
4. Tra quanto finisci di lavorare?
5. A che ora ti alzi di solito al mattino?
6. Fino a che ora vuoi studiare oggi?
7. Quando possiamo studiare insieme?
8. Da quanto tempo sei in Italia?
9. In quale secolo c'è stata la Rivoluzione francese?
10. Vai in palestra? In che giorno?

13 ●● **Fai delle frasi usando le parole della tabella. Le parole in neretto sono l'inizio di una frase.**

a	Francia	casa	**Salvatore**	amiche	1998	con
torna	**In**	tra	sempre	le	dalla	il
dal	una	palestra	estate	è	vacanze	giovedì
settimana	**Vedo**	inverno	Germania	**Mio**	sul	un
sera	al	**Sara**	nipote	bello	cresciuto	bel
va	caldo	prende	vive	febbraio	fiore	balcone
sole	nato	4	**Luigi**	**Durante**	2009	restare

1. _____
2. _____
3. _____
4. _____
5. _____
6. _____
7. _____

14 ●● **Racconta che cosa fai di solito durante l'anno usando le preposizioni e le espressioni di tempo.**

23 LE PREPOSIZIONI (3)

1 ● Metti la preposizione *di* nella forma corretta.

1. Andrea è più magro ...... Cristian.
2. Marco ha un gatto ...... otto chili.
3. Quella è la macchina ...... mio meccanico.
4. – Che cosa regaliamo a Giorgia per il suo compleanno? – Un mazzo ...... fiori.
5. Mi piacciono molto i film ...... Nanni Moretti.
6. Aldo mi ha parlato ...... suo ultimo viaggio in Giappone.
7. In estate mi piace mettere magliette ...... cotone.
8. Hai il numero di telefono ...... dottoressa Verdi?
9. Sandra e Luca hanno un figlio ...... 12 anni.
10. Mi piace leggere il giornale ...... mattina, dopo la colazione.

2 ● Metti le preposizioni *da* o *a* nella forma corretta.

1. Per camminare bene in montagna è necessario avere le scarpe ...... trekking.
2. Ci porti, per favore, una pizza ...... quattro formaggi e una margherita?
3. Per risparmiare ho comprato una macchina ...... gas liquido.
4. L'*Aida* è stata composta ...... Giuseppe Verdi.
5. Modou è emigrato in Italia ...... 19 anni.
6. Un momento! Devo rispondere ...... messaggio di mia moglie.
7. Emy ha comparto un paio di scarpe ...... 400 euro!
8. Francesca non sa ancora che cosa farà ...... grande.
9. Angela telefona ...... sue compagne di università per avere informazioni sull'esame di storia.

3 ● Scegli la preposizione giusta e completa le frasi.

1. A colazione mangio spesso una confezione ...... biscotti. (di, a, da)
2. Perché non mi parli ...... nuovo libro che stai scrivendo? (del, al, dal)
3. Paolo scrive molti sms ...... sua fidanzata. (della, alla, dalla)
4. Francesca è più bassa ...... sua sorella. (di, a, da)
5. Per entrare in palestra sono necessarie le scarpe ...... ginnastica. (di, a, da)
6. Stasera mi piacerebbe mangiare un buon risotto ...... funghi. (dei, ai, dai)
7. Gianni ha preso la patente ...... 20 anni. (di, a, da)
8. In centro ci sono appartamenti ...... 900 auro al mese. (di, a, da)
9. Non è sicuro camminare ...... notte per le strade della periferia. (di, a, da)
10. In autunno devo sempre raccogliere le foglie ...... alberi del mio giardino. (degli, agli, dagli)

4 ● Completa le frasi con le preposizioni *in, con, su, per, tra/fra* nella forma corretta.

1. Ho incontrato ...... caso un vecchio amico alla fermata dell'autobus.
2. Domani partiamo ...... Londra ...... aereo.
3. Vi prego di ascoltarmi ...... attenzione. Devo dire cose importanti.
4. Carla è una ragazza ...... i capelli ricci e gli occhi castani.
5. Che brutto tempo! ...... fortuna ho portato un ombrello.
6. Controlla ...... questi libri. Forse c'è anche la grammatica italiana.
7. Domani andiamo a pranzo ...... due amici di Bologna.
8. La figlia di Anna guarda sempre i programmi ...... animali selvatici.
9. A colazione mangio spesso il latte di soia ...... i cereali integrali.
10. Ho bisogno di una ricarica telefonica ...... poter telefonare a casa.

5. Correggi l'errore dov'è necessario.

1. Marcella prepara gli esami studiando da notte.
2. Ho mangiato un ottimo risotto degli zucchini e gamberi.
3. Marco ha una scrivania da legno del 1600.
4. In alcune zone di montagna ci sono ancora treni di vapore.
5. Dopo l'incidente in auto tremavo dalla paura.
6. Un prosciutto da 10 kg non è un Parma, è troppo piccolo.
7. Greta ha scritto una lunga mail a sua docente di inglese.
8. Di ragazzo, come a tanti, mi piaceva giocare a calcio.
9. Sandro non parla mai della sua vita privata.
10. Devo comprare due bottiglie d'acqua e una da olio.

6. Completa le frasi con una preposizione nella forma corretta tra quelle indicate.

a (x 4) • di (x 6) • da (x 2) • con (x 3) • per (x 5) • su

1. Bianca è una ragazza ____ 16 anni, ____ i capelli neri e un bel sorriso.
2. Il padre di Enrico ha cominciato a lavorare ____ 14 anni.
3. Ho bisogno di molto tempo ____ capire il libretto di istruzioni di questo lettore DVD.
4. Chi mi parla ____ politica italiana ____ ultimi anni?
5. Le macchine diesel sono dannose ____ l'ambiente. Sono migliori le macchine ____ gas metano.
6. Chi telefona ____ Luigi ____ invitarlo alla festa ____ nostra classe?
7. ____ la cena di domani è necessario mettere il vestito ____ sera.
8. Ho letto ____ molto interesse un libro ____ agricoltura biodinamica.
9. Vorrei una bistecca ____ griglia ____ un contorno ____ pomodori e insalata.
10. ____ uscire mia nonna ha bisogno ____ un bastone ____ passeggio.

7. Completa le frasi con la preposizione corretta e collegale.

1. Che cosa ti piaceva leggere ____ piccolo?
2. ____ che mezzo vai a lavorare?
3. Alla Scuola Dante Alighieri ____ Buenos Aires
4. Che cosa fai a casa ____ sera?
5. *Portava le scarpe ____ tennis*
6. ____ favore, mi dici dove hai speso tanti soldi?
7. È quello il fidanzato ____ Stefania?
8. Non so che cosa regalare ____ mia sorella ____ il suo compleanno!
9. Chi è più grasso ____ Luigi e Paolo?
10. Nel ristorante ____ Carmelo

a. è una famosa canzone ____ Enzo Jannacci.
b. Parlo ____ mio marito o gioco ____ mio figlio ____ tre anni.
c. Sì. Sembra molto giovane ma è già ____ quarantina.
d. ____ esempio, un mazzo ____ fiori?
e. Mi piacevano i libri ____ antichi Egizi.
f. si mangiano delle ottime tagliatelle ____ sugo di pomodoro, sedano e cipolla.
g. Di solito vado ____ macchina.
h. Se proprio insisti, te lo dico: ho comprato una giacca ____ 2000 euro!
i. ci sono molti corsi ____ italiano ____ stranieri.
j. Di certo Luigi, anche se è più alto ____ Paolo.

8. Rispondi alle domande usando le preposizioni *di, a, da, in, con, su, per, tra/fra*.

1. Di chi sono questi libri sulla mia scrivania?
2. Di che cosa parli sempre con Marco?
3. Com'è Antonio?
4. Che cosa mangi di solito a pranzo?
5. Come vai a Bologna domani?
6. Che macchina hai comprato ieri?
7. Che scarpe ti piacciono di più?
8. Quando hai finito la scuola?
9. Perché bisogna mangiare la verdura?
10. Sai, più o meno, quanti anni ha Gisella?

24 I CONNETTIVI (1)

1 ● Scegli il connettivo giusto e completa le frasi.

1. Spegni la musica _____ cambia il cd, perché questo non mi piace. (e, o, ma)
2. Domattina facciamo colazione _____ poi andiamo al supermercato. (e, anche, ma)
3. Sergio capisce bene l'inglese _____ lo parla poco. (o, neanche, ma)
4. Vai dal panettiere? Prendi il pane _____ per me, per favore? (e, anche, però)
5. Possiamo andare in un ristorante tradizionale _____ mangiare il sushi al Sol Levante. Che cosa preferisci? (e, invece, o)
6. Gianni ama la montagna, _____ sua moglie vuole sempre andare al mare. (invece, o, anche)
7. Non mangio il formaggio e _____ il cavolo. (anche, neanche, o)
8. Ho un forte raffreddore. _____ penso di avere anche la febbre. (cioè, inoltre, ma)

2 ●● Correggi l'errore dov'è necessario.

1. Oggi nevica o è anche molto freddo.
2. Stasera andiamo al cinema e a teatro?
3. Andiamo una settimana a Vienna. Vengono neanche i nostri figli.
4. Anche quest'anno la Juve vince il campionato di Serie A.
5. Non porto mai la cravatta e anche il cappello.
6. Sono molto stanco o posso lavorare ancora un'ora.
7. Il mio cane è un bastardino, cioè non è un cane di razza.
8. Daniela ha superato l'esame, o non è contenta del voto finale.

3 ● Abbina le frasi delle due colonne usando *e, anche, neanche, inoltre, o, ma, invece, infatti* o loro sinonimi.

1. All'università Lucia ha studiato Lingue _____
2. Paolo scrive molto bene, _____
3. Rossano non crede nella medicina tradizionale _____
4. Pietro non sa ancora se all'università farà fisica _____
5. Domenica vado a visitare Venezia. _____
6. Al ristorante Da Michel si mangia bene. _____
7. Angela ha i capelli biondi _____
8. Valentino non va più allo stadio e non segue _____

a. io vorrei venire!
b. solo in quella alternativa.
c. c'è un'ottima carta dei vini.
d. Letterature Straniere.
e. sua figlia ha i capelli neri.
f. ha già pubblicato un romanzo.
g. il calcio in tv.
h. ingegneria.

4 ● Completa le frasi con uno dei connettivi indicati. Attenzione: ci sono cinque connettivi in più.

per • e • pure • nemmeno • inoltre • oppure • però • invece • cioè • infatti • sia ... sia • né... né • o ... o • tuttavia • mentre

1. Purtroppo non parlo _____ il russo _____ il cinese.
2. Sai leggere? Qui c'è scritto "vietato fumare", _____ qui non puoi fumare. Hai capito?
3. Francesca vorrebbe andare a camminare, _____ ha problemi a un piede e non può.
4. Preferisci visitare il Museo di Arte Moderna _____ quello di Arte Antica?
5. _____ l'inglese _____ il tedesco sono lingue di origine germanica.
6. – Carla è una collega decisamente antipatica. – Secondo me, _____ , è simpatica!
7. Domani Angela passa a salutare sua nonna _____ poi viene casa mia.

8. In casa mia non si mangia più pasta all'uovo e _____ lo zucchero bianco.
9. Dopo il liceo, Sandro ha studiato medicina _____ Alessio ha deciso di andare a lavorare.
10. Dobbiamo assolutamente vederci: _____ vieni tu a casa mia _____ vengo io da te!

5 ● Scegli il connettivo giusto.

1. Oggi fa molto freddo _____ resto in casa tutto il giorno. (perché, perciò, mentre)
2. _____ abitiamo in centro, usiamo poco la macchina. (prima di, anche se, siccome)
3. Claudio si addormenta sempre _____ guarda la tv. (quindi, mentre, per)
4. Continuo a lavorare _____ mio figlio non troverà un lavoro. (finché, mentre, quando)
5. Modou deve ottenere un certificato di italiano A2 _____ poter avere la carta di soggiorno. (perché, anche, per)
6. Comincio a cucinare _____ finisco gli esercizi di italiano. (prima di, anche se, non appena)
7. I signori Pinardi vogliono fare una festa in giardino, _____ oggi tagliano l'erba. (mentre, quindi, finché)
8. _____ torni a casa puoi accendere il riscaldamento, per favore? (quando, per, prima di)

6 ●● Abbina le frasi delle due colonne usando un connettivo.

1. Andiamo subito a nuotare
2. Ti ho chiesto di comprare delle carote,
3. Ho saputo che Tiziana ha avuto un incidente.
4. Francesca non mangia più carne,
5. Non conosco quello studente e
6. Ieri mattina mi sono alzato presto
7. La tv dice che oggi pioverà,
8. Anna ha un lavoro molto interessante,

a. _____ la ragazza seduta vicino a lui.
b. _____ adesso c'è ancora il sole.
c. _____ tu mi hai preso una melanzana!
d. _____ sono andato al bar a fare colazione.
e. _____ ha possibilità di fare carriera.
f. _____ prendiamo il sole ancora un po'?
g. _____ non mangia più carne rossa.
h. _____ è una settimana che non viene a lavorare.

7 ● Collega le frasi delle due colonne usando un connettivo tra quelli indicati.

perciò • per • quando • prima di • poiché • non appena • mentre • anche se

1. Roberto fa l'abbonamento dell'autobus
2. Oggi andiamo tutti a correre
3. Non è facile rimanere tranquilli
4. È già molto tardi
5. In Italia bisogna risparmiare molto
6. Franco farà un viaggio in Francia
7. Devo pulire il mio studio
8. Non è possibile parlare al telefono

a. _____ la pensione non è più così sicura come prima.
b. _____ ci sono problemi economici.
c. _____ cambia la macchina.
d. _____ non andare a lavorare in macchina.
e. _____ uscire.
f. _____ fuori sta piovendo molto.
g. _____ si guida la macchina.
h. _____ vai subito a letto.

8 ●● Correggi l'errore dov'è necessario.

1. Dunque oggi è festa, Antonio prepara un pranzo tradizionale.
2. Occorre chiudere tutti i programmi, quando spegnere il computer.
3. Mentre Antonella apriva la porta, il suo gatto è scappato sulle scale.
4. Poiché Marta parla lo spagnolo, a Madrid ha parlato solo in italiano.
5. Oggi mi metto un cappotto pesante perché fa molto freddo.
6. Mio padre è croato e mia madre italiana, perché io parlo tutt'e due le lingue.
7. Bisogna fare subito benzina anche se la macchina è già in riserva.
8. Né Tommaso sia Rocco hanno la patente.

24 I CONNETTIVI (1)

9 • **Metti in ordine le due storie numerando le parti.**

I DOLORI DI ANDREA

1. ☐ Infatti si è rotto due dita alcuni mesi fa,
2. ☐ quando cambia il tempo.
3. ☐ Oggi Andrea non va a lavorare
4. ☐ e adesso ha sempre dei dolori
5. ☐ ma non si è mai curato bene
6. ☐ perché ha problemi a una mano.

ANDREA E IL SUO CANE

1. ☐ e come sempre Andrea porta il cane a camminare.
2. ☐ Infatti a Lucky piace molto camminare sull'argine del fiume
3. ☐ Oggi è domenica
4. ☐ In fondo, cane e padrone si assomigliano!
5. ☐ e non può più correre come un tempo.
6. ☐ anche se è ormai un po' vecchio

10 •• **Abbina le frasi delle due colonne usando un connettivo.**

1. Non mi piace fare shopping in centro e
2. Come primo piatto abbiamo spaghetti allo scoglio
3. In molte case del Nord Europa bisogna togliersi le scarpe
4. _____ studiavo all'università,
5. Sandro ha dovuto pagare il ristorante con il bancomat
6. Anche oggi Anna ha fatto colazione con latte di soia e cereali,
7. Adesso Rita non ha più problemi alla sua spalla,
8. Cristina mangia sempre la pizza Napoli,

a. _____ entrare.
b. _____ fa sempre tutte le mattine, prima di andare in ufficio.
c. _____ camminare nei centri commerciali.
d. _____ può tornare a lavorare.
e. _____ una pizza con mozzarella, pomodoro, acciughe e capperi.
f. _____ un ottimo risotto ai frutti di mare.
g. _____ non aveva contanti.
h. in estate ho sempre lavorato nei campi a raccogliere i pomodori.

11 •• **Completa le frasi.**

1. Oggi Paolo parte per il Messico, quindi _____
2. Tina non va mai dal dentista anche se _____
3. Di solito canto mentre _____
4. Vado a lavorare quando _____
5. Oggi Vanessa rimane a letto perché _____
6. Voglio controllare bene il conto prima di _____
7. Bisogna vivere in Italia per _____
8. Usciamo da casa non appena _____

12 •• **Completa le frasi con un connettivo.**

1. _____ , quindi ho comprato tre paia di scarpe.
2. Poiché Sara ama molto viaggiare _____ .
3. _____ prima di passare il confine con la Svizzera.
4. Né il mio fidanzato né io _____ .
5. Non appena comincia il bel tempo _____ .
6. _____ tuttavia va al lavoro in bicicletta.
7. _____ fino a quando non smette di piovere.
8. Ogni giorno, quando Nicola apre la porta di casa, _____ .

60 GP | Grammatica pratica della lingua italiana | Esercizi supplementari

24 I CONNETTIVI (1)

13 ●● **Completa le frasi pensando a te stesso/a. Usa sempre un connettivo diverso.**

1. Vivo in campagna _____ .
2. Vivo in città _____ .
3. Amo la musica _____ .
4. Mi piace studiare l'italiano _____ .
5. Voglio prendere un gatto _____ .
6. Sono vegetariano/a _____ .
7. Rispetto molto l'ambiente _____ .
8. Oggi ho l'influenza _____ .

14 ●● **Completa il testo con un connettivo.**

ROMA IN UN GIORNO

Roma, la "città eterna", è una delle più belle città del mondo
a. _____ è uno dei luoghi che tutti vogliono visitare una volta nella vita. A Roma, **b.** _____ , ci sono tantissime cose da vedere **c.** _____ . Roma ha una storia lunghissima, che parte dai Latini **d.** _____ arriva ai nostri giorni. In ogni caso, **e.** _____ le cose da vedere sono infinite, è **f.** _____ possibile visitare la città in un giorno solo. **g.** _____ iniziare la visita bisogna prendere una cartina della città **h.** _____ organizzare il percorso. È importante, **i.** _____ , procurarsi un buon paio di scarpe comode **l.** _____ poter camminare con poca fatica per la città.
Un possibile itinerario potrebbe essere il seguente: si parte da piazza di Spagna, con la splendida scalinata di Trinità dei Monti; si prosegue per via del Tritone e via della Stamperia **m.** _____ si arriva alla Fontana di Trevi. Qui bisogna ricordare di esprimere un desiderio **n.** _____ si lancia una moneta nell'acqua della fontana. Il cammino prosegue verso piazza Venezia, dove si può ammirare l'Altare della Patria, poi si continua verso i Fori Imperiali e **o.** _____ il Colosseo e **p.** _____ si entra nella Roma degli antichi Romani, **q.** _____ nella Roma delle terme, dei gladiatori, dei Cesari.
Abbiamo camminato abbastanza, per adesso. Roma è bella **r.** _____ anche lo stomaco ha le sue esigenze **s.** _____ consigliamo una bella pausa in una trattoria tipica romana **t.** _____ riprendere forza e riposare **u.** _____ riprendere il cammino.

[adattato da luoghidavedere.it]

15 ●● **Osserva le immagini e scrivi una storia per descriverle. Usa almeno dieci connettivi.**

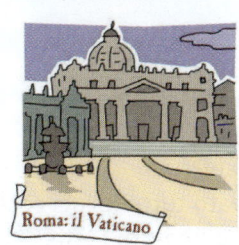

ESERCIZI E GIOCHI SU **IMPARO SUL WEB**

61

25 IL PASSATO PROSSIMO

1 • Scrivi i participi passati dei verbi indicati e scopri che cosa c'è scritto nella parte evidenziata.

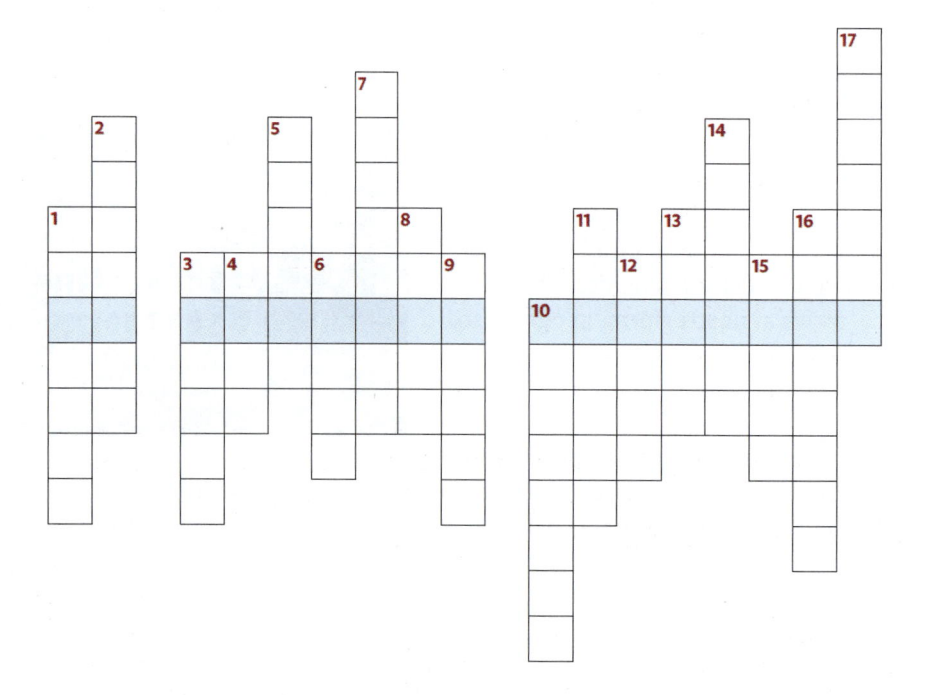

1. chiedere
2. risolvere
3. aprire
4. nascere
5. chiudere
6. usare
7. lavorare
8. fare
9. potere
10. piacere
11. scrivere
12. morire
13. mettere
14. rimanere
15. vedere
16. cambiare
17. partire

2 • Scegli il participio giusto e completa le frasi.

1. Sabato sono _____ i nostri amici da Bologna. (andati, venuti, camminati)
2. Aldo ha _____ il piano tutta la sera. (giocato, cantato, suonato)
3. Ieri Alessio mi ha _____ di andare a casa sua. (detto, dato, deciso)
4. Mio nonno ha _____ la stessa storia quattro volte in un pomeriggio. (parlato, ripetuto, suonato)
5. Il concerto è già _____ da dieci minuti e noi non siamo ancora entrati (partito, cominciato, cominciata)
6. Al ristorante di ieri sera abbiamo _____ troppi soldi! (speso, guadagnato, ricevuto)
7. John e Sarah sono _____ in Scozia sabato scorso. (partiti, tornate, tornati)
8. Stefania ha _____ a pallavolo per dieci anni. (fatto, giocata, giocato)

3 • *Essere* o *avere*? Scrivi il verbo nella forma corretta.

1. Ieri, alle due, Lino _____ andato a fare la fisioterapia alla spalla.
2. L'anno scorso (noi) _____ visitato il Museo Van Gogh ad Amsterdam.
3. Marta e Antonella _____ partite per la Turchia.
4. Perché (voi) _____ deciso di non fare l'esame di domani?
5. Quando (noi) _____ ritornati a casa _____ trovato tutte le luci accese.
6. Ieri sera (io) non _____ venuto al cinema perché avevo il mal di testa.
7. I tuoi colleghi mi _____ detto che (tu) _____ rimasta in ufficio fino alle dieci.
8. _____ scritto tu questo messaggio su Facebook?
9. Ieri Laura si _____ alzata alle 9 perché non _____ sentito la sveglia.
10. (io) _____ chiuso la finestra perché avevo freddo.

25 IL PASSATO PROSSIMO

4 ● **Scegli il verbo giusto e mettilo al passato prossimo.**

1. Domenica scorsa _____ nostra cugina dalla Germania. (andare, arrivare, partire)
2. (io) _____ in Germania per cinque anni. (cominciare, tradurre, vivere)
3. (tu) _____ quale facoltà vuoi fare dopo il liceo? (decidere, finire, credere)
4. Luca e Gianna _____ il liceo l'anno scorso. (lavorare, prendere, finire)
5. (voi) _____ nel 1998 o nel 1997? (morire, diventare, nascere)
6. Oggi pomeriggio (noi) _____ dal lavoro alle sette. (entrare, uscire, andare)
7. Sai chi _____ la partita ieri sera? (vincere, piacere, succedere)
8. Lorenzo e Daniela _____ nel 2004. (sposarsi, svegliarsi, lavarsi)
9. Ieri era sabato e (io) _____ alle 9.00. (alzarsi, pettinarsi, andare)

5 ● **Trasforma le frasi al passato prossimo.**

1. Quest'anno facciamo le vacanze in campeggio e dormiamo in tenda.
   L'anno scorso _____ .
2. Oggi prenotate l'albergo e la settimana prossima partite per Venezia.
   Il mese scorso _____ e dopo una settimana _____ .
3. Domani Federica rimane in casa tutto il giorno e studia per l'esame di italiano.
   Ieri _____ .
4. Stasera vado a letto alle dieci, leggo un libro, poi mi addormento.
   Ieri sera _____ , _____ , _____ .
5. Oggi Roberta e Elisa si alzano alle sette, fanno colazione, vanno in biblioteca e studiano fino alle due.
   Ieri _____ .
6. Vai a lavorare e risolvi i tuoi problemi economici o continui a dormire tutto il giorno?
   _____ .
7. Ti piace dormire in un rifugio di montagna o preferisci riposarti in una pensione?
   _____ .
8. Giovanni lavora come bagnino in spiaggia e in inverno fa il preparatore atletico in una palestra.
   _____ .
9. Domani a scuola vengono due studenti che si iscrivono al corso A2.
   Ieri _____ .
10. Domani sera usciamo a cena con i nostri amici e andiamo al ristorante giapponese.
    Ieri sera _____ .

6 ●● **Abbina le frasi delle due colonne e metti i verbi al passato prossimo.**

1. Francesca (*lavare*) _____ i vestiti delle sue figlie
2. Che cosa (*succedere*) _____ ieri in autostrada?
3. Quando (*cominciare*) _____ il concerto ieri sera?
4. (voi) (*affittare*) _____ la mansarda di via Mazzini?
5. Perché (tu) (*cambiare*) _____ gli occhiali?
6. (tu) (*vedere*) _____ come (*crescere*) _____ i figli di Antonio?
7. Nel mio orto (*nascere*) _____ le fragole.
8. Chi (*nascondere*) _____ i miei libri nell'armadio?

a. La prima band (*cominciare*) _____ alle nove e la seconda alle dieci.
b. No, alla fine la (*comprare*) _____ : ci sembrava più conveniente.
c. Sì, li (io) (*incontrare*) _____ la settimana scorsa. Sono proprio dei bei ragazzi.
d. poi li (*mettere*) _____ ad asciugare sul balcone.
e. Che buone! Le (tu) (*mangiare*) _____ già _____ ?
f. (*esserci*) _____ un grave incidente e due persone (*morire*) _____ .
g. Non lo so. Forse (*essere*) _____ Luigi e Paolo, per farti uno scherzo!
h. Perché (*cadere*) _____ e (*rompersi*) _____ .

63

25 IL PASSATO PROSSIMO

7 ● **Trasforma i verbi al passato prossimo.**

1. Noi (*dovere andare*) _____ dal meccanico perché la nostra macchina (*rompersi*) _____ .
2. Tu non (*potere partire*) _____ per Genova perché c'era sciopero dei treni.
3. Maria (*volere comprare*) _____ un mazzo di fiori per sua sorella.
4. Sandro e Germana (*potere cominciare*) _____ il loro lavoro solo ieri.
5. Per la pioggia (io) (*bagnarsi*) _____ e (*dovere cambiarsi*) _____ i vestiti.
6. Mi dispiace ma non (io) (*potere accettare*) _____ le sue scuse.

8 ● *Essere* o *avere*? **Scrivi il verbo al passato prossimo con l'ausiliare corretto.**

1. La lezione di matematica (*iniziare*) _____ con un quarto d'ora di ritardo.
2. Luisa (*iniziare*) _____ a lavorare con noi l'anno scorso.
3. La band (*continuare*) _____ a suonare anche quando (*cominciare*) _____ il temporale.
4. La musica (*continuare*) _____ fino a quando la gente non (*cominciare*) _____ ad andare via.
5. Ieri a Venezia il livello dell'acqua (*aumentare*) _____ di 40 cm.
6. A scuola (noi) (*aumentare*) _____ il numero dei corsi perché ci sono molti iscritti.

9 ● **Correggi l'errore dov'è necessario.**

1. Sabato scorso abbiamo andati a Roma per tre giorni.
2. Sara e Andrea hanno mangiati un piatto di pasta.
3. – Dove sono le mie penne? – Le ha prese Paolo.
4. Il film ha finito troppo tardi e io non ho visto la fine.
5. Luisa è cominciata a lavorare in questa scuola due anni fa.
6. L'incidente ha successo nella notte tra sabato e domenica.
7. Ti sono piaciuti i miei spaghetti alla bolognese?
8. Mi hanno bastato cinque minuti per capire cosa stava succedendo.

10 ● **Fai delle frasi con il verbo in corsivo al passato prossimo.**

1. avevo /*alzarsi* / sonno / stamattina / alle / e / dieci

2. lunga / una / Paolo / Maria / *scrivere* / ieri / lettera

3. nove / *arrivare* / sera / alle / nostra / Andrea / casa / ieri / a

4. ore / Rita / *continuare* /stanca / ma / era / ancora / per / a / tre / lavorare

5. italiano / interessante / inglese / dall' / all' / *tradurre* / libro / molto / un / Francesca

6. *cominciare* / con / minuti / circa / lezione /dieci / ritardo / la / di

7. adesso / tecnico / tv / della / tetto / antenna / salire / l' / per / sul / il / *riparare*

8. l' / fredda / Pietro / *lavarsi* / capelli / acqua / con / i

11 ●● **Completa il testo con i verbi indicati al presente o al passato prossimo.**

arrivare • scrivere • volere • sperare • portare • trovare (x 2) • iniziare • promettere • riuscire • finire • scegliere • avere • essere • aiutare

25 IL PASSATO PROSSIMO

Caro Giorgio,
ti **a.** .... questa mail da Berlino, la città dove
b. .... di vivere e lavorare per almeno un
anno, perché **c.** .... imparare
bene il tedesco. **d.** ....
una settimana fa e **e.** ....
subito un appartamento in affitto, perché qui
f. .... degli amici molto
gentili che mi **g.** .... quando
ancora ero in Italia. Ieri **h.** ....
un corso di tedesco intermedio alla VHS:
la professoressa **i.** .... molto brava e così **l.** .... di imparare
la lingua ancora più velocemente. Chiaramente non **m.** .... ancora
.... un lavoro, ma anche per questo i miei amici **n.** ....
di aiutarmi. Per ora **o.** .... a vivere con i soldi che **p.** .... dall'Italia, però
lo sai che i soldi **q.** .... rapidamente!
A presto

Camilla

12 •• **Forma le domande a partire dalle risposte usando il passato prossimo.**

1. .... ? Due anni fa.
2. .... ? A Sassuolo, in provincia di Modena.
3. .... ? Una pizza e un'aranciata.
4. .... ? Alle nove e mezza.
5. .... ? Con Paolo e Vanessa.
6. .... ? Fino a lunedì.
7. .... ? Il meccanico in un'officina.
8. .... ? Non lo so. Forse 40 euro.

13 •• **Racconta le tue ultime vacanze.**

....
....
....
....
....
....
....

14 •• **Scrivi una storia usando i suggerimenti indicati.**

Angela • Antonio • liceo • università • lingue straniere • Spagna • Erasmus • fidanzamento •
lavoro • casa • matrimonio • figli • lotto • nuova vita

....
....
....
....
....
....
....

26 L'IMPERFETTO

1 • **Scegli la forma corretta del verbo.**

1. Quando *finevamo/finivamo/finiscevamo* di lavorare, *andivamo/andevamo/andavamo* spesso a prendere un aperitivo nel bar vicino alla banca.
2. Mio padre mi *diciava/diciva/diceva* sempre che il posto fisso *erava/era/ero* molto importante.
3. Davide e Rita *parlavono/parlavano/parlevano* ogni mattina mentre *prendevono/prendeveno/prendevano* l'autobus.
4. Mi ricordo che da bambino tu *bevevi/bevavi/berevi* molta acqua ma *mangevi/mangiavi/mangivi* poco.
5. Quando (io) *avevo/aveva/avavo* l'agenzia di traduzioni *tradurrevo/traducivo/traducevo* dei testi dal tedesco all'italiano.
6. Che cosa *stavete facendo/stavate faciando/stavate facendo* ieri sera mentre noi *continuavamo/continuevamo/continuiavamo* a suonare il campanello?

2 • **Scegli il verbo giusto e completa le frasi.**

1. Quando **a.** (noi) _____ 20 anni, **b.** _____ molto sport.
   a. (essere, avere, fare)
   b. (fare, giocare, prendere)

2. Mentre Rossana **a.** _____ in biblioteca, Paola **b.** _____ la lezione di anatomia.
   a. (studiare, partire, abitare)
   b. (essere, frequentare, andare)

3. Ieri sera **a.** (io) _____ così stanco che non **b.** _____ le parole di mia moglie.
   a. (avere, stare, essere)
   b. (pensare, capire, dire)

4. Ieri ho visto che **a.** (tu) _____ al telefono mentre **b.** _____ la macchina. Lo sai che non si può!
   a. (dire, pensare, parlare)
   b. (guidare, prendere, correre)

5. Quando Gabriele e Lino **a.** _____ a scuola, **b.** _____ spesso l'autobus e così **c.** _____ in ritardo.
   a. (prendere, scrivere, andare)
   b. (perdere, salire, scendere)
   c. (avere, fare, arrivare)

6. Quando siete saliti sul treno non **a.** _____ i biglietti perché la stazione ferroviaria **b.** _____ chiusa per lavori.
   a. (tenere, vendere, avere)
   b. (essere, stare, avere)

7. Quando Gianni **a.** _____ il suo turno all'ufficio postale, **b.** _____ qualche pagina di un libro.
   a. (essere, aspettare, prendere)
   b. (leggere, comprare, preparare)

8. Mentre io **a.** _____ la casa, Francesca **b.** _____ la tv.
   a. (fare, abitare, pulire)
   b. (avere, guardare, pensare)

3 •• **Forma delle frasi coniugando all'imperfetto i verbi in corsivo.**

1. tempo / *diventare* / il / sempre più / *passare* / tu / grande / e

2. cugini / villa / io / al mare / *avere* / *trascorrere* / i miei / una / e / le / con loro / vacanze

3. Marta / Alberto / *telefonare* / *rispondere* / mai / non / lui / sempre / a / ma

4. tutte / Giovanni / *salutare* / le / *incontrare* / persone / mercato / al / che

5. Bologna / *prendere* / *lavorare* / Lorenzo / a / treno / il / quando / sempre

6. (noi) *tagliare* / mentre / sole / l' / è / uscito / erba / giardino / del / il

4. Collega le frasi della colonna di sinistra con quelle della colonna di destra e coniuga i verbi all'imperfetto.

1. L'anno scorso, quando (io) (*uscire*) ……………………… da casa
2. I miei nonni (*dire*) ……………………… sempre
3. Quando Mauro (*trascorrere*) ……………………… le vacanze in montagna
4. Da bambina Rita (*abitare*) ……………………… in campagna e
5. Perché (voi) (*riuscire*) non ……………………… mai a dormire?
6. Ieri (noi) (*sperare*) ……………………… di incontrare Carlo e Irene,
7. A Roberto (*piacere*) ……………………… molto andare a raccogliere i funghi,
8. Che cosa (io) (*stare*) ……………………… facendo giovedì scorso alle tre?

a. (lui) (*fare*) ……………………… lunghe camminate sui sentieri e (*mangiare*) ……………………… spesso nei rifugi.
b. ma (loro) (*essere*) ……………………… già in viaggio per tornare a casa.
c. (io) (*incontrare*) ……………………… spesso il mio vicino che (*passeggiare*) ……………………… con il suo cane.
d. Perché i vicini (*tenere*) ……………………… ogni sera la musica troppo alta.
e. Non me lo ricordo più. Probabilmente (io) (*lavorare*) ……………………… .
f. (lei) (*andare*) ……………………… spesso a giocare nei campi.
g. che la vita, 50 anni fa, (*essere*) ……………………… più tranquilla.
h. anche se poi non li (lui) (*mangiare*) ……………………… mai.

5. Completa il testo con i verbi indicati.

parlare • stare • essere (x 2) • pensare • continuare • volere • dire • aspettare • avere • visitare • sembrare • esserci • dormire

Mi ricordo che a. (io) ……………………… delle ore sul balcone a guardarti. b. (tu) ……………………… bella e fiorente, ma non c. ……………………… mai! d. ……………………… giorni in cui e. ……………………… una tua parola, ma tu niente! Ogni tanto (io) f. ……………………… : "Forse vuole dell'acqua" e così g. ……………………… a darti acqua senza sapere che tu non la h. ……………………… . Perché non mi hai mai detto niente? Poi una mattina ti ho vista che i. (tu) ……………………… sul balcone, l. ……………………… morta. Poi ho capito che m. (tu) ……………………… veramente morta. Adesso sono qui solo e parlo con me stesso, ma forse n. ……………………… ragione il mio dottore quando mi o. ……………………… e p. ……………………… "Guardi che non è una cosa normale parlare con un'orchidea!"

6. Completa le frasi.

1. Mentre ……………………… , qualcuno ha suonato alla porta.
2. Mentre ……………………… , l'autobus è partito.
3. Mentre ……………………… , si è rotta la macchina.
4. Mentre ……………………… , siamo entrati in una chiesa.
5. Mentre ……………………… , il professore scriveva alla lavagna.
6. Mentre ……………………… , le persone ridevano.
7. Mentre ……………………… , il pubblico ha cominciato a fischiare.
8. Mentre ……………………… , il suo fidanzato era con un'altra.

7. Sul quaderno racconta com'era la vita nella tua città quando avevi 18 anni. Usa anche le parole indicate.

biblioteca • museo • chiesa • castello • monumento • negozio • centro commerciale • municipio • fontana • bagni pubblici • stazione ferroviaria • banca • ufficio postale • supermercato • macelleria • officina • ufficio • fattoria • profumeria • libreria • ospedale • tribunale

27 IL FUTURO SEMPLICE

1 • **Scegli la forma corretta del verbo.**

1. Le band giovanili di Milano *cantaranno/cantiranno/canteranno* questa sera al Teatro Rasi.
2. – Ti sono piaciute le mie lasagne? – Oggi non le ho mangiate. Le *sentirò/senterò/sentirà* domani.
3. L'Inter *giocarà/giocherà/giocerà* la partita di Champions mercoledì sera.
4. Tranquilli ragazzi! Già domani *saperete/saprate/saprete* il risultato dell'esame.
5. Dopo quello che hai fatto, che cosa *penserà/pensarà/pensrà* di te tua moglie?
6. Non sappiamo ancora a che ora *finiramo/finisceremo/finiremo* di cucinare il pollo.
7. *Venirai/Verrai/Verrei* anche tu alla conferenza sui dialetti del Nord Italia?
8. La prossima estate *mangieremo/mangiaremo/mangeremo* molta frutta.

2 •• **Correggi l'errore dov'è necessario.**

1. Antonella e Matteo farenno l'esame il 27 giugno.
2. Non so se il mese prossimo poterò tornare al lavoro.
3. Lo spettacolo comincierà tra dieci minuti.
4. Mangia sano e vivrai a lungo.
5. Avete già previsto cosa farete dopo la laurea?
6. C'è un proverbio che dice: "Chi vivrà, vederà".
7. Anna dice che non dimenticarà mai più le tue parole.
8. Ho paura che l'anno prossimo dovremo affittare un nuovo appartamento.

3 • **Scegli il verbo giusto e completa le frasi con il futuro.**

1. Pietro _____ a studiare tedesco a Heidelberg alla fine di giugno. (partire, andare, volere)
2. Riposati bene questa notte, così domani (tu) _____ meglio. (essere, avere, stare)
3. Se continui a spendere tanti soldi, chi _____ i tuoi debiti? (pagare, comprare, spendere)
4. Isa e Leo hanno detto che _____ il treno delle 7.43. (avere, prendere, andare)
5. Prima o poi (voi) _____ di fumare tutte quelle sigarette! (iniziare, prendere, finire)
6. Sono curioso di sapere a chi _____ fiducia gli italiani alle prossime elezioni. (dare, scegliere, essere)
7. Devo decidere se _____ continuare a lavorare in questo ufficio. (pensare, venire, volere)
8. Mi chiedo chi _____ un libro così brutto. (leggere, credere, sentire)

4 •• **Completa l'oroscopo con i verbi indicati.**

Cancro

fare • avere • essere • portare • nascere • continuare • potere

Amore: Questa settimana i nati sotto il segno del Cancro **a.** _____ tutte le possibilità per essere felici. Le coppie **b.** _____ trascorrere una settimana in perfetta armonia, mentre i singoli **c.** _____ incontri veramente interessanti.

Lavoro: **d.** _____ una settimana abbastanza dura che però **e.** _____ molte soddisfazioni.

Denaro: **f.** _____ il periodo duro, ma alla fine della settimana **g.** _____ qualche speranza positiva.

Bilancia

ascoltare • tornare • spendere • lasciare • dare • potere

Amore: Un vecchio amore **a.** _____ a farsi sentire. Forse voi non lo **b.** _____, ma la sua telefonata vi **c.** _____ qualche problema sentimentale.

Lavoro: Questa settimana il vostro lavoro vi **d.** _____ tranquilli e voi **e.** _____ godere di un periodo di pace.

Denaro: Come sempre **f.** _____ pochi soldi, dato che state già pensando a risparmiare per le vacanze.

Acquario

stare • dovere • raggiungere • trovare • cominciare • prendere • riuscire

Amore: Tu che sei nato nel segno dell'Acquario devi stare attento. Questa settimana **a.** _____ delle difficoltà perché **b.** _____ dire delle bugie alla persona che ami. Se però **c.** _____ sereno, **d.** _____ a risolvere ogni problema.

Lavoro: Per te un'ottima settimana. **e.** (tu) _____ il treno giusto e **f.** _____ l'obiettivo che hai in mente.

Denaro: Spendi quello che vuoi. Presto **g.** _____ un nuovo lavoro, più interessante e redditizio.

5 ● Osserva l'agenda di Marta e scrivi delle frasi, come nell'esempio. Cerca di usare verbi diversi.

LUNEDÌ 26 APRILE
Festa della Liberazione
concerto rock

VENERDÌ 30 APRILE
Mail ai nonni

MARTEDÌ 27 APRILE
ore 7.30:
esami del sangue

SABATO 1 MAGGIO
ore 13: pranzo con amici
per la Festa del Primo
Maggio

MERCOLEDÌ 28 APRILE
ore 18.00 palestra

DOMENICA 2 MAGGIO
DORMIRE!!!

GIOVEDÌ 29 APRILE
ore 21.00 Antonio

LUNEDÌ 3 MAGGIO
Di nuovo al lavoro

573909 istock

Es. Lunedì 25 aprile Marta andrà al concerto rock per la Festa della Liberazione.

1. _____
2. _____
3. _____
4. _____
5. _____

6 ●● Fai delle supposizioni al futuro, come nell'esempio, cambiando sempre verbo.

Es. C'era lo sciopero degli autobus e sono andato a lavorare a piedi.   Sarai stanco!

1. La settimana prossima faremo un trekking in montagna.
2. Domani sera Aldo e Maria cenano in un ristorante a cinque stelle.
3. Massimo andrà alla Mostra del Cinema di Venezia.
4. Linda, con il progetto Erasmus, è stata un anno in Spagna.
5. Domani andiamo a fare shopping in centro.
6. Non mangio da stamattina alle sette.
7. Stiamo attenti perché la macchina è in riserva.

7 ●● Scrivi sul quaderno l'oroscopo usando i verbi al futuro.

Pesci   Toro   Leone   Vergine

ESERCIZI E GIOCHI SU **IMPARO SUL WEB**

27 IL FUTURO SEMPLICE

69

28 I PRONOMI PERSONALI COMPLEMENTO

1 • **Completa le frasi con il pronome complemento diretto (forma atona).**

1. – Paola come sta? – Non lo so, non _____ vedo da molto tempo.
2. Mio figlio è diventato molto grande. Quando _____ vedrai non _____ riconoscerai più.
3. – Hai visto le mie chiavi? – _____ puoi trovare sul tavolo dello studio.
4. Quando Dino (noi) _____ incontra, _____ saluta sempre con affetto.
5. Mi potete dire perché Laura non (voi) _____ invita mai a casa sua?
6. Sandra e Matteo sono arrivati alla stazione. Chi _____ va a prendere con l'auto?
7. Elisa dice sempre che (tu) _____ ama e tu non le credi. Perché?
8. Quello che dici non (io) _____ convince. Sei sicuro di dire la verità?
9. Ci sono ancora molti pasticcini sul tavolo. Chi _____ vuole mangiare?
10. Quando _____ vedo, mi vengono sempre in mente le foto delle vostre vacanze in Giappone.

2 • **Completa le frasi con il pronome complemento indiretto (forma atona).**

1. Devo telefonare a Antonella perché _____ devo parlare.
2. Andiamo spesso a Londra perché _____ piace parlare inglese.
3. Quando mio nipote si laurea _____ voglio regalare una vacanza a Parigi.
4. Domani vado da Alberto e Maria e _____ restituisco i cd che _____ hanno prestato il mese scorso.
5. Ciao Luca, _____ piacerebbe venire a teatro con me?
6. Se avete problemi economici _____ posso prestare 1000 euro.
7. Scusi signore, io e mia moglie dobbiamo prendere il treno. _____ sa dire dov'è la stazione?
8. Che peccato per Monica e Anna. Chi dice _____ che non hanno superato l'esame?
9. _____ dico sempre di stare attenti, ma non mi ascoltate mai!
10. Alla televisione non guardo mai i film dell'orrore. Non _____ piacciono.

3 • **Indica se i pronomi in corsivo sono diretti (D) o indiretti (I).**

	D	I
1. Al mattino Andrea *mi* offre sempre il caffè al bar.	☐	☐
2. *Ci* dica per favore che cosa stava facendo ieri dalle 15.00 alle 16.00.	☐	☐
3. – Vuoi un caffè? – No grazie, non *lo* bevo più da anni.	☐	☐
4. *Ti* prego di fare silenzio, vorrei dormire!	☐	☐
5. *Mi* fa sempre piacere incontravi, anche se per caso.	☐	☐
6. Cristina e Marta? *Le* vedo domani sera da Luigi.	☐	☐
7. Domani è il compleanno di mia zia. *Le* regalerò un fiore.	☐	☐
8. Quando gli amici hanno bisogno, Gianni *li* aiuta sempre.	☐	☐

4 • **Completa le frasi con la forma tonica del pronome complemento.**

1. Arriverò domani e con _____ ci sarà anche mia sorella.
2. Andrea non ascolta nessuno e parla sempre di _____ stesso.
3. – Hai scritto a Marco? – No, ma ho parlato con _____ al telefono la settimana scorsa.
4. Vi piace questo appartamento? È molto silenzioso anche perché sopra di _____ non abita nessuno.
5. Adesso non possiamo entrare, prima di _____ ci sono altre persone.
6. Io adesso devo andare. Vieni a casa con _____ o torni dopo in autobus?
7. Chiara mi ha lasciato e senza di _____ la mia vita è vuota!
8. Sei stato il primo a consegnare l'esame. Tutti gli altri finiranno dopo di _____ .
9. – Conosci Paolo? – Personalmente no, ma qui tutti parlano di _____ .
10. Al lavoro sei molto corretto e preciso ed è per questo che molti colleghi credono in _____ .

5 ● **Completa le frasi con un pronome complemento.**

1. Non ho tempo di uscire. Quando scendi ___ compri per favore il giornale?
2. – (a te) ___ piace il sushi? – Moltissimo, ___ mangio ogni volta che posso.
3. Quando vengono a trovar___ i nostri genitori, io e mio fratello ___ prepariamo la camera degli ospiti.
4. Ragazzi, (a voi) ___ hanno spostato il volo per Kos. Bisogna dir___ anche a Anna e Dino. Chi ___ avverte?
5. Angela si diverte quando tutti sono contro di ___ .
6. (a me) ___ mancano lo zucchero e il burro per fare la torta. ___ devo andare a comprare subito.
7. Per l'insalata di stasera non abbiamo carote e zucchine. Per fortuna abbiamo l'orto, così ___ posso raccogliere fresche più tardi.
8. Quando incontri Gabriele e Teresa, chiedi ___ come sta loro padre, perché son preoccupato per ___ .
9. Per la cena di stasera (a voi) ___ abbiamo preparato degli ottimi cannelloni. ___ piacciono?
10. Se vedi Anna, ___ puoi dire che ___ aspetto domani in ufficio alle nove?

6 ●● **Correggi l'errore dov'è necessario.**

1. Se vedi Antonia, ci dici per favore di chiamare la segreteria della scuola?
2. Amiamo il mare e ci piace nuotare e prendere il sole per ore.
3. Scusi signore, rispetti la coda. Lei è arrivato dopo di io e deve aspettare il suo turno.
4. Ho incontrato Armando e le ho promesso di uscire con lui la settimana prossima.
5. Perché non mi volete mai ascoltare? Gli dico sempre di fare più esercizi di grammatica.
6. Vi prego, ragazzi, fate silenzio. Così non è possibile proseguire la lezione.
7. Siamo già in dicembre e non ho ancora preso il raffreddore. Di solito la prendo in ottobre.
8. Se vedi Rita e Daniela, gli puoi invitare al convegno di settembre?

7 ●● **Osserva le immagini, completa la domanda e scrivi le possibili risposte, come nell'esempio.**

Es. (a te) Ti piace questa maglietta?
(comprare, potere comprare / domani)

Sì, mi piace.
La compro domani.
La posso comprare domani.
Posso comprarla domani.

1. (a voi) ___ piacciono questi orecchini?
(provare, volere provare / dopo)

Sì, ___

2. Signora Rossi, ___ piacciono queste mele?
(mangiare, volere mangiare / a cena)

Sì, ___

3. Signor Bianchi, ___ serve questo pezzo di formaggio?
(usare, dovere usare / per gli spaghetti)

Sì, ___

28 I PRONOMI PERSONALI COMPLEMENTO

8 ●● **Completa le frasi con un pronome complemento e accorda il participio passato dove necessario.**

1. - Avete già letto i libri che ___ ho prestat___ il mese scorso? - Sì, ___ abbiamo lett___ tutti.
2. - Avete comprato voi le uova? - No, ___ ha comprat___ Sandro.
3. - Ci sono ancora dei biscotti? - No, ___ abbiamo usat___ tutti per fare un dolce al cucchiaio.
4. Margherita e Stefania ___ hanno invitat___ a cena ma io ___ ho dett___ che non avevo tempo.
5. Paolo e Vanessa ___ hanno scritt___ tanti sms, ma noi non ___ abbiamo mai rispost___ .
6. La notte scorsa ___ ho sognat___ : eri bellissima e nel sogno ___ hai baciat___ . Era proprio un sogno!
7. - È vero che Roberto (a voi) ___ ha telefonat___ ieri notte? - Sì, stavamo dormendo e ___ ha svegliat___ .
8. - Ti ricordi di Patrizia? - ___ ho cercat___ a casa dei suoi genitori ma ___ hanno dett___ che ora vive in Francia.

9 ●● **Completa il testo con i pronomi.**

È strana la vita! Quando Giorgio, da ragazzo, viveva con sua madre, lei **a.** ___ preparava sempre cibi tradizionali che a **b.** ___ piacevano molto: lasagne, tortelli e tortellini, e altre cose ricche di burro, farina, formaggio, carne e uova. "Che piatti!" diceva la madre "non **c.** ___ puoi mangiare da nessuna parte! Se vuoi puoi invitare anche i tuoi amici, vedrai che piacerà tutto anche a **d.** ___ ". E così succedeva: gli amici pranzavano felici a casa della madre di Giorgio e **e.** ___ facevano sempre un sacco di complimenti.
Ma i tempi sono cambiati. Giorgio è andato a vivere da solo e ha modificato le sue abitudini alimentari. Le lasagne? Non **f.** ___ vuole più vedere! I tortelli e i tortellini **g.** ___ ha mangiati l'ultima volta sei anni fa. Per non parlare dei salumi: non **h.** ___ piacciono più da anni. "Mio figlio è cambiato" dice la madre "non **i.** ___ capisco più. Un tempo mangiava tutto, adesso **l.** ___ sembra un coniglio, mangia solo verdura. È diventato magro e non **m.** ___ ascolta più, però devo ammettere: di salute sta bene. Avrà forse ragione lui?"

10 ●● **Completa il dialogo scegliendo la frase del negoziante tra quelle indicate e completando quelle della signora con i pronomi e i verbi.**

Desidera altro? • Mi dispiace, ma le abbiamo finite. Cosa ne dice di quest'uva? •
Ma è così magra! • Buongiorno signora, come va? Ha visto che belle pesche abbiamo oggi? •
Ecco, sono 6 euro e 30. Grazie e arrivederci! • Ma lasci stare i dottori. Lei è in perfetta forma! •
Ecco il pane integrale. Ci sono anche dei biscotti appena usciti dal forno...

NEGOZIANTE	SIGNORA
....	Sì, ___ ho vist___ prima, ___ piacciono molto, ma oggi vorrei mangiare delle fragole.
....	È bella, ___ prendo, anche se ___ ho già mangiat___ la settimana scorsa. Ma l'uva non fa male!
....	Sì, vorrei un po' di pane: ___ prendo però solo se è integrale.
....	Eh ___ so, sento il profumo, ma non ___ mangio perché ___ fanno ingrassare.
....	___ ringrazio, lei è molto gentile con ___ , ma devo dimagrire, me ___ ha dett___ il dottore.
....	Grazie ancora. ___ fa il conto per favore?
....	Arrivederci, ___ saluto anch'io.

11 ●● **Forma le domande a partire dalle risposte.**

1. ....? No, li ho mangiati tutti ieri.
2. ....? Non la vediamo da sei mesi.
3. ....? Lo compra tutti i giorni.
4. ....? Ma le ho lavate due giorni fa!
5. ....? Ci ha accompagnati mio zio.
6. ....? Gli ha telefonato Rosa.
7. ....? Ti ho detto di no!
8. ....? Le ho parlato io di te.
9. ....? Lo beviamo al mattino.
10. ....? L'ho letto l'anno scorso.

12 ●● **Rispondi alle domande usando un pronome complemento.**

1. Avete visto Luigi?
2. Hai comprato la carne?
3. Chi ha scritto questa frase alla lavagna?
4. Che cosa hai regalato a tua moglie?
5. Quando incontri Liana e Andrea?
6. A chi hai prestato la tua auto?
7. Dove hai messo i miei quaderni?
8. Quando hai raccolto queste fragole?
9. Quando telefoni a Sara?
10. Chi ti ha invitato alla cena di domani?

13 ●● **Forma delle frasi usando le parole della tabella. Le parole in neretto sono l'inizio di una frase.**

Professore	a	Lei	vi	le	dire	che	dvd
il	abita	abita	**Ho**	**Se**	secondo	**Per**	Antonio
gli	e	**Avete**	prestato	ho	studente	mia	detto
stare	compleanno	c'è	mio	puoi	stanotte	piano	in
Mia	con	visto	parlato	uno	è	regalerò	che
tranquilla	e-book	Maria	figlio	**Dov'**	telefonarmi	lei	non
al	parlare	ha	zia	cellulare	lo	vuole	di
sotto	madre	telefonato	**Chi**	so	stanza	un	vedi

1. ....
2. ....
3. ....
4. ....
5. ....
6. ....
7. ....
8. ....

29 I VERBI RIFLESSIVI

1. Scegli il pronome giusto e completa la frase.

1. Il mio cane _____ addormenta sempre sul divano in salotto. (mi, ti, si, ci)
2. È primavera, ma Francesca _____ mette ancora i vestiti invernali. (ci, si, mi, vi)
3. Per il matrimonio di Luigi _____ sono comprato un vestito elegante. (ci, mi, ti, si)
4. Ho comprato delle magliette nuove ma _____ sono strappate poco dopo. (vi, si, ci, ti)
5. In estate _____ riposiamo alla sera su una sedia a sdraio in giardino. (si, mi, ci, vi)
6. Quando _____ decidete a cambiare lavoro? (ti, vi, si, ci)
7. _____ ricordi quand'è il compleanno di Andrea? (mi, ti, ci, si)
8. Sergio e Antonio _____ sono incontrati ieri a Venezia. (ti, ci, vi, si)

2. Completa le frasi con i verbi indicati al tempo presente.

chiamarsi • mangiarsi • arrabbiarsi • fermarsi • bagnarsi • rompersi • togliersi • fidarsi

1. Quando Cristian incontra la sua ex, non _si ferma_ mai a parlare con lei.
2. State attenti! Secondo me _vi fidate_ troppo di quello che dice Andrea.
3. Scusi, signora Rosa, come _si chiama_ di cognome?
4. Queste scarpe sono ormai troppo vecchie: tra poco _si rompono_ completamente.
5. Oggi andiamo al ristorante e _ci mangiamo_ un bel piatto di pesce.
6. Se cammini troppo vicino alla riva del mare _____ i pantaloni.
7. Scusatemi, ma con questo caldo (io) _mi tolgo_ la giacca e la cravatta.
8. Controllate quello che dite, altrimenti (noi) _____ veramente.

3. Completa le frasi con i verbi indicati al passato prossimo.

sposarsi • pettinarsi • ricordarsi • riposarsi • guardarsi • fermarsi • svegliarsi • incontrarsi • innamorarsi • lavarsi • vestirsi • sedersi • abbracciarsi

1. Francesca _si è lavata_ i capelli poi _si è pettinata_ davanti allo specchio.
2. Siete forse innamorati? Ho notato che (voi) _vi siete guardati_ in un modo così dolce...
3. Giuseppe e Renata _____ ai tempi dei liceo e _____ quando hanno finito l'università.
4. Io e Luigi _____ dopo tanto tempo e _____ con molto affetto.
5. Rita, perché non _____ al semaforo? Era rosso!
6. Daniela e Loredana _____ alle dieci e _____ in fretta perché era molto tardi.
7. Dopo aver camminato per ore, Achille _____ su una panchina e _____ un po'.
8. Che vergogna! (io) Non _____ che oggi è il tuo compleanno. Scusami tanto!

4. Forma delle frasi e coniuga il verbo in corsivo.

1. (noi) *alzarsi* / per / alle / mattino / del / sette / aeroporto / ieri / andare / all'

2. miei / ho avvisati / *arrabbiarsi* / della / li / i / riunione / colleghi / me / perché / con / non

3. (voi) *riposarsi* / lunga / del / una / sul / lavoro / giornata / divano / soggiorno / dopo / di

4. Antonella / Tiziana / autobus / *incontrarsi* / alla / dell' / *salutarsi* / e / fermata / freddezza / e / con

5. ti / (voi) *assomigliarsi* / quando / (io) incontro / (io) *ricordarsi* / tuo / di / perché / padre / molto

29 I VERBI RIFLESSIVI

5 •• **Che cosa ha fatto Paola? Descrivi le immagini usando un verbo riflessivo dove possibile.**

1. Paola si è alzata alle 7.00 del mattino.
2. _____
3. _____
4. _____
5. _____
6. _____
7. _____
8. _____
9. _____
10. _____
11. _____
12. _____

6 •• **Racconta una tua giornata tipica usando i verbi riflessivi dove possibile, poi trasforma il tuo testo al passato.**

Di solito _____

Ieri _____

7 •• **Correggi l'errore dov'è necessario.**

1. Durante un trekking in Lapponia vi siamo lavati i capelli in un fiume.
2. Il professore si ha arrabbiato molto con i suoi studenti.
3. Mi spieghi perché non ti fida di quello che ti dico?
4. Cristina ed Elisabetta si sono ammalate lo stesso giorno.
5. Se siete così stanchi, perché non ci riposate un po'?
6. Mario e Luigi si sono fermate al bar per prendere un caffè.
7. Sinceramente non mi sono ricordato di telefonare a Matteo.
8. Se vuoi riposarmi, siediti sul divano e leggi un libro.

ESERCIZI E GIOCHI SU **IMPARO SUL WEB**

75

30 IL *SI* IMPERSONALE

compito: 2 al passato prossimo (handwritten note)

1 • **Scegli il verbo giusto tra quelli indicati e mettilo alla forma impersonale per completare le frasi.**

1. In Italia, a colazione _si beve_ il caffè. (mangiare, bere, vendere)
2. Che traffico oggi! _si arriva_ a casa dopo le otto di sera. (partire, viaggiare, arrivare)
3. Ogni tanto _si vede_ Andrea che cammina sull'argine del fiume. (vedere, parlare, andare)
4. Oggi c'è molto traffico e in autostrada _si viaggia_ lentamente. (venire, partire, viaggiare)
5. In questo hotel c'è molto rumore e di notte _si dorme_ male. (mangiare, bere, dormire)
6. Angelo è molto simpatico e in sua compagnia _si sta_ molto bene. (essere, stare, avere)
7. Oggi è festa e in centro _si incontra_ tanta gente. (parlare, incontrare, lavora)
8. La prossima estate _si va_ tutti in vacanza in Portogallo! (andare, partire, viaggiare)

2 • **Metti al passato le frasi dell'esercizio precedente.**

1. Quando eravamo in vacanza in Italia, a colazione _____ .
2. Che traffico ieri! _____ .
3. Due giorni fa _____ camminava _____ .
4. Ieri c'era molto traffico e in autostrada _____ .
5. In quell'hotel c'era molto rumore e di notte _____ .
6. Angelo era molto simpatico e in sua compagnia _____ .
7. Ieri era festa e _____ .
8. La scorsa estate _____ .

3 • **Abbina le due colonne, forma delle frasi e metti il verbo al tempo corretto, come nell'esempio.**

1. stanco
2. tranquillo
3. affamato
4. grasso
5. ottimista
6. introverso
7. maleducato
8. brutto

a. *parlare* poco di se stessi.
b. *dovere* fare una dieta.
c. *avere* voglia di riposare.
d. *vedere* la vita positivamente.
e. non *avere* molto rispetto per gli altri.
f. *riuscire* meglio a studiare.
g. *potere* avere complessi di inferiorità.
h. *trovare* buonissimo anche un pezzo di pane.

Es. Quando si è stanchi, si ha voglia di riposare.

2. Quando si è tranquilli / ci si sente tranquilli si vede la vita positivamente
3. Quando si è affamati si trova buonissimo anche un pezzo di pane
4. Quando si è grassi si dev(e)
5. Quando si è tranquilli si riesc(e)
6. Quando si è introversi si parla poco di se stessi
7. Quando si è maleducati non si ha molto rispetto per gli altri
8. Quando si è brutti si possono avere complessi di inferiorità

4 •• **Correggi l'errore dov'è necessario.**

1. Non mi ricordo più che cosa si ha detto sul cambiamento di orario delle lezioni.
2. Quando si fa un po' di sport, si è più sano sia fisicamente sia mentalmente.
3. Oggi il sole è molto caldo: è meglio se ci si mette un cappello.
4. Durante la riunione di ieri si è parlato a lungo dei nuovi esami di livello A2.
5. Se non c'è tempo di pranzare, si mangiano rapidamente un pezzo di pizza e si riparte.
6. Il film era troppo lungo e lento e alla fine ci si è annoiato.

30 IL SI IMPERSONALE

5 • **Completa il testo con i verbi indicati, dove possibile nella forma impersonale.**

studiare • lasciare • bere • dire • andare (x 2) • ritornare • conoscere • chiacchierare • incontrarsi • esserci • uscire • stare • potere

Caro Andrea,
sono arrivata ieri a Erlangen, **a.** _____ le mie valigie nella stanza della Casa dello Studente e **b.** _____ per cercare un Internet Point, da dove ti sto scrivendo adesso. **c.** _____ anche un'altra ragazza italiana che **d.** _____ qui e lei mi **e.** _____ che in questa città **f.** _____ bene. Al mattino **g.** _____ a lezione all'università, poi verso l'una **h.** _____ alla mensa o in caffetteria per mangiare qualcosa e al pomeriggio **i.** _____ a lezione. Alla sera **l.** _____ stare nella Casa dello Studente, dove c'è anche un bar: **m.** _____ qualcosa e **n.** _____ con gli amici. Oppure **o.** _____ in città: qui **p.** _____ cinema, teatri e molti altri luoghi di incontro per studenti e per giovani. Insomma, sono sicura di trovarmi bene.
Un abbraccio

Barbara

6 •• **Leggi il testo ed elenca sul quaderno le cose che si possono fare, come nell'esempio.**

CENTRO BENESSERE *SALUS*

Il Centro Benessere *Salus* si trova immerso nel verde delle colline bolognesi e offre una vasta scelta di attività per la tua salute fisica e mentale. Ci sono tre piscine: due all'aperto (per adulti e bambini) e una al coperto, con l'acqua riscaldata a 36° in inverno. All'interno del Centro potete usufruire di tre saune (70°, 80° e 90°), di due bagni turchi e di un *tepidarium*. Alla fine potete rilassarvi in un'ampia sala relax con musica etnica e una libreria con una vasta scelta di libri e riviste. Tra una sauna e l'altra c'è sempre a disposizione il nostro bar-ristorante, dove potete bere succhi di frutta o centrifugati di verdura dissetanti e ricchi di vitamine oppure potete mangiare sano con i nostri cibi senza grassi. Alle 10 di sera, per i nottambuli, si apre il nostro piano bar, dove potete gustare i cocktails del barman Maurizio e conoscere persone simpatiche e parlare con loro! Insomma, vi aspettiamo per trascorrere una giornata tranquilla e salutare.

Al centro Benessere *Salus*:
Es. Si può fare il bagno in piscina, sia in estate che in inverno.

7 •• **Che cosa si fa nel tuo Paese? Usa la forma impersonale.**

1. A Natale _____ .
2. A Pasqua _____ .
3. Di domenica _____ .
4. Durante le ferie _____ .
5. Nei giorni lavorativi _____ .
6. Di sera con il/la fidanzato/a _____ .
7. A Capodanno _____ .
8. A un matrimonio _____ .

ESERCIZI E GIOCHI SU **IMPARO SUL WEB**

77

31 I PRONOMI RELATIVI

1. Completa le frasi con *che* e *cui*.

1. Daniela è la collega con _____ collaboro meglio.
2. Siamo ritornati al museo _____ abbiamo visitato l'anno scorso.
3. In via Pini c'è un supermercato in _____ puoi trovare le mele biologiche.
4. Non mi sembra una camicia su _____ puoi mettere una cravatta a righe.
5. Le persone _____ non hanno il biglietto non possono entrare al concerto.
6. La Romania è un Paese da _____ provengono molte persone _____ vivono in Italia.
7. La dottoressa Sicari è la segretaria a _____ bisogna rivolgersi per le informazioni sui corsi.
8. Il professor Bianchi è il docente di _____ ci ha parlato il nostro collaboratore.

2. Scegli il pronome relativo giusto e completa le frasi.

1. C'è ancora il pane _____ ho preso stamattina? (cui, che, a cui)
2. Il paese _____ vive Marcello è in provincia di Bologna. (da cui, che, in cui)
3. La maglietta _____ gioco a tennis è a quadri. (che, a cui, con cui)
4. Quest'anno sono solo quattro gli studenti _____ faranno l'esame C2. (su cui, cui, che)
5. Paola è una persona _____ si può sempre contare. (che, su chi, su cui)
6. Ai corsi di italiano finanziati dall'UE può partecipare solo _____ ha il permesso di soggiorno. (chi, che, cui)
7. Ho finalmente letto il libro _____ mi ha regalato mia sorella per il compleanno. (di cui, che, di chi)
8. Grazie! Erano proprio le informazioni _____ avevo bisogno. (da cui, che, di cui)
9. Aldo è l'amico _____ ho dormito ieri sera dopo la festa. (per cui, a cui, da cui)
10. Non ricordo la persona _____ ho prestato il mio dizionario. (con cui, a cui, da cui)

3. Completa le frasi con il pronome relativo *cui* o *che* e, quando occorre, le preposizioni *di, a, in, con, su*.

1. Il mio studio è la stanza della casa _____ trascorro la maggior parte del tempo.
2. Paolo mi ha parlato di un bellissimo libro _____ però non ricorda l'autore. Che strano!
3. Mi dovresti restituire i soldi _____ ti ho prestato il mese scorso.
4. Rita e Marta sono persone _____ non hanno problemi a collaborare con tutti i colleghi.
5. Luca vorrebbe ancora avere la moto _____ ha girato tutta l'Europa.
6. Maria è una studentessa di lingue _____ parla già molto bene inglese e francese.
7. Luigi e Antonio sono quegli amici di Facebook _____ molti richiedono l'amicizia.
8. Il dottor Bianchi è il medico _____ mi ha operato la spalla destra.
9. Nel parco ci sono alberi _____ fanno il nido molti uccelli.
10. Ho parlato a lungo con Gianni, _____ mi ha confermato quello che penso.

4. Nell'esercizio precedente sostituisci dove possibile *cui* e *che* con la forma *quale*.

1. Il mio studio è la stanza della casa _____ trascorro la maggior parte del tempo.
2. Paolo mi ha parlato di un bellissimo libro _____ però non ricorda l'autore. Che strano!
3. Mi dovresti restituire i soldi _____ ti ho prestato il mese scorso.
4. Rita e Marta sono persone _____ non hanno problemi a collaborare con tutti.
5. Luca vorrebbe ancora avere la moto _____ ha girato tutta l'Europa.
6. Maria è una studentessa di lingue _____ parla già molto bene inglese e francese.
7. Luigi e Antonio sono quegli amici di Facebook _____ molti richiedono l'amicizia.
8. Il dottor Bianchi è il medico _____ mi ha operato la spalla destra.
9. Nel parco ci sono alberi _____ fanno il nido molti uccelli.
10. Ho parlato a lungo con Gianni, _____ mi ha confermato quello che penso.

5 Completa le frasi con *chi*, accompagnato da una preposizione, o *il che*.

1. Il supermercato oggi ha chiuso un'ora prima, _____ mi ha impedito di fare la spesa.
2. Non fidarti _____ non dice mai la verità.
3. In questi giorni sta piovendo troppo, _____ può creare danni all'agricoltura.
4. Anna parla solo _____ è disponibile ad ascoltarla.
5. Elisa non è ancora arrivata al lavoro, _____ mi fa pensare che sia ammalata.
6. È meglio stare lontani _____ promette cose non realizzabili.
7. Ci saranno sempre più problemi _____ non paga le tasse.
8. Margherita non risponde mai agli sms, _____ rende molto nervoso il suo fidanzato.

6 Completa le frasi con il pronome relativo *cui*, preceduto dall'articolo o dalla preposizione articolata corretti.

1. Lavoro in una scuola _____ aule non è possibile fare lezione in estate.
2. Ho incontrato un amico _____ figlio si è laureato in medicina il mese scorso.
3. Salvatore è un ragazzo _____ genitori sono emigrati in Germania negli anni Sessanta.
4. In centro c'è un negozio di abbigliamento _____ vestiti tutti parlano.
5. Gli Appennini sono una catena montuosa _____ sentieri molte persone vanno a camminare.
6. Andrea è una persona _____ intelligenza sorprende tutti.

7 Completa le frasi.

1. a. La pizza è il piatto che _____.
   b. La pizza è il piatto su cui _____.
2. a. Luisa è la collega che _____.
   b. Luisa è la collega a cui _____.
3. a. Questi sono i libri che _____.
   b. Questi sono i libri con cui _____.
4. a. Angelo è il macellaio che _____.
   b. Angelo è il macellaio da cui _____.
5. a. *Arancia Meccanica* è il film che _____.
   b. *Arancia Meccanica* è il film di cui _____.
6. a. Berlino è la città che _____.
   b. Berlino è la città in cui _____.
7. a. Le Alpi sono le montagne che _____.
   b. Le Alpi sono le montagne tra cui _____.

8 Scrivi delle frasi con *cui* e il verbo indicato, come nell'esempio.

Es. (lavorare con) Massimo è un collega con cui ho lavorato molti anni.
1. (partire per) _____
2. (arrivare in) _____
3. (venire da) _____
4. (discutere di) _____
5. (telefonare a) _____
6. (riposarsi su) _____
7. (sedersi tra) _____

9 Completa le frasi con un pronome relativo.

1. Ieri Anna ha incontrato l'amica _____.
2. Le magliette _____ sono a tinta unita o a pois.
3. Ho parlato con Sabrina _____.
4. Le scarpe _____ sono tutte sporche.
5. Giuseppe è nato il giorno _____.
6. Dove vive quel tuo amico _____.
7. Franco, _____, è ritornato in Italia.

ESERCIZI E GIOCHI SU IMPARO SUL WEB

31 I PRONOMI RELATIVI

79

32 IL CONDIZIONALE SEMPLICE

1 • Scegli il verbo giusto e completa le frasi.

1. Aldo _____ volentieri in banca. (lavorarebbe, lavorerebbe, lavorrebbe)
2. Che caldo! (tu) _____ la finestra, per favore? (apriresti, apreresti, aparesti)
3. Stasera (io) _____ volentieri una pizza. (mangiarei, mangierei, mangerei)
4. (noi) _____ al cinema con voi ma non abbiamo tempo. (veniremmo, veneremmo, verremmo)
5. Scusate, _____ fare silenzio, per favore? (potraste, potreste, potereste)
6. Maria _____ a letto ancora un po', ma non può. (rimarrebbe, rimanerebbe, rimarreste)
7. Ada e Luca _____ in una casa di campagna. (viverebbero, vivarebbero, vivrebbero)
8. (io) _____ andare in bagno. Dov'è? (dovarei, dovrei, doverei)

2 • Scegli il verbo giusto e mettilo al condizionale per completare le frasi.

1. Mi _potrebbe_ dire la sua data di nascita, per favore? (dovere, potere, conoscere)
2. Scusa, _____ dirmi dov'è la stazione? (sapere, dovere, fare)
3. (io) _vorrei_ conoscere molte lingue straniere. (tenere, essere, volere)
4. È inutile parlare con loro, non mi _capirebbero_ . (vedere, dire, capire)
5. Al posto tuo (io) _cercherei_ un nuovo posto di lavoro. (rimanere, cercare, sapere)
6. Secondo me _sarebbe_ necessario riscrivere questo CV. (essere, avere, stare)
7. Dopo cena (noi) _vedremmo_ volentieri un film alla tv. (prendere, vedere, avere)
8. Ragazzi, mi _fareste_ il favore di studiare di più? (dire, vedere, fare)

3 • Completa le frasi con uno dei verbi indicati al condizionale.

essere • avere • giocare • spiegare • potere • andare • scrivere • cominciare • volere (x 2) • bere

1. Non so se il professore _____ di nuovo l'uso del condizionale semplice.
2. Ci sono momenti in cui molte persone _____ cambiare nazionalità.
3. Scusa, _____ così gentile da spegnere la luce? (io) _____ dormire.
4. Secondo il calendario, la primavera _____ oggi. Ma è così freddo!
5. Scusate, ragazzi, _____ ripetermi il vostro cognome, per favore?
6. Abbiamo così sete che _____ dieci litri d'acqua!
7. Il figlio di Cristian _____ volentieri in una squadra di calcio.
8. A mio parere, (noi) _____ bisogno di essere più concentrati sul lavoro.
9. I miei genitori _____ in pensione qualche anno prima del tempo.
10. _____ a Paul, ma non ho il suo indirizzo e-mail.

4 • Ricostruisci le frasi coniugando i verbi: un verbo è al condizionale.

1. studiare / straniera / a / Luigi / un' / in / piacere / università

2. essere / dovere / iniziare / ragazzi / la / in / lezione / classe / tutti / quando

3. Musei Vaticani / volentieri / (io) andare / i / visitare / a / per / Roma

4. la / secondo / cominciare / il / estivo / televisione / una / caldo / settimana / tra

5. educazione / a mio parere / di / a / aumentare / scuola / occorrere / ore / ambientale / le

6. volume / piacere / della / esserci / ? / (tu) alzare / il / radio / canzone / mi / una / che

5 Abbina la funzione del condizionale nella colonna di destra con le frasi.

1. ☐ Su questa strada dovresti guidare con più prudenza.
2. ☐ A mio parere sarebbe necessario dipingere le pareti del soggiorno.
3. ☐ Antonella vorrebbe andare in pensione l'anno prossimo.
4. ☐ Scusi, potrei frequentare un corso di livello più alto?
5. ☐ I sindacati potrebbero revocare lo sciopero indetto per il 21 maggio.
6. ☐ Non so se Andrea mangerebbe verdura tutti i giorni.

a. un desiderio
b. un dubbio
c. una notizia non confermata
d. una richiesta
e. un consiglio, un ordine o un'esortazione
f. un'opinione personale

6 Fai delle richieste usando il condizionale.

1. Sei in classe e non hai la penna.
2. Vuoi conoscere una ragazza a una festa.
3. Chiedi il conto in pizzeria.
4. Vuoi sapere dov'è il Museo Egizio.
5. Vuoi provare la macchina di un tuo amico.
6. Sei a tavola e il pane è lontano da te.
7. Sei al distributore e hai poca benzina.
8. Nel tuo ufficio c'è freddo.

7 Esprimi un'opinione personale usando il condizionale.

1. Luca ha perso il passaporto.
   Secondo me
2. Cristian è molto grasso.
   Secondo me
3. Ci svegliamo sempre tardi al mattino.
   Secondo me
4. Non riesco a superare l'esame.
   Secondo me
5. Francesca ha sempre il mal di schiena.
   Secondo me
6. Mara non vede bene la tv.
   Secondo me
7. Mio figlio a scuola è un disastro.
   Secondo me
8. Ho sempre la tosse.
   Secondo me

8 Forma delle domande a partire dalle risposte usando il condizionale.

1. _____ ? Lo sai che ti fa male!
2. _____ ? Mi dispiace, oggi non ho tempo.
3. _____ ? Non potete dire queste cose!
4. _____ ? Vicino alla tabaccheria.
5. _____ ? Non si può, per problemi di privacy.
6. _____ ? Grazie, è un ottimo consiglio.
7. _____ ? Io farei una bella grigliata di pesce.
8. _____ ? No, grazie, ci piace lavorare qui.

33 I VERBI FRASEOLOGICI

1 • **Abbina le due colonne e forma delle frasi.**

1. Cerca di essere sempre gentile con le persone che incontri
2. Ero sul punto di addormentarmi,
3. Dovresti mettere una giacca più calda,
4. Hanno dovuto pagare una sovrattassa,
5. Sto studiando per l'esame dalle 8 di questa mattina
6. Se non ti impegni di più nello studio
7. Quando parlo con Maurizio mi annoio
8. Il mio amico Andrea era un ottimo calciatore,

a. perché siamo in ottobre e inizia a far freddo.
b. perché continua a ripetermi le stesse cose.
c. e ora ho davvero bisogno di fare una pausa.
d. anche se loro sono sgarbate con te.
e. ma ha dovuto smettere di giocare quando si è fatto male a un ginocchio.
f. quando qualcuno ha suonato alla porta.
g. finirai per essere bocciato all'esame.
h. perché hanno lasciato scadere la bolletta.

2 • **Osserva le vignette e scegli le frasi che le rappresentano.**

a.
1. Luca sta correndo nel parco.
2. Luca sta per correre nel parco.
3. Luca finirà per correre nel parco.

b.
1. Anna smette di aprire la porta.
2. Anna sta aprendo la porta.
3. Anna sta per aprire la porta.

c.
1. Angelo è sul punto di mangiare troppi dolci.
2. Angelo finisce di mangiare troppi dolci.
3. Angelo sta mangiando troppi dolci.

d.
1. Il pittore sta per dipingere la parete di rosso.
2. Il pittore ha appena finito di dipingere la parete di rosso.
3. Il pittore sta dipingendo la parete di rosso.

3 • **Completa le frasi con uno dei verbi fraseologici indicati.**

cominciare a • finire per • stare + gerundio di *camminare* • terminare di • stare per • tentare di • insistere a • fare

1. (io) _____ innervosirmi! Siamo seduti da 10 minuti e il cameriere non è ancora venuto a prendere l'ordinazione.
2. Tutti i pomeriggi alle 16 guardo questo telefilm alla televisione perché mi _____ sempre divertire.
3. Mio figlio _____ voler portare i capelli lunghi, ma secondo me sta meglio con i capelli corti.
4. Ormai (noi) _____ da molte ore. Ti va bene se ci fermiamo un po' a riposare?
5. In gennaio mia sorella _____ frequentare un corso di russo perché deve trasferirsi a Mosca per lavoro.
6. Il dottore gli ha detto molto chiaramente che se non smette subito di fumare _____ ammalarsi.
7. Avete _____ tutti _____ scrivere? Allora posso cancellare la lavagna.
8. Il malvivente _____ scappare, ma il poliziotto l'ha raggiunto e arrestato.

4 Correggi l'errore dov'è necessario.

1. Non spegnere il computer! Devo ancora finire a scaricare un documento.
2. La partita è iniziata da pochi minuti e la mia squadra sta già per vincendo.
3. Lasciamo passare un po' di tempo e vediamo se qualcuno risponde al nostro annuncio.
4. Per curare il tuo mal di schiena prova di andare dal mio fisioterapista.
5. La tua torta finirà a bruciarsi se non la togli subito dal forno.
6. Di solito cominciamo a cenare verso le otto, ma stasera abbiamo cenato più tardi perché prima dovevo fare una telefonata urgente.
7. Se vuoi comprare il pane devi affrettarti perché il fornaio sta sul chiudere.
8. Il medico mi ha prescritto delle analisi del sangue perché in questo periodo continuo di dimagrire.

5 Completa le frasi con un verbo fraseologico.

1. Non ho potuto dormire perché i cani del mio vicino _____ abbaiare tutta la notte.
2. Dopo aver aggiunto la salsa di pomodoro nel ragù bisogna _____ cuocere tutto per almeno un'ora a fuoco basso.
3. Anche se siamo solo in ottobre, nei negozi _____ già _____ vendere i panettoni.
4. Il mio amico Federico _____ lavorare in banca ed è andato a fare il contadino.
5. I genitori di Angela sono molto emozionati perché _____ diventare nonni di due gemelli.
6. Se _____ allontanarti dal sentiero principale per cercare i funghi finirai per perderti nel bosco!
7. _____ cancellando le e-mail dalla mia casella di posta elettronica perché è piena.
8. Dovete _____ imparare il più possibile da questa esperienza perché vi sarà utile nel futuro.

6 Completa il testo con i verbi fraseologici indicati.

iniziare/cominciare a (x 3) • smettere di • stare + gerundio di *aprire* •
stare + gerundio di *cercare* • cercare di • continuare a (x 3) • stare per • finire/terminare di •
lasciare/fare • finire per • stare + gerundio di *seguire* • stare + gerundio di *frequentare*

Ciao Zoe, come stai?
Ho una bellissima notizia da darti: **a.** _____ trasferirmi a Londra! Il negozio di abbigliamento per cui lavoro **b.** _____ un nuovo punto vendita a Camden e mi è stato proposto di fare la direttrice.
Nelle prossime settimane **c.** _____ arredare i locali e io **d.** _____ lavorare in primavera, con le nuove proposte di abbigliamento per l'estate.
Sono molto felice di questo cambiamento, anche perché **e.** _____ fare lo stesso lavoro che faccio qui e che so già fare bene. Pensa che mi **f.** _____ anche assumere i miei collaboratori e le mie collaboratrici, così potrò lavorare con persone che io stessa ho scelto.
Sai che amo Londra e ho sempre desiderato viverci, e per questo negli anni passati
g. _____ trovare lavoro tramite diverse agenzie, ma senza risultato. Così
h. _____ perdere le speranze e quando ormai **i.** _____ pensarci, si è presentata questa bella opportunità.
In questi giorni è tutto molto frenetico, perché di giorno **l.** _____ un corso di formazione e alla sera **m.** _____ frequentare a un corso intensivo di inglese per perfezionare la lingua.
Di notte, invece, sono troppo nervosa per dormire perché **n.** _____ pensare a come sarà il mio futuro! Poi ci sono tante cose pratiche a cui devo pensare. Per cominciare **o.** _____ qualcuno di affidabile che può affittare il mio appartamento. E poi **p.** _____ prendere contatti per affittare un appartamento vicino al lavoro, anche se i primi giorni starò in albergo.
Ma dimmi un po' di te... Come vanno i tuoi studi? **q.** _____ qualche corso interessante?
E **r.** _____ uscire con quel ragazzo francese? Aspetto tue notizie.

Un abbraccio
Anna

34 CI E NE

1 • **Abbina le domande alle risposte.**

1. Chi mi aiuta a caricare la batteria della macchina?
2. Che caldo! Puoi accendere l'aria condizionata per favore?
3. Sei sicuro di poter viaggiare sei ore senza fare pause?
4. Ti ricordi quando siamo andati in vacanza in Sicilia?
5. Devo aiutarti a spostare i mobili da una camera all'altra?
6. Sai che Anna e Luigi si sposano sabato prossimo?
7. Pensi che Angelo riuscirà a laurearsi l'anno prossimo?
8. Hai visto la partita dell'Italia contro la Germania ieri sera?
9. Avete finito di arredare il vostro appartamento al mare?
10. Sai che John ha superato l'esame C1 di italiano?

a. Ne sono certo. Se bevo un paio di caffè posso viaggiare tutta la notte.
b. Ne sono proprio felice, anche perché stanno insieme da tanti anni.
c. Ne dubito. Gli mancano ancora tantissimi esami.
d. Mi faresti un grande favore perché da solo non ci riesco. Sono troppo pesanti.
e. Non ancora. Dobbiamo portarci il letto e il tavolo della cucina.
f. Ci penso io. Ho qui la mia macchina con i cavi.
g. Non parlarmene. Sono ancora così arrabbiato!
h. Ma dai! In casa non ci saranno nemmeno 25 gradi.
i. Non ci credo! L'anno scorso non riusciva a capire una parola di quello che dicevo.
j. Me ne ricordo poco. Ero così piccolo!

2 • **Completa le frasi con *ci* o *ne*.**

1. - Sei mai andato in Patagonia? - No, ma _ci_ andrei volentieri.
2. - Sai già quando andrai in pensione? - Che _ne_ so! Qui le cose cambiano sempre.
3. Franco dice a tutti di amare Lara, ma lei non _ci_ crede.
4. Per preparare dei buoni tortellini _ci_ vuole il formaggio migliore.
5. Mi piacerebbe organizzare una festa di primavera. Che _ne_ dici? Ti sembra una buona idea?
6. Stiamo camminando da tre ore e non siamo ancora arrivati. Non _ne_ posso più.
7. Luisa vorrebbe cambiare lavoro ma è una decisione difficile. _Ne_ deve riflettere un po'.
8. Mio nipote ha sempre dei bellissimi voti a scuola. _Ne_ sono orgoglioso.
9. Come sarebbe bello vivere in un mondo senza guerre! Tu non _ci_ pensi mai?
10. Alessandro è andato in Inghilterra cinque mesi e _ne_ è appena tornato.

3 •• **Completa le frasi con uno dei verbi indicati.**

dimenticarsene • parlarne • volerci (x 2) • esserne sicuro • contarci • riuscirci • averci • venirci • tornarci

1. Ho cercato di riparare la mia moto ma non _ci sono riuscito_.
2. L'anno scorso siamo stati a Creta e quest'anno _ci torneremmo_ volentieri, ma non possiamo.
3. Dobbiamo risolvere un problema urgente, ma oggi è troppo tardi. _____ domani.
4. Il mese prossimo partiamo per la Croazia. Perché (voi) non _ci venite_ a trovare?
5. Per comprare quell'appartamento _ci vogliono_ almeno 200 000 euro.
6. Elisa doveva comprare il pane per la cena, ma _se ne è dimenticata_ e adesso siamo senza.
7. Guarda che cielo nero! Tra poco viene un temporale, (io) _____ .
8. Per camminare in montagna _ci vogliono_ scarpe da trekking molto robuste.
9. - Hai ancora la vespa che avevi da ragazzo? - Sì, _____ l'_____ in garage.
10. Domani sera vi aspetto tutti alla mia festa di compleanno. (io) _____ .

4. Trasforma le parole in corsivo usando *ci* o *ne*, come nell'esempio.

Es. Ci sono dei problemi tra i miei colleghi di lavoro. Domani parliamo *di questo* in una riunione.
Ci sono dei problemi tra i miei colleghi di lavoro. Domani ne parliamo in una riunione.

1. Quando vai in Francia? Vado *là* tra una settimana.
2. Quanto tempo siete rimati a Stoccarda? Siamo rimasti *in quella città* cinque anni.
3. Ho avuto una pesante discussione con Paolo e ho pensato *a questo* tutta la notte.
4. Mio figlio ha imparato ad andare in bicicletta e io sono molto felice *di questo*.
5. Per finire la costruzione di questo ponte *sono necessari* ancora due anni.
6. Il dottore dice che Laura è completamente guarita, ma io non credo ancora *a questo*.
7. Ieri sera abbiamo visto un bellissimo concerto e oggi abbiamo parlato *di questo* tutto il giorno.

5. Correggi l'errore dov'è necessario.

1. Per guidare un'auto di Formula 1 ci vuole molta concentrazione.
2. Finalmente Sergio si è laureato. Ci sono così contento!
3. Da Milano a Bologna in auto ne vogliono circa due ore.
4. - Chi telefona a Mario per dirgli che la riunione è rimandata? - Ne penso io.
5. Cristina ha trascorso una settimana a Roma e c'è stata veramente bene.
6. Non riesco a prendere questa decisione da solo. Vorrei discuterci con la mia collega.
7. Dopo aver litigato con Alberto, Raffaella ha chiuso la porta e se n'è andata.
8. Quando Andrea ti dà la sua parola, la mantiene sempre. Fidateci!
9. - Sei mai stato in Sardegna? - Sì, ne sono andato in traghetto qualche anno fa.
10. Sai che Riccardo ha deciso di andare a vivere in Norvegia? Non ne posso credere!

6. Forma le domande a partire dalle risposte.

1. _____. Ci vado lunedì prossimo.
2. _____. Scusa, ma me ne sono dimenticato.
3. _____. Ci puoi credere!
4. _____. Se ne sono andati l'anno scorso.
5. _____. Puoi esserne felice!
6. _____. Ci pensa Laura.
7. _____. Non me ne importa niente.
8. _____. Me ne ricordo benissimo!
9. _____. Non contarci, perché è una persona inaffidabile.
10. _____. Me ne ha parlato due giorni fa mia moglie.

7. Rispondi alle domande con *ci* e *ne*.

1. Vai spesso in discoteca?
2. Hai telefonato a Giuseppe per dirgli di venire in ufficio domattina?
3. Possiamo contare sul vostro aiuto per finire questo lavoro?
4. Hai già parlato con tua moglie del vostro viaggio in aereo?
5. Hai pensato alle parole che ti ho detto ieri sera?
6. Hai una penna da prestarmi?
7. Sei sicuro di volere prendere il tram per andare in centro?
8. Mi credi quando ti dico che l'incidente in scooter non è stata colpa mia?
9. Signor Bandini, vorrebbe venire a lavorare nel mio ufficio?
10. Ti ricordi di portarmi il libro di grammatica domani a lezione?

35 IL *NE* PARTITIVO

1 • **Abbina le domande alle risposte.**

1. Se vai in macelleria, mi compri delle bistecche di manzo, per favore?
2. Quanti anni ha tuo cugino?
3. Vado in pasticceria. Qualcuno vuole delle paste?
4. Nel negozio di abbigliamento di via Pini ci sono le magliette in saldo.
5. Hai ancora del succo di frutta in frigo?
6. Ti piacciono i libri di Erri De Luca?
7. C'è una farmacia in questo quartiere?
8. Bisogna andare in panetteria perché è finito il pane.

a. Me ne prendi due al cioccolato e due alla crema, per favore?
b. Mi dispiace, l'ho finito poco fa. Fa così caldo oggi!
c. Certo. Quante ne vuoi?
d. Ce ne sono due: una in via Mazzini e un'altra in via Garibaldi.
e. Sì. Li ho letti quasi tutti.
f. Ma no, ce n'è ancora un chilo in frigo.
g. Ne ha 35.
h. Allora vado subito: me ne servono due bianche e una blu.

2 • **Scegli la forma corretta e completa le frasi.**

1. - Quanti libri leggi al mese? - _____ leggo almeno due. (ne, li, le)
2. - Hai ancora del pane? - Mi dispiace, _____ ho finito tutto. (lo, l', ne)
3. - Vuoi ancora degli spaghetti? - No grazie, non _____ voglio più. (le, ne, la)
4. I medici consigliano di bere molta acqua, infatti io _____ bevo due litri al giorno. (la, li, ne)
5. Ho portato le mie scarpe dal calzolaio per una riparazione, ma non _____ ha ancora finite. (li, ne, le)
6. In salumeria c'era del prosciutto molto bello. _____ avrei mangiate subito due fette. (ne, le, la)
7. Anna è andata dal fiorista per prendere delle rose, ma non ce _____ era più nessuna. (l', le, n')
8. Il fruttivendolo non aveva molta frutta fresca, allora _____ ho comprata poca. (la, ne, le)

3 • **Completa le frasi con *ne* o con *lo/la/li/le*.**

1. - In casa vostra mangiate molta pasta? - No, in realtà _____ mangiamo proprio poca.
2. - Ci sono ancora dei pennarelli per la lavagna? - Purtroppo _____ ho dati tutti alle tue colleghe.
3. - Quando esci, mi compreresti due penne? - Va bene. Ma come _____ vuoi, blu o nere?
4. Sto aspettando il mio collega da un'ora, ma è in ritardo come sempre. Non _____ posso più.
5. - Sai che ho visto la tua ex moglie con il suo fidanzato? - Non mi interessa, non _____ voglio sapere niente.
6. In estate la frutta fa bene, ma bisogna tener_____ in frigorifero a causa del caldo.
7. Ottima questa pizza ai quattro formaggi! _____ vuoi un po'?
8. Anche questo risotto è molto buono. _____ vuoi assaggiare?

4 •• **Rispondi alle domande con il *ne* o con *lo/la/li/le*, come nell'esempio.**

Es. - Quanti soldi spendi per affittare l'appartamento al mare? - <u>Ne spendo</u> pochi.

1. - Quanto pane mangi alla settimana? - _____ molto, circa due chili.
2. - Quanti studenti ucraini hai nel tuo corso di livello A2? - _____ cinque.
3. - Quante bottiglie d'acqua bevi al giorno? - _____ almeno due.
4. - Quanti professori di questa scuola conosci? - _____ tutti.
5. - Quanta pasta mangi alla settimana? - _____ poca.
6. - Quante canzoni di questo CD ascolti? - _____ tutte.
7. - Quanto burro usi per condire gli spaghetti? - _____ poco.
8. - Quanto formaggio hai usato ieri sera per cucinare? - _____ tutto.
9. - Quanti film di Kubrick hai visto? - _____ molti.
10. - Quanta neve è caduta questa notte? - _____ tantissima.

35 IL NE PARTITIVO

5 •• Osserva la scrivania di Luigi e rispondi alle domande, come nell'esempio.

Es. Quanti libri ci sono sulla scrivania? _Ce ne sono tre._

1. Quante penne ci sono sulla scrivania? ....
2. Quanti quaderni ci sono sulla scrivania? ....
3. Quanti cellulari ci sono sulla scrivania? ....
4. Quante tastiere ci sono sulla scrivania? ....
5. Quante gomme ci sono sulla scrivania? ....
6. Quante casse ci sono sulla scrivania? ....
7. Quanti pennarelli ci sono sulla scrivania? ....

6 •• Trasforma al passato le frasi dell'esercizio 4, come nell'esempio.

Es. - Quanti soldi <u>hai speso</u> per affittare l'appartamento al mare? - <u>Ne ho spesi</u> pochi.

1. - Quanto pane .... la settimana scorsa?
   - .... molto, circa due chili.
2. - Quanti studenti ucraini .... nel tuo corso di livello A2 che hai appena finito?
   - .... cinque.
3. - Quante bottiglie d'acqua .... ieri?
   - .... almeno due.
4. - Quanti professori di questa scuola .... l'anno scorso?
   - .... tutti.
5. - Quanta pasta .... la scorsa settimana?
   - .... poca.
6. - Quante canzoni .... di questo CD?
   - .... tutte.
7. - Quanto burro .... per condire gli spaghetti?
   - .... poco.

7 •• Correggi l'errore dov'è necessario.

1. - Hai guardato la partita ieri sera? - Sì, ne ho vista dall'inizio alla fine.
2. - Mi hanno detto che hai scritto dei libri di cucina! - È vero, li ho scritti quattro.
3. Mi piacciono i film, li ho visti molti. Mentre di telefilm non ne guardo nessuno.
4. - È caduta molta pioggia questa notte? - Sì, ne è caduta tanta: la strada è ancora bagnata.
5. - Quante uova hai mangiato la settimana scorsa? - Le ho mangiate due.
6. Avevo un chilo di ciliegie e adesso non ce ne sono più. Ma come ho fatto a finirne tutte?
7. - Vado dal giornalaio a comprare il giornale. - No, aspetta, l'ho già preso io.
8. Ti ho mandato dieci sms e tu non me li hai scritto nessuno. Perché non mi rispondi?

ESERCIZI E GIOCHI SU iW IMPARO SUL WEB

36 I PRONOMI COMPOSTI

1 • **Scegli il pronome composto corretto e completa le frasi.**

1. - Chi mi presta una matita? - _Te la_ presto io. (me la, te la, me lo)
2. - Quando accompagni i tuoi figli in vacanza? - _Ce li_ accompagno lunedì. (glieli, ce li, gliele)
3. - Chi ti ha prestato la macchina? - _Me l'_ ha prestata Angelica. (ce l', me l', te l')
4. - Chi vi ha detto di non venire alla riunione? - _Ce l'_ ha detto il direttore. (me l', ve l', ce l')
5. - Scusi, ci ha dato lei la multa per divieto di sosta? - No, _____ ha data il mio collega. (ce l', ve l', te l')
6. Ho dimenticato l'accappatoio in camera. _____ vai a prendere tu, per favore? (te lo, me la, me lo)
7. Andrea ci aspetta a casa sua con le pizze. Chi _____ porta? (te le, gliele, ce le)
8. - Quando ci porti i DVD che ti abbiamo prestato? - _____ porto sabato sera. (ve li, ce le, ve le)

2 • **Completa le frasi con i pronomi composti indicati.**

te l' • ce la • ce ne • ve le • me li • glielo • te le • me lo

1. Avete bisogno delle cuffie che mi avete prestato? _Ve le_ posso riportare domani.
2. Non ho capito bene l'uso dei pronomi composti. _Me lo_ potrebbe rispiegare, professore?
3. Non conosciamo la tua opinione riguardo a questo problema. _Ce la_ puoi dire, per favore?
4. - Non ricordo chi mi ha regalato questo libro. - _Te l'_ ha regalato Sergio per il tuo compleanno.
5. - Chi dice a Maria che non ha superato l'esame? - _Glielo_ dice la sua amica Elena.
6. - Quanta carne vi serve per la grigliata di stasera? _Ce ne_ servono almeno tre chili.
7. Che begli orecchini, mi piacciono molto. _Me li_ presti per la festa di domani?
8. Queste informazioni sono molto riservate. Chi (a te) _te le_ ha date?

3 •• **Correggi l'errore dov'è necessario.**

1. - Perché bevi tanta acqua? - Ve l'ha consigliato il mio dottore. _____
2. In frigo non c'è più formaggio. Hai voglia di andarmelo a prendere 300 grammi? _____
3. Elisa deve fare una telefonata importante domattina. Forse è meglio se ce lo ricordo ancora. _____
4. Come fate a sapere che Cristian si è separato? Ma chi ve lo ha detto? _____
5. Alberto ha cambiato lavoro. Ce ne ha parlato proprio ieri sera. _____
6. Se non conoscete la storia di questo libro ce la racconto io. _____
7. Andrea sta proprio esagerando con le sigarette. Diccelo anche tu, per favore! _____
8. La tua macchina sembra nuova. Chi ve l'ha riparata? _____

4 •• **Completa le frasi con un pronome composto.**

1. Vuoi davvero uno smartphone per il tuo compleanno? Allora penso che _te lo_ regalerò io.
2. - Che bei CD ci hai fatto ascoltare! - Se volete _ve li_ presto, però _me li_ restituite la settimana prossima.
3. Ti piacciono queste lasagne? (a noi) _Ce le_ ha cucinate nostra madre.
4. - Antonio ha fatto un esame perfetto. Ma come ha fatto? - _Gliel'_ ha fatto copiare tutto Teresa!
5. Devo dire a Daniela che Rita è ammalata, ma non ho il suo numero. _Glielo_ puoi dire tu, per favore?
6. Non ho più matite. _Me ne_ presti una delle tue, per favore?
7. - Perché avete deciso di comprare quell'auto? - _Ce l'_ ha consigliato un nostro amico.
8. Luisa e Camilla hanno lasciato i loro libri a scuola. Chi _glieli_ riporta a casa?

5 • **Rispondi alle domande.**

1. - Chi ti manda venti sms al giorno? - _Me li manda_ il mio ragazzo.
2. - Chi mi offre un caffè? Ho dimenticato il portafoglio a casa. - _Te lo offriamo_ noi.
3. - Ci avete lasciato voi tutti quei messaggi nella segreteria telefonica? - No, _____ Anna.

4. - Perché sei arrivato con un'ora di anticipo? - _ME L'HA DETTO/CHIESTO_ il mio collega.
5. - Chi ha prestato i soldi ai tuoi cugini? - _Glieli ha prestati_ mio zio.
6. Nostra figlia vuole che le leggiamo una favola prima di addormentarsi. Stasera non ho tempo. _Gliela puoi leggere_ tu, per favore.
7. - Chi vi ha preparato il buffet per la vostra festa? - _Ce l'ha preparato_ un servizio di catering di Bologna.
8. - Chi ha regalato queste orchidee ai tuoi genitori? - _Gliele ha regalate_ mia sorella.

6 Forma le domande a partire dalle risposte.
1. - _Chi ti ha preso quegli occhiali?_ - Me li ha presi mio fratello.
2. - _Chi ha prestato una penna a Daniele?_ - Gliel'ha prestato Luigi.
3. - _Chi ha lavato la macchina?_ - Te l'ha lavata tuo marito.
4. - _Chi ci porta/accompagna alla stazione?_ - Vi ci porto io.
5. - _Perché non dici a Carmelo che lo ami ancora?_ - No, deve dirmelo prima lui.
6. - _Chi ti ha detto che Alida ha cambiato scuola?_ - Me ne ha parlato ieri Antonio.
7. - _Che belle scarpe, dove le hai prese?_ - Me le ha regalate mia cognata.
8. - _Chi vi ha detto di prendere i fiori di Bach?_ - Ce l'ha consigliato il nostro farmacista.

7 Osserva le immagini e scrivi le domande e le risposte usando il verbo *prestare*, come nell'esempio.

Luigi

Es. - _Chi presta il libro a Luigi?_
(io) - _Glielo presto io._

Paola

1. _____
(noi) _____

Sandro e Vittorio

2. _____
(Anna) _____

Sofia

3. _____
(tu) _____

Sonia e Lucia

4. _____
(Aldo e Mario) _____

8 Trasforma al passato le domande e le risposte dell'esercizio 7.

Es. - _Chi ha prestato il libro a Luigi?_ - _Gliel'ho prestato io._

1. _____
2. _____
3. _____
4. _____

37 IL PASSATO REMOTO

1 • **Sottolinea la forma corretta del verbo.**

1. (io) *Andò/Andai/Andè* a studiare in Germania nel 1998.
2. Da bambino Paolo *avette/ebbi/ebbe* la febbre a 40 per una settimana.
3. Quando Anna e Isa *telefonettero/telefonerono/telefonarono* a Luisa, lei era già uscita di casa.
4. Mentre studiavamo in biblioteca, il professore *venne/venni/veniste* a dirci che il corso era sospeso.
5. Ricordo che tu e Andrea vi *innamoreste/innamoraste/innamoriste* già dal primo sguardo.
6. Tina *nascette/nacquì/nacque* in una famiglia molto povera.
7. Quando ero all'ospedale dopo l'incidente, (tu) mi *fui/fosti/foste* molto vicino.
8. Non appena *inizio/inizià/iniziò* a piovere, ci riparammo dentro casa.

2 • **Scrivi la prima persona singolare al passato remoto dei verbi indicati e scopri cosa c'è scritto nella parte evidenziata.**

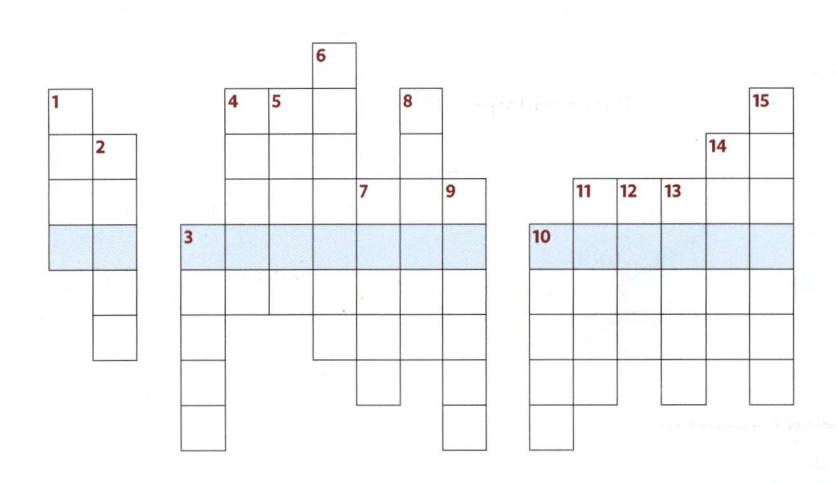

1. fare
2. pulire
3. prendere
4. andare
5. perdere
6. scrivere
7. cadere
8. stare
9. dormire
10. rompere
11. tenere
12. amare
13. volere
14. potere
15. conoscere

3 • **Trasforma le frasi al passato remoto.**

1. Maria va a prendere il sole ogni fine settimana.
   L'estate scorsa *andò a prendere il sole ogni fine settimana per due mesi*.
2. Quando Aldo e Isa mi parlano, non sono sinceri con me.
   _mi_____.
3. Lavoro dieci ore al giorno per poter consegnare tutto in tempo.
   L'anno scorso, in marzo, *lavorai*_____.
4. Perché vendete quella vostra bellissima casa al mare?
   Perché, cinque anni fa, *vendeste*_____?
5. In giugno Enrico sta una settimana in tenda al mare in Liguria.
   Qualche anno fa _____.
6. Anna fa uno stage di tre mesi in una scuola di italiano per stranieri.
   Cinque anni fa _____.
7. L'anno prossimo partecipo a un bando per una borsa di studio in Francia.
   Dieci anni fa _____.
8. Gianni corre a casa a chiudere le finestre perché sta per arrivare un temporale.
   _____ perché stava per arrivare un temporale.

37 IL PASSATO REMOTO

4 ● Abbina le due colonne, forma delle frasi e metti i verbi al passato remoto.

1. Quando (io) (andare) _____ a Roma
2. Dopo aver fatto tutti quei chilometri, i due ciclisti erano molto stanchi,
3. Quanto (tu) (parlare) _____ per ore del tuo viaggio,
4. Quando (noi) (trascorrere) _____ le nostre vacanze a Creta,
5. Perché non mi (tu) (venire) _____ a trovare durante le ferie?
6. Cinque anni fa (io) (prestare) _____ dei soldi a Enzo, per aiutarlo a superare un momento difficile,
7. Quando da giovani lavoravate in Francia,
8. Anna (dare) _____ una spinta a Franco

a. i nostri amici (addormentarsi) _____ dalla noia.
b. ma (tenere) _____ duro fino alla fine e (arrivare) _____ al traguardo.
c. (visitare) _____ i Musei Vaticani e il Colosseo.
d. Avremmo trascorso dei bei momenti insieme.
e. ogni sera guardavamo il tramonto sul mare.
f. (riuscire) _____ a risparmiare tanti soldi e (comprare) _____ un appartamento in Italia.
g. ma lui non me li ha ancora restituiti.
h. e lui (cadere) _____ a terra, senza però farsi male.

5 ● Scegli il verbo e completa le frasi con il passato remoto.

1. Sandro (conoscere/parlare/innamorarsi) _____ la sua futura moglie a un concerto rock.
2. L'inverno scorso (io) (colpire/essere/prendere) _____ il raffreddore perché (uscire) _____ di sera senza cappotto.
3. Quando i cani (vedere) _____ il loro padrone, gli (correre) _____ incontro felici.
4. Il dentista mi (passare/curare/fare) _____ il mal di denti con degli antibiotici.
5. Negli anni passati (noi) (vivere/prendere/avere) _____ per un certo periodo in Spagna.
6. L'anno scorso il ristorante di mio cugino (avere/essere/stare) _____ il migliore della città.
7. Quando (avere/fare/diventare) _____ maggiorenne, Pietro (andare/stare/abitare) _____ a studiare tedesco a Heidelberg.
8. Non ricordo più le cose di cui (tu) mi (sentire/parlare/dire) _____ l'estate scorsa.

6 ● Completa le frasi con uno dei verbi indicati al passato remoto.

tenere • perdere • ascoltare • finire • fare • ridere • conoscere • avere • tornare • vedere

1. Tre anni fa (io) _____ un bellissimo concerto di musica classica all'Arena di Verona.
2. Il professore _____ una conferenza sul mal di schiena e i problemi al collo.
3. Ricordi ancora quando (tu) _____ i tuoi compagni di università?
4. Un'estate, da ragazzi, (noi) _____ i soldi durante la vacanza e _____ a casa cinque giorni prima.
5. Non potrò mai dimenticare quando l'Inter _____ la partita decisiva del campionato di serie A a Roma contro la Lazio.
6. Secondo me (voi) _____ bene a non accettare quel tipo di lavoro.
7. Giuseppe e Fabrizio _____ molto quando _____ Il senso della vita dei Monty Pithon.
8. Dopo aver mangiato tutto quel pesce fritto, Sandra _____ il mal di stomaco tutta la notte.

91

37 IL PASSATO REMOTO

7 **Completa le frasi con uno dei verbi indicati al passato remoto.**

fermarsi • andare • tagliarsi • trovare • bere • scrivere • durare • rimanere • conoscere • essere

1. Due estati fa era così caldo che Paolo _____ i capelli a zero.
2. Dopo aver camminato per ore sotto il sole, Mauro _____ in un bar e _____ un litro di acqua fresca.
3. L'inverno scorso (noi) _____ in montagna per una settimana ma _____ quasi sempre in hotel perché nevicava troppo.
4. Anche se il concerto _____ più di tre ore, alla fine gli spettatori avevano ancora voglia di ascoltare della buona musica.
5. Il 2006 _____ un anno speciale per Antonio: _____ un nuovo lavoro e poco dopo _____ la sua attuale fidanzata.
6. Alcuni anni fa tu e Alessio mi _____ una lettera così bella che ancora mi commuovo a pensarci.

8 **Crea delle frasi. Coniuga al passato remoto i verbi in corsivo.**

1. 12 / quando / Alberto / aveva / un / in / gamba / incidente / una / *rompersi* / anni
2. Seconda / quando / lavorava / mondiale / mio / guerra / nonno / *scoppiare* / contadino / come / la
3. Modou / a / in / Mohamed / e / vivere / fa / Italia / dieci / *venire* / anni
4. causa / l' / problemi / a / abbandonare / (voi) *dovere* / economici / laurea / di / della / prima / università
5. io / studiare / e / *essere* / a / ad / a / Marco / studenti / primi / i / Erlangen / andare
6. *subire* / a / Luigi / gola / operazione / 17 / alla / anni / un'
7. miei / *fare* / i / degli / *sapere* / studenti / esami / degli / quando / risultato / festa / una / il
8. libro / *suonare* / leggevo / il / un / mentre / improvvisamente / telefono

9 **Correggi l'errore dov'è necessario.**

1. Ero così stanco che mi fermai in un autogrill, spensi il motore e mi addormentò subito.
2. L'estate scorsa (noi) raccoglieremo molta frutta dalle piante del nostro giardino.
3. Lara pensò di aver studiato molto per l'esame, ma quando il professore la interrogà, lei non rispose a nessuna domanda.
4. Maria e Angela presero il sole per cinque ore e alla fine si scottarono la pelle.
5. Quando ero bambino, molte favole finivano con la frase: "E vissero tutti felici e contenti".
6. Per anni Giorgio facette un lavoro che non gli piaceva, poi trovò il coraggio di cambiare.
7. Il tenore cantì per due ore consecutive senza mai stonare una nota.
8. Quando Giacomo andò via, nessuno si accorsero della sua partenza.

10 •• **Rispondi alle domande usando il passato remoto.**

1. Quando partisti per la Nuova Zelanda?
2. Cosa fecero Isa e Anna dopo la laurea?
3. Chi venne due anni fa al tuo matrimonio?
4. Perché lasciasti il lavoro in banca?
5. Quando conoscesti tua moglie?
6. Come fece Andrea a guadagnare tanti soldi?

11 •• **Forma le domande a partire dalle risposte usando il passato remoto.**

1. - _____ ? - Nel 2006.
2. - _____ ? - Andai a lavorare in Francia.
3. - _____ ? - Studiarono molto.
4. - _____ ? - Il 21 aprile 1957.
5. - _____ ? - Presi l'aereo il giorno dopo.
6. - _____ ? - Scrivemmo una lettera a Luca.
7. - _____ ? - Divenne professore di inglese.
8. - _____ ? - Fecero il giro dell'Europa in treno.

12 •• **Completa le frasi usando il passato remoto.**

1. Mentre Francesco camminava per la strada, _____ .
2. Quando Luca andò in Tanzania come medico volontario, _____ .
3. Durante le Olimpiadi gli atleti _____ .
4. Mentre voi leggevate un libro in spiaggia, _____ .
5. La macchina si fermò improvvisamente e noi _____ .
6. L'anno scorso ci fu lo sciopero degli autobus e voi _____ .
7. Quando cominciai a insegnare a scuola _____ .
8. I bambini stavano giocando nel parco, quando improvvisamente _____ .

13 •• **Racconta un episodio della tua infanzia (adolescenza o giovinezza), usando il passato remoto dov'è necessario.**

37 IL PASSATO REMOTO

38 IMPERFETTO O PASSATO PROSSIMO/PASSATO REMOTO

1 • **Scegli il verbo giusto.**

1. Sara *conobbe/conosceva* Enrico quando lavorava in banca.
2. L'idraulico *arrivò/arrivava* a casa nostra mentre stavamo facendo colazione.
3. In ottobre *avete preparato/preparavate* l'esame di anatomia, avete superato l'esame in dicembre e a capodanno avete fatto una grande festa con gli amici.
4. Durante il nostro viaggio in autostrada *ci fermavamo/ci siamo fermati* molte volte all'autogrill e siamo così arrivati in ritardo.
5. Mentre *ho finito/finivo* di scrivere un testo al computer, Andrea preparava la cena.
6. - Che cosa *facevi/hai fatto* ieri? - Al pomeriggio ho studiato un poco italiano, poi *sono andato/andavo* in palestra e infine sono tornato a casa per la cena.
7. Mi hanno rubato il cellulare in treno mentre *ho dormito/dormivo*.
8. Quando Gianni e Lucia *arrivarono/arrivavano* a casa di Franco, molti ospiti erano già andati a casa.

2 • **Completa le frasi con i verbi all'imperfetto, al passato prossimo o al passato remoto.**

1. Mentre l'ambulanza (*portare*) _____ Aldo all'ospedale, i suoi amici la (*seguire*) _____ in auto.
2. Il chirurgo (*operare*) _____ il paziente, poi gli infermieri lo (*accompagnare*) _____ di nuovo nella sua stanza.
3. Quando Marta e Tiziano (*comprare*) _____ l'appartamento nuovo, il loro figlio (*frequentare*) _____ l'ultimo anno di liceo.
4. Ieri (io) (*andare*) _____ a lavorare a piedi perché la mia macchina (*essere*) _____ rotta.
5. Mentre Alberto e Cristian (*guardare*) _____ la televisione, la loro madre (*scrivere*) _____ e-mail al computer e il padre (*leggere*) _____ un libro.
6. Prima di venire ad abitare in Italia, Richard (*vivere*) _____ per molti anni in Belgio, dove (*lavorare*) _____ come cameriere.
7. Ricordo ancora che quando (voi) (*fare*) _____ l'incidente in auto, l'ambulanza (*arrivare*) _____ con molto ritardo.
8. La settimana scorsa (*fare*) _____ le analisi del sangue e ieri (*portare*) _____ gli esiti al mio medico.

3 • **Abbina le due colonne, forma delle frasi e metti i verbi all'imperfetto, al passato prossimo o al passato remoto.**

1. Nel periodo in cui (noi) (*frequentare*) _____ l'università
2. Francesca (*lavarsi*) _____ i denti
3. Non appena il medico (*vedere*) _____ la radiografia,
4. Mentre Sandro e Anna (*correre*) _____ nel parco,
5. Quando l'Italia (*vincere*) _____ il campionato del mondo di calcio
6. Mio figlio (*ritornare*) _____ dalla festa di compleanno
7. Cosa (tu) (*fare*) _____ ieri sera
8. La batteria del mio cellulare (*scaricarsi*) _____

a. (io) (*studiare*) _____ ancora all'università.
b. e (*andare*) _____ subito a dormire.
c. (*andare*) _____ spesso a studiare in biblioteca.
d. proprio mentre (*parlare*) _____ con il mio direttore.
e. (loro) (*incontrare*) _____ Daniela che (*passeggiare*) _____ con il suo cane.
f. (*fare*) _____ subito portare il paziente il sala operatoria.
g. quando ti (io) (*telefonare*) _____ ?
h. e contemporaneamente (*pulire*) _____ il lavandino.

4 Correggi l'errore dov'è necessario.

1. Mentre guardavo la televisione, mi telefonava mio cugino da Milano.
2. Quando arrivavamo a casa, trovammo l'appartamento svaligiato dai ladri.
3. Quanti anni avevi quando hai cominciato a lavorare come avvocato?
4. Mio padre andava in pensione quando aveva 65 anni.
5. Mentre trasportava il paziente, l'infermiere faceva cadere la barella.
6. La settimana scorsa ho letto un libro che mi è piaciuto molto.
7. - Che cosa avete fatto ieri? - Prima siamo andati a lavorare, poi ci allenavamo in palestra.
8. - Eri qualche volta in Irlanda? - Sì, quattro anni fa.

5 Completa le frasi con uno dei verbi indicati.

diventare • fare • collaborare • chiudersi • esserci • offrire • perdere • uscire • trascorrere • riuscire • sapere • scoppiare • essere (x 2) • abbaiare • stare

1. Mentre Sandro e Camilla _____ colazione sul balcone, _____ un temporale.
2. I muratori non _____ a finire il lavoro perché _____ buio troppo presto.
3. Ieri sera (noi) _____ dal cinema perché il film _____ molto noioso.
4. Tanti anni fa Paolo e Francesca _____ un mese di vacanza su un'isola quasi deserta. _____ un'esperienza bellissima.
5. I cani di Vittorio _____ tutta la notte. Forse _____ qualche animale nel cortile.
6. (io) _____ il portafoglio prima di entrare al ristorante, ma non me ne sono accorto e all'uscita non _____ come pagare.
7. Il cancello automatico _____ proprio quando Roberto _____ uscendo con la sua auto.
8. Il direttore nel suo ultimo giorno di lavoro _____ un pranzo a tutte le persone che _____ con lui.

6 Osserva le immagini e forma delle frasi.

Es. Luigi - postino
Mentre Luigi puliva la casa, è arrivato il postino e gli ha dato una lettera.

1. io - mia moglie con un amico

2. noi - mio fratello

3. Anna e Paolo

7 Scrivi una breve storia con le parole indicate, usando l'imperfetto e il passato prossimo o remoto.

Michelle • Hans • stazione • aeroporto • estate • Firenze • scuola di lingua italiana • discoteca • ristorante • spiaggia • amore • Parigi in inverno

39 IL FUTURO ANTERIORE

1 • **Futuro semplice o futuro anteriore? Scegli il verbo corretto.**

1. Oggi devo rimanere a casa ma, non appena il meccanico mi *riparerà/avrà riparato* la macchina, potrò partire per Bologna.
2. Che cosa *penseranno/avranno pensato* i tuoi genitori quando hai deciso di lasciare l'università?
3. Se finisco di lavorare presto, *verrò/sarò venuto* a casa tua a guardare un film in DVD.
4. *Potrai/Sarai potuto* andare a prendere le medicine solo dopo che il medico ti avrà scritto la ricetta.
5. Lo sciroppo per la tosse non mi ha fatto niente. *Prenderò/Avrò preso* la polmonite?
6. *Lavoreremo/Avremo lavorato* nella nuova azienda non appena ci avranno preparato il contratto.
7. Stamattina Angelo era in forma perfetta. *Correrà/Avrà corso* almeno due ore senza pause.
8. Sono passato dall'ufficio di Andrea, ma lui non c'era. *Resterà/Sarà rimasto* a letto come al solito!

2 • **Completa le frasi con un verbo al futuro semplice e uno al futuro anteriore.**

1. (io) (concedersi) _mi concederò_ una settimana di vacanza, quando (superare) _avrò superato_ l'esame.
2. Quanto tempo (volerci) _ci vorrà_ prima di arrivare sulla cima di questa montagna? Non lo so. Lo (noi) (sapere) _sapremo_ solamente dopo che ci (noi) (arrivare) _saremo arrivati_.
3. Francesca dice che (venire) _verrà_ a prendere un aperitivo, non appena (finire) _avrà finito_ di fare le pulizie.
4. Quest'estate (noi) (stare) _staremo_ bene in casa, dopo che (fare) _avremo fatto_ riparare l'aria condizionata.
5. Non appena (voi) (laurearsi) _vi sarete laureati_, (potere) _potrete_ cercare un lavoro interessante.
6. Paola mi ha detto che quando (leggere) _avrà letto_ tutto il libro, me lo (prestare) _presterà_ perché è molto interessante.
7. Il dottor Alfieri (iniziare) _inizierà_ le visite a domicilio, non appena (visitare) _avrà visitato_ tutti i pazienti in ambulatorio.
8. Dopo che gli operai del Comune (riparare) _avranno riparato_ la strada, Maurizio e Giovanna (trascorrere) _trascorreranno_ un altro fine settimana nella loro casa di montagna.

3 • **Completa le frasi con uno dei verbi indicati al futuro semplice o al futuro anteriore.**

prendere • telefonare • riuscire • vedere • dipingere • ritornare • comprare • essere

1. (tu) _Riuscirai_ a preparare le lasagne, quando avrai letto bene la ricetta, perché sono un piatto difficile da cucinare.
2. Anna mi ha mandato un sms e mi ha detto che mi telefonerà non appena _avrà comprato_ i biglietti per il concerto.
3. Il medico mi ha detto che il mal di gola mi passerà solamente dopo che (io) _avrò preso_ correttamente tutti gli antibiotici.
4. - Perché Cristian e Thomas non sono ancora tornati a casa? - _Saranno_ in discoteca con i loro amici.
5. Nadia ha una faccia molto spaventata. Ma che cosa _avrà visto_ per avere un'espressione così?
6. So già che, dopo che sarete partiti, (voi) non mi _telefonerete_ più.
7. Non appena (noi) _avremo dipinto_ le pareti della cucina, cominceremo con quelle del bagno.
8. Sicuramente Mauro e Gianni ci faranno vedere le loro foto, dopo che _saranno ritornati_ dal loro viaggio in Patagonia.

96 GP | Grammatica pratica della lingua italiana | Esercizi supplementari

IL FUTURO ANTERIORE

4 ●● **Correggi l'errore dov'è necessario.**

1. Che cosa succederà a Elena durante la vacanza che ha passato in Australia?
2. Dopo che farò il bagno a mio figlio, potrò metterlo a letto e riposarmi un po'.
3. Mi avrai telefonato dopo che il tuo aereo sarà atterrato a Francoforte?
4. Ti scriverò una seconda e-mail solo dopo che risponderai alla prima.
5. Anna è ancora in ritardo. Avrà capito male o proprio non è mai puntuale?
6. Sarò potuto uscire, quando avrò dato da mangiare ai miei gatti.
7. Quando tornerete dalle vacanze, potrete cominciare il corso di livello B2.
8. Dopo che avrò cambiato il contratto, avrò le telefonate illimitate verso tutti i telefoni.

5 ●● **Completa le frasi usando *dopo che*, *non appena* o *quando* e un verbo al futuro anteriore.**

1. Andrò in vacanza, ...
2. Sergio e Mirella si sposeranno, ...
3. Prenderai la pillola, ...
4. Faremo il vaccino contro la malaria, ...
5. Vittorio e Greta cambieranno casa, ...
6. Luisa si iscriverà al corso di inglese, ...
7. I miei colleghi torneranno a lavorare, ...
8. Cambierò il mio cellulare, ...

6 ●● **Leggi le frasi e poi scrivi una supposizione.**

1. Mio cugino ha finito l'università a 29 anni. ....
2. I miei nonni, da quando sono in pensione, viaggiano molto. ....
3. La nostra miglior nuotatrice ha vinto un'altra medaglia alle Olimpiadi. ....
4. Non andiamo in ferie da due anni. ....
5. Giorgia ha deciso di prendere un altro gatto. ....
6. Non abbiamo più pane e i negozi sono tutti chiusi. ....
7. Il Governo ha deciso di aumentare le pensioni. ....
8. Greta è ricoverata in ospedale da tre settimane. ....

7 ●● **Osserva le vignette ed esprimi un dubbio o un'ipotesi usando il futuro anteriore.**

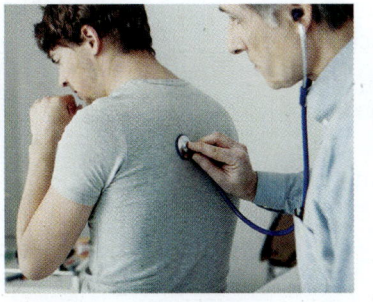

ESERCIZI E GIOCHI SU *IMPARO SUL WEB*

97

40 IL TRAPASSATO PROSSIMO

1. Abbina le due colonne e forma delle frasi.

1. Quando Aldo è ritornato a casa,
2. Dato che il film era già iniziato,
3. Andrea non aveva ancora compiuto 30 anni,
4. Quando apriste l'agenzia di traduzioni,
5. Poiché tutti gli studenti non avevano ancora finito l'esame,
6. Anche se Elena non era ancora nata,
7. Quando il commissario arrivò alla stazione di polizia,
8. Ero appena andato a letto,

a. ma aveva già tutti i capelli bianchi.
b. quando arrivò la telefonata di mio fratello.
c. i suoi genitori pensavano già alla sua futura scuola.
d. sua moglie aveva già finito di mangiare.
e. gli altri poliziotti avevano già preso le impronte digitali dell'assassino.
f. abbiamo deciso di non entrare.
g. il professore decise di dare loro un'altra ora di tempo.
h. non avevate ancora finito l'università.

2. Completa le frasi con il verbo corretto al trapassato prossimo.

1. Dopo che (noi) (*ritornare/partire/uscire*) _____ in albergo, ci siamo accorti che la camera era ancora sporca.
2. Pietro mi ha raccontato che cosa (*dire/fare/lavorare*) _____ durante la sua vacanza-studio in Germania.
3. (io) (*tagliare/cucinare/cominciare*) _____ da poco a preparare gli spaghetti, quando è arrivato Paolo con due pizze già pronte.
4. Che problema questa notte! Tornando a casa, Sara non si è accorta che le sue chiavi (*stare/avere/rimanere*) _____ al ristorante.
5. Da ragazzi, in estate, dopo che la scuola (*iniziare/finire/studiare*) _____ , andavamo a fare la raccolta dei pomodori.
6. Quando Salvatore tornò al suo Paese dopo tanti anni all'estero, molte persone (*salutarsi/parlarsi/dimenticarsi*) _____ di lui.
7. Ieri, nel parco, è scoppiato un temporale proprio quando i miei figli (*incontrare/parlare/giocare*) _____ appena _____ i loro amici.
8. Dopo che Antonio e Lara (*salutarsi/lavorare/iniziare*) _____ , lui telefonò subito a Maria.

3. Competa le frasi con uno dei verbi indicati al trapassato prossimo.

descrivere • prenotare • finire • perdere • mangiare • succedere • fare • riposarsi

1. Al ristorante ci siamo arrabbiati, perché ci hanno detto che non _____ il tavolo e invece non era vero.
2. Giovanni decise di prendere un taxi dopo che _____ l'autobus.
3. Dopo quel lungo viaggio siete dovuti ripartire subito anche se non _____ ancora _____ .
4. Francesca è arrivata subito a casa mia perché al telefono le (io) _____ esattamente la strada.
5. Perché mi dici che ti ho interrotto? Poco fa al telefono mi hai detto che _____ appena _____ di lavorare!
6. Daniela mi ha telefonato per dirmi che cosa _____ quella mattina al lavoro.
7. Carlo _____ da poco _____ riparare l'auto, quando fece di nuovo un incidente.
8. Renata non ha dormito tutta la notte perché a cena _____ un piatto enorme di pesce fritto.

4 •• **Completa le frasi con i verbi al passato prossimo, al passato remoto, all'imperfetto o al trapassato prossimo.**

1. Marta (*indossare*) _____ appena _____ l'abito nuovo, quando (*sporcarsi*) _____ con il caffè.
2. Da bambini, i miei fratelli e io (*andare*) _____ spesso in vacanza al mare nella casa che i miei genitori (*affittare*) _____ per tutta l'estate.
3. Mentre Silvia (*parlare*) _____ ancora del suo lavoro, Rosa (*finire*) _____ già _____ di mangiare.
4. Quando Alida (*fidanzarsi*) _____ con Stephan, non (*laurearsi*) _____ ancora _____ .
5. Non (io) (*accorgersi*) _____ che la persona che mi (*salutare*) _____ (*essere*) _____ il mio vecchio professore di latino.
6. I poliziotti (*portare*) _____ subito in prigione il ladro che (*arrestare*) _____ appena _____ davanti alla banca.
7. Quando (voi) (*partire*) _____ per il Canada, non (*sposarsi*) _____ ancora _____ .
8. (*essere*) _____ così caldo che (io) (*ritornare*) _____ in mare, anche se (*fare*) _____ il bagno da pochissimo tempo.

5 •• **Correggi l'errore dov'è necessario.**

1. Ieri Anna non mi ha detto che la settimana prima non è andata a lavorare perché era ammalata.
2. Ogni giorno, quando Francesca si alzava, io avevo già fatto colazione.
3. Il chirurgo è appena arrivato a casa quando lo chiamarono dall'ospedale per un'operazione urgente.
4. Quando Gianni andò in pensione compiva appena 62 anni.
5. Dato che la partita iniziava da poco, c'erano ancora persone che stavano arrivando allo stadio.
6. Spensi appena la luce quando sentii un forte rumore che veniva dalla cucina.

6 •• **Completa le frasi con il trapassato prossimo.**

1. Ieri sera ho cucinato gli spaghetti alla carbonara, _____ .
2. Quando Cristina è arrivata a casa, _____ .
3. Mio padre mi diceva che da giovane _____ .
4. Solo adesso mi sono reso conto _____ .
5. Perché al telefono mi hai detto che _____ .
6. Quando mi avete parlato, _____ .
7. Thomas non ha superato l'esame perché _____ .
8. Ero sicuro che tu _____ .

7 •• **Completa le frasi con l'imperfetto, con il passato prossimo o con il passato remoto.**

1. _____ , dato che ero rimasto senza soldi.
2. Avevamo da poco tagliato l'erba del giardino, _____ .
3. _____ , sua madre aveva già chiuso la porta di casa.
4. _____ perché non aveva pagato le tasse.
5. I poliziotti erano appena arrivati alla stazione di polizia, _____ .
6. _____ avevo appena fatto la doccia.
7. _____ anche se si erano sposati il mese prima.
8. Il concerto non era ancora cominciato, ma _____ .
9. _____ i miei studenti erano già usciti.

41 IL CONDIZIONALE COMPOSTO

1 • Abbina le due colonne e forma delle frasi.

1. Ci sarebbe piaciuto vivere in centro,
2. Anna mi ha detto che
3. Oggi avrei preso volentieri un po' di sole,
4. Secondo i sondaggi, il partito di maggioranza
5. Lara avrebbe voluto laurearsi in ottobre,
6. Maria non pensava
7. Sai che Andrea sta per prendere la terza laurea?
8. Perché un mese fa non mi hai detto

a. avrebbe preso il 41% dei voti.
b. ma non è riuscita a finire la tesi.
c. Ma allora è proprio bravo! Non l'avrei mai detto.
d. ma gli appartamenti sono troppo costosi.
e. che ti saresti licenziata la settimana successiva?
f. sua sorella sarebbe arrivata con il treno delle 21.12.
g. che le avrei prestato la mia macchina per andare in vacanza.
h. ma purtroppo è una giornata nuvolosa.

2 • Completa le frasi con il verbo corretto al condizionale composto.

1. L'avvocato disse che (*dimostrare/pensare/credere*) _avrebbe dimostrato_ ✓ al giudice che il suo cliente era innocente.
2. Secondo i giornali, i giurati non (*pensare/dire/capire*) _avrebbero capito_ → _avrebbero_ le parole del Pubblico Ministero.
3. Non immaginavo che la sentenza (*essere/avere/credere*) _sarebbe stata_ ✓ così severa per l'imputato.
4. Pietro (*dovere/chiamare/parlare*) _avrebbe dovuto_ ✓ telefonare a sua madre già ieri, ma non lo ha ancora fatto.
5. In luglio Camilla non sapeva ancora se (*insegnare/avere/trasferire*) _sarebbe trasferita_ _avrebbe insegnato_ in una scuola in città o in campagna.
6. Ieri notte, quando ho visto Andrea e Cristian che parlavano di politica, ho capito che non (*capire/andare/partire*) _sarebbero andati_ _sarebbero_ a letto prima delle 4.
7. Vi ho aspettato tutta la mattina. Perché non mi avete detto che (*alzarsi/lavarsi/annoiarsi*) _vi sareste alzati_ solo alle 10.30?
8. Gli spaghetti sono buoni ma penso che (*avere/fare/essere*) _avrei fatto_ _sarebbe stato_ meglio mettere meno sale. Così è troppo.

3 • Trasforma le frasi al passato usando un condizionale composto.

Es. Oggi Franca vorrebbe riposare tutto il giorno.
Ieri _Franca avrebbe voluto riposare tutto il giorno._

1. Il mese prossimo dovrebbe uscire il nuovo libro del mio collega.
Il mese scorso _sarebbe dovuto uscire il nuovo libro del mio collega._ ✓
2. Credo che sarebbe una cosa intelligente accendere l'aria condizionata solo quando è molto caldo.
Credevo _che sarebbe stata una cosa intelligente accendere l'aria..._
3. Il professore è sicuro che tutti noi potremo superare tranquillamente l'esame per il certificato B2.
Il professore era sicuro che tutti noi _avremmo potuto superare tranquillamente_
4. Ci dite sempre che verrete presto a casa nostra, ma non venite mai.
Ci dicevate sempre che presto _sareste venuti_ ✓ a casa nostra, ma non siete mai venuti.
5. Guarda che capelli! Secondo me dovrei andare dalla parrucchiera a farmeli mettere un po' a posto.
Guarda che capelli! Seconde me stamattina _sarei dovuto andare dalla parrucchiera..._ ✓
6. La casa editrice dovrebbe spedirmi una copia del libro entro il mese prossimo.
La casa editrice avrebbe dovuto spedirmi una copia ✓ entro il mese scorso, ma non lo ha fatto.
7. Martina e Paolo comprerebbero un'auto nuova, ma non hanno i soldi.
Martina e Paolo _avranno comprato un'auto nuova_ _avrebbero_ , ma non avevano i soldi.

41 IL CONDIZIONALE COMPOSTO

4 • **Scegli il verbo corretto al condizionale semplice o composto.**

1. Al telegiornale hanno detto che il processo *durerebbe/sarebbe durato/continuerebbe* ancora per molti mesi.
2. Ci siamo svegliati troppo tardi, altrimenti non *perderemmo/prenderemmo/avremmo perso* il treno delle 6.35.
3. Lisa, per il suo compleanno, *piacerebbe/vorrebbe/avrebbe voluto* un gattino. Penso di regalarglielo!
4. Il direttore mi disse che *avrei/sarei stato/avrei preso* l'aumento di stipendio da gennaio dell'anno prossimo.
5. Hanno ritirato la patente ad Andrea, perché secondo la polizia *avrebbe passato/sarebbe passato/passerebbe* con il semaforo rosso.
6. Domani pomeriggio mi *piacerebbe/sarebbe piaciuto/avrebbe piaciuto* andare alle Terme a Bologna. Che ne dici? Andiamo?
7. Come sono buoni questi pasticcini! Ne *sarei mangiati/avrei mangiati/mangerei* ancora tanti, ma è meglio che mi fermi qui.
8. Non credevo che i meccanici mi *riparerebbero/sarebbero riparati/avrebbero riparato* l'auto in così breve tempo.

5 • **Completa le frasi con un condizionale semplice o composto.**

1. Mi (piacere) __piacerebbe / sarebbe piaciuto__ prendere una settimana di ferie, ma ho dovuto lavorare.
2. Scusa, (potere) __potresti / potrebbe__ abbassare il volume della musica? Non riesco a leggere il giornale.
3. Mi dispiace che tu non sia venuto ieri sera da noi. Ti assicuro che (tu) (divertirsi) __ti saresti divertito__ molto. → saresti
4. Francesca, l'anno prossimo, (volere) __vorrebbe__ fare un corso di inglese di livello C1, ma forse è meglio che ripeta il B2.
5. Angelo mi ha detto che le lezioni di spagnolo (cominciare) __avrebbero cominciato__ la settimana scorsa, ma in realtà non è così. sarebbero cominciate
6. Quest'anno Mario (preferire) __avrebbe preferito__ trascorrere le vacanze in montagna, ma sua moglie ha voluto andare assolutamente al mare.
7. Scusi, mi (prestare) __presteresti__ un attimo la penna per favore?
8. Mia nonna mi diceva sempre che (desiderare) __avrebbe desiderato__ molto viaggiare per il mondo, ma ai suoi tempi non era possibile.

6 • **Completa le frasi con uno dei verbi indicati al condizionale semplice o composto.**

aiutare • piacere • arrivare • essere (x 2) • occorrere • uccidere • dovere

1. Secondo i giornali, l'assassino __avrebbe ucciso__ la vittima con un coltello da cucina.
2. Andrea mi ha assicurato che mi __avrebbe aiutato__ a dipingere la casa, ma quando l'ho chiamato non mi ha risposto.
3. So che __avrei dovuto__ telefonarti stamattina, ma ero in giro e avevo lasciato il cellulare nella macchina.
4. Non ti puoi immaginare quanto mi __piacerebbe__ sapere nuotare bene.
5. Per risolvere il problema dei profughi __occorrerebbe__ che tutti i Paesi dell'Unione Europea lavorassero insieme.
6. Nessuno poteva immaginarsi che __sarei arrivato__ con tre ore di anticipo: in realtà sono partito molto prima e l'autostrada era completamente libera.
7. Non credi che __sarebbe__ giusto che tutti gli italiani pagassero le tasse?
8. Secondo quanto dice la radio, il traffico di ieri sulle autostrade __sarebbe stato__ migliore delle previsioni.

7 •• **Completa le frasi con un condizionale composto.**

1. _____, ma Samuel non mi ha telefonato.
2. Ieri sera mia moglie mi ha detto che oggi _____.
3. Non pensavo che tu _____.
4. In tasca avevamo solamente 80 euro, altrimenti _____.
5. Aldo _____ ma purtroppo si è rotto una gamba.
6. Il giudice _____ ma l'imputato non ha voluto rispondere.
7. Antonio e Luisa non sono riusciti a finire in tempo il loro lavoro, altrimenti _____.
8. Tua moglie se n'è andata di casa senza dirti niente? Al tuo posto _____.

42 LA FORMA IMPERSONALE - *LORO, TU, UNO* E I VERBI IMPERSONALI

❶ Abbina le due colonne e forma delle frasi.

1. Quando studi per molte ore,
2. Ci sono molte nuvole nere in cielo:
3. Se prosegui diritto e poi giri a destra,
4. Se c'è molta nebbia,
5. Al giorno d'oggi lavori tanto
6. Basta camminare un'ora al giorno
7. Dicono che in Italia
8. Se ti alzi troppo tardi al mattino,
9. Nevica da due ore

a. ma poi devi pagare molti soldi in tasse.
b. trovi subito la farmacia.
c. per mantenersi in forma.
d. e la strada è già tutta bianca.
e. alla sera fai fatica ad addormentarti.
f. devi fare ogni tanto una piccola pausa.
g. uno fa fatica a guidare.
h. sicuramente tra poco piove.
i. si mangia molto bene, ma qualche volta non è così.

❷ Trasforma le frasi usando la forma impersonale *loro*.

1. Lo scippatore è stato fermato mentre correva verso la stazione.
2. L'orario di apertura del supermercato è stato modificato per il periodo estivo.
3. Il rapinatore è stato arrestato due ore dopo la rapina in banca.
4. Ieri, a Milano, sono state scippate tre persone in una sola mattina.
5. Il condominio vicino al mio è stato costruito in soli quattro mesi.
6. In Parlamento è stato deciso di aumentare di due anni l'età della pensione.
7. Ieri notte, in via Zarotto, sono stati rotti gli specchietti di dieci macchine.
8. Si dice che il tasso di inflazione calerà di un punto nei prossimi mesi.

❸ Trasforma le frasi usando la forma impersonale *uno* o *tu*.

1. Quando si va a letto troppo tardi ci si alza sempre stanchi al mattino.
2. Per stare bene si deve bere molta acqua ogni giorno.
3. In quell'hotel si dorme molto male a causa del traffico.
4. Per il concerto di domani si possono comprare solo i biglietti delle ultime file del teatro.
5. Nella mia città si vive ancora in modo abbastanza tranquillo.
6. Quando fa molto freddo ci si deve coprire bene per non prendere l'influenza.
7. In Italia ci si sposta molto in auto e poco con i mezzi pubblici.
8. In estate si consuma troppa acqua per annaffiare i giardini privati.

4 ●● **Correggi l'errore dov'è necessario.**

1. Dopo avere fatto una sauna, uno devi fare una doccia fredda.
2. Se stai tutto il giorno in spiaggia, alla sera deve mettere una crema dopo sole.
3. Dice che l'aereo arriverà con 30 minuti di ritardo.
4. Quando uno ha problemi di vista, deve andare subito dall'oculista.
5. Dicono che il ladro abbia sparato al cassiere della banca.
6. Prima di andare a letto non deve bere caffè.
7. In Italia, il calcio è lo sport che amano di più.

5 ●● **Completa le frasi con uno dei verbi indicati nella forma impersonale e con il tempo corretto.**

essere necessario • bastare • bisognare • sembrare • tuonare • essere bello •
nevicare • accadere • grandinare

1. Ieri _____ tutto il giorno e oggi i prati sono completamente bianchi.
2. Stamattina _____ solo pochi minuti, ma _____ per rovinare la mia macchina.
3. Se volevate incontrare Mario, _____ prendere un appuntamento con lui.
4. _____ da mezz'ora, il cielo è nero ma non comincia ancora a piovere.
5. _____ camminare nel parco, in primavera, nei pomeriggi di sole.
6. _____ che Cristian, dopo l'operazione, sia invecchiato di dieci anni.
7. Per cucinare correttamente la carbonara _____ usare il formaggio pecorino.
8. Mi devi ancora spiegare che cosa _____ ieri tra te e tua moglie.

6 ●● **Esprimi la tua opinione. Usa il verbo *essere* seguito da un aggettivo o da un avverbio più un verbo all'infinito.**

1. _____ che tutte le persone paghino poche tasse.
2. _____ lavarsi le mani prima di mangiare.
3. _____ assistere tutti i profughi in case di accoglienza.
4. _____ che i ragazzi possano avere la patente a 16 anni.
5. _____ permettere alle coppie omosessuali di adottare figli.
6. _____ che in Italia ci sia la pena di morte.
7. _____ che l'Italia esca dall'Euro.
8. _____ guidare in autostrada senza limiti di velocità.
9. _____ lavorare tutti i giorni fino alle nove di sera.
10. _____ camminare un'ora al giorno.

7 ●● **Completa le frasi dando un suggerimento. Usa un verbo impersonale.**

Es. Oggi ho mal di testa e mi sento i sintomi dell'influenza.
Secondo me *è necessario andare dal dottore*.

1. Il nostro partito ha perso il contatto con la vita reale delle persone.
Secondo me _____.
2. Molti ricercatori italiani vanno a lavorare all'estero.
Secondo me _____.
3. In Italia si investe poco sull'energia alternativa.
Secondo me _____.
4. Ieri sono andato in palestra, ma ero così stanco che sono tornato a casa subito.
Secondo me _____.
5. Ho speso più di 2000 euro per fare riparare la mia macchina.
Secondo me _____.
6. Lara sta studiando nella sua camera con la musica a tutto volume.
Secondo me _____.
7. Gli italiani parlano poche lingue straniere.
Secondo me _____.

43 LA FORMA PASSIVA

1. Riscrivi le frasi usando la forma passiva di *andare*.

1. Questa macchina doveva essere riparata già sei mesi fa.
   ....
2. La tesi di laurea di Andrea dovrebbe essere consegnata entro la fine del mese.
   ....
3. Per chi lavora a scuola, le ferie devono essere prese in luglio e in agosto.
   ....
4. Tuo figlio ha fatto una promessa che ora deve essere mantenuta.
   ....
5. Per evitare di ingrassare troppo è necessario seguire una dieta con pochi zuccheri.
   ....
6. I cani sono animali molto sensibili, che devono essere curati con molto affetto e attenzione.
   ....
7. A causa di lavori di restauro nel teatro, sarà necessario rimandare i prossimi concerti di tre mesi.
   ....

2. Sostituisci il verbo *essere* con il verbo *venire*, dove possibile.

1. Di solito l'ultima parola è lasciata al Direttore generale. ....
2. Il maiale è stato allevato dal contadino. ....
3. Le galline erano costrette a stare in gabbie piccolissime. ....
4. La *Divina Commedia* fu scritta da Dante Alighieri. ....
5. Franco era stato assunto a tempo indeterminato, ma si licenziò. ....
6. Nessuno crede all'imputato, che sicuramente sarà condannato all'ergastolo. ....
7. Secondo la tv, la legge sarebbe stata scritta direttamente dal Ministro degli Interni. ....
8. Luigi parla troppo e per questo non è mai ascoltato. ....

3. Scegli il verbo corretto e scrivi la forma passiva usando *essere* o *venire*.

1. La mia vecchia casa di campagna (*distruggere/ristrutturare/lavorare*) .... dai muratori con molta cura l'estate scorsa. Adesso è bellissima.
2. Il ristorante aveva sempre meno clienti, per cui il mese scorso (*chiudere/aprire/premiare*) .... per problemi economici.
3. Secondo quanto dice la casa editrice, il nuovo libro del mio autore preferito (*scrivere/stampare/pubblicare*) .... il mese prossimo.
4. Tutti i giornali e le tv dicono che le prossime Olimpiadi (*fare/partecipare/seguire*) .... da milioni di telespettatori in tutto il mondo.
5. Nel negozio di gastronomia di via Farini, tutti i venerdì (*proporre/comprare/tagliare*) .... un piatto di pesce sempre diverso.
6. Dopo lunghe ore di discussione, la proposta dei sindacati (*rifiutare/discutere/accettare*) .... dal Governo, anche se con alcune modifiche.
7. Mi ricordo che ai tempi del liceo c'erano molte feste a casa di Alice, dove (*invitare/andare/partecipare*) .... tutti i miei compagni di classe.
8. Il giudice è sicuro che durante il processo non (*parlare/dire/giudicare*) .... tutta la verità da parte dell'imputato e dei testimoni.
9. Ho messo in vendita la mia vecchia Vespa Primavera e dopo una settimana (*comprare/spendere/regalare*) .... da un collezionista di Milano.
10. Ieri ho portato la mia motocicletta dal meccanico, ma purtroppo mi ha detto che è troppo vecchia e non può più (*lavorare/riparare/camminare*) ....

43 LA FORMA PASSIVA

4 Completa le frasi con uno dei verbi indicati al passivo usando *essere* o *venire*.

guardare • operare • criticare • esporre • prendere • trovare • diffondere • giudicare

1. Probabilmente l'anno prossimo (io) _____ alla spalla.
2. Ieri, al supermercato _____ un portafoglio pieno di soldi.
3. Anni fa alla tv c'era *Carosello*, un programma di pubblicità che _____ da tutti.
4. L'influenza di quest'anno _____ da moltissime persone.
5. La nuova legge sulle pensioni _____ da molti partiti della minoranza.
6. La Juventus _____ come la squadra più forte, ma alla fine ha vinto l'Inter.
7. La notizia che _____ dalla radio stamattina non sembra essere vera.
8. Il mese prossimo, nelle vetrine del centro, _____ i nuovi vestiti invernali.

5 Abbina le due colonne e forma delle frasi.

1. La medaglia di bronzo nei tuffi
2. Questo antibiotico
3. La multa per eccesso di velocità
4. L'impianto elettrico
5. Durante la Seconda guerra mondiale
6. È un libro che, per essere apprezzato,
7. Quando studiavamo al liceo
8. Il mio cellulare non funziona più.

a. è stata data dal vigile urbano.
b. andrebbe letto almeno due volte.
c. molte città furono distrutte dai bombardamenti.
d. Va cambiato.
e. va preso una volta al giorno, dopo colazione.
f. venivamo interrogati quasi tutti i giorni.
g. è stata vinta da Tania Cagnotto.
h. venne riparato dall'elettricista tre anni fa.

6 Trasforma le frasi in una forma passiva possibile.

1. Il medico deve curare il paziente con molta attenzione e professionalità.
   ....
2. Dopo i bombardamenti del '45 ricostruirono molte città così come erano prima della guerra.
   ....
3. Per abbassare il livello di colesterolo sarebbe necessario ridurre il consumo di carne rossa.
   ....
4. Il Governo ha emanato una legge molto impopolare.
   ....
5. Anche in queste Olimpiadi Usain Bolt vince sicuramente la medaglia d'oro nei 200 metri.
   ....
6. Il direttore generale ha illustrato le linee guida dell'azienda con molta chiarezza.
   ....
7. Ogni anno, in estate, le gelaterie del centro vendevano molti gelati.
   ....
8. Molti dicono che i miei vicini avrebbero allontanato il mio cane perché abbaiava troppo.
   ....

7 Correggi l'errore dov'è necessario.

1. La decisione è venuta presa dai membri della commissione dopo tre lunghe ore di discussione.
   ....
2. Gli affreschi della chiesa sono ristrutturati l'anno scorso e ora sono aperti al pubblico.
   ....
3. Ieri, in autostrada, sono stati ritrovati due cagnolini abbandonati dai loro padroni.
   ....
4. Per salvare molte famiglie, la crisi economica sarebbe risolta in breve tempo, ma sarà impossibile.
   ....
5. Quando ero giovane, i pomodori venivano raccolti a mano, ora invece ci sono le macchine.
   ....
6. I funghi non devono andare raccolti quando sono molto piccoli.
   ....

8 •• Completa il testo con uno dei verbi indicati alla forma passiva.

pensare • prendere • ambientare • scrivere • comandare • ideare • cacciare • sfruttare • trattare • pubblicare

La *Fattoria degli animali* (titolo originale *Animal Farm*) è un famoso romanzo che **a.** _____ da George Orwell ed **b.** _____ per la prima volta in Italia nel 1947. Il romanzo **c.** _____ da Orwell a partire dal 1937, nel periodo in cui combatteva in Spagna durante la Guerra Civile, ed **d.** _____ come un'allegoria della Russia che in quel periodo **e.** _____ da Stalin. *La fattoria degli animali* **f.** _____ in una fattoria dove gli animali da sempre **g.** _____ dai loro padroni. Per questo motivo si ribellano e conquistano il potere. Dopo che il padrone **h.** _____ , nella fattoria tutti gli animali **i.** _____ allo stesso modo, cioè regna l'uguaglianza sociale. Ma piano piano il potere **l.** _____ in mano dai maiali, che trasformano lentamente il sogno utopico di uguaglianza e libertà in una nuova dittatura. Gli animali arrivano così a vivere peggio dei prima, mentre i maiali si trasformano fino a camminare su due zampe, come gli uomini.

[wikipedia.it]

9 •• Completa le frasi usando una forma passiva, come nell'esempio.

Es. Sandro non può usare la macchina *perché non è ancora stata riparata.*

1. Secondo i giornali, l'omicidio del giornalista _____ .
2. Purtroppo la partita di calcio _____ .
3. Non siamo andati al concerto _____ .
4. La banca oggi è chiusa _____ .
5. A causa di problemi igienici, il ristorante _____ .
6. La pensione a sessant'anni _____ .
7. Il raffreddore _____ .

10 •• Fai delle proposte usando una forma passiva, come nell'esempio.

Es. Questa pizza non è per niente buona. *Andrebbe cotta/Dovrebbe essere cotta meglio.*

1. Sulle coste italiane arrivano ogni giorno decine di profughi.

2. Nessuno ha detto a Pietro che domani c'è il test di tedesco.

3. In Italia è sempre più difficile trovare un lavoro a tempo indeterminato.

4. Il tuo gatto è molto bello, ma non ha un buon odore.

5. Questo cd mi sembra bello, ma voi parlate a voce troppo alta.

11 •• Forma delle domande a partire dalle risposte. Usa il passivo.

1. _____ ? Dal gatto.
2. _____ ? Da mio marito.
3. _____ ? Dal medico.
4. _____ ? Dalla professoressa di italiano.
5. _____ ? Da un atleta giamaicano.
6. _____ ? Dalla polizia.
7. _____ ? Dal macellaio.
8. _____ ? Dal Governo.

43 LA FORMA PASSIVA

12 •• Completa il testo con uno dei verbi indicati alla forma passiva o attiva.

scrivere (x 2) • perdere • distribuire • cercare • richiamare • trovare • definire • raccontare • circondare • subire • accompagnare • recitare • andare • aiutare

La fattoria magica è una favola che può
a. .... ecologista.
La favola, che b. ....
da Stefania Parigi, c. ....
attualmente .... dagli
attori Alessandra De Luca e Diego
Baldoin e d. ....
dall'Associazione *Aiutare i bambini*,
un'organizzazione laica e indipendente, la
cui missione è e. "..
e sostenere i bambini poveri,
ammalati, senza istruzione o che
f. .... violenze fisiche
o morali per dare loro l'opportunità e la
speranza di una vita degna di una persona".
La favola racconta la storia di un gallo
e dei suoi amici che all'improvviso g. .... la cosa per loro più importante e di
conseguenza h. .... in giro a cercarla. Così il gallo i. ....
il sole, il bambino Gigino non l. .... più la mamma, la mamma non trova più la
mucca che a sua volta cerca l'erba fresca da mangiare. Nella favola m. .... diverse
vicende che vogliono dimostrare come non possiamo dare per scontate tutte le cose belle dalle quali
noi n. .... La favola è adatta per i bambini perché o. ....
con un linguaggio semplice e, grazie agli animali della fattoria e al loro mondo di fantasia, i bambini
stessi p. .... a conoscere il difficile tema dell'ecologia. Ma la favola è anche una
provocazione per i più grandi, perché q. .... l'attenzione di tutti sull'importanza
del rispetto per l'ambiente.

[adattato da tiraccontounafiaba.it]

13 • Osserva le immagini e scrivi delle frasi usando la forma passiva.

1. bambino - mela
2. meccanico - auto
3. medico - paziente
4. muratori - ponte

5. insegnante - studenti
6. segretaria - documento
7. postino - pacco
8. cavallo - acqua

44 LA FORMA PASSIVA CON *SI*

1 ● **Abbina le due colonne e forma delle frasi.**

1. Negli ultimi anni, in Italia,
2. Questa è una decisione che
3. Da un po' di tempo il biglietto del cinema
4. Secondo l'ordinanza del Comune, il riscaldamento
5. Riguardo alla costruzione del ponte tra la Calabria e la Sicilia
6. Nei rapporti d'amore e di amicizia
7. Tanti anni fa le uova
8. Sulla riduzione dell'evasione fiscale

a. si può accendere a partire dal 15 ottobre.
b. si compravano direttamente dai contadini.
c. si vendono molti vestiti prodotti in Cina.
d. nel tempo si sono fatti diversi progetti mai realizzati.
e. si sono spese migliaia di parole, ma ancora non si vedono i risultati.
f. si deve prendere nel più breve tempo possibile.
g. si dovrebbe dire sempre la verità.
h. si può pagare con carta di credito via internet.

2 ● **Completa le frasi con *si* e il verbo corretto al singolare o al plurale.**

1. In Italia, purtroppo, (*usare/dire/parlare*) _si usa_ poco il congiuntivo.
2. Se si frequenta il liceo classico, (*dovere studiare/dovere parlare/parlare*) _____ il latino con attenzione e impegno.
3. In Emilia-Romagna (*tagliare/coltivare/mescolare*) _____ molti quintali di pomodori.
4. Ci sono canzoni italiane che (*cantare/giocare/scrivere*) _____ in tutto il mondo.
5. A casa mia, per le prossime vacanze in Grecia, (*guadagnare/spendere/comprare*) _____ molti soldi.
6. Nella famiglia di Anna la televisione (*guardare/fare/capire*) _____ tre ore al giorno.
7. Quando si va a camminare per lungo tempo, (*dovere bere/dovere mangiare/dovere sudare*) _____ molta acqua.
8. Durante la riunione di oggi pomeriggio (*parlare/pensare/confrontare*) _____ le idee di tutti.
9. Per parcheggiare l'auto in centro (*comprare/spendere/pagare*) _____ una tariffa oraria di due euro.

3 ● **Trasforma le frasi dell'esercizio 2 al passato prossimo.**

1. In Italia, da sempre, _si è usato_ poco il congiuntivo.
2. Se si ha frequentato liceo classico _____ il latino con attenzione e impegno.
3. In Emilia Romagna, negli anni passati, _____ molti quintali di pomodori.
4. Ci sono state canzoni italiane che _____ in tutto il mondo.
5. A casa mia, per le vacanze dell'anno scorso in Grecia, _____ molti soldi.
6. Fino al mese scorso, nella famiglia di Anna, la televisione _____ tre ore al giorno.
7. Quando si è andati a camminare per lungo tempo, _____ molta acqua.
8. Durante la riunione di ieri pomeriggio _____ le idee di tutti.
9. Per parcheggiare l'auto in centro _____ una tariffa oraria di due euro.

4 ●● **Correggi l'errore dov'è necessario.**

1. Stamattina, in classe, si ha parlato dell'uso del *si* passivante.
2. Con questo contratto non si spedisce più di 50 sms al giorno.
3. L'anno scorso, alla Berlinale, si sono viste film molto interessanti.
4. Durante il soggiorno in Toscana si sono mangiate delle ottime fiorentine.
5. Oggi, per entrare al Museo degli Uffizi, si devono pagare solo tre euro.
6. In Italia si sono parlati ancora oggi molti dialetti.

5 •• **Trasforma le frasi usando il *si* al singolare o al plurale.**

1. La notizia dell'incidente di questa notte sarà pubblicata domani su tutti i giornali.
2. Negli anni passati veniva consumata molta più carne rispetto a oggi.
3. La pizza dovrebbe essere fatta con la mozzarella di bufala.
4. Al ristorante "Omigoto" viene cucinato il miglior sushi della città.
5. Il furto alla banca è stato filmato con le telecamere di controllo.
6. Le mele non sono più buone. Dovevano essere raccolte 15 giorni fa.
7. Sono sicuro che il tuo libro verrà venduto in tutte le librerie.
8. Anche ieri sono stati visti dei lupi sull'Appennino tosco-emiliano.

6 •• **Completa il testo con *si* più uno dei verbi indicati al singolare o al plurale.**

lasciare (x 2) • raccogliere • capovolgere • versare • portare • unire • potere • chiudere • dovere • aggiungere • mettere

LA MARMELLATA DI PRUGNE

Per preparare una buon marmellata **a.** _____ le prugne in una pentola con il fondo pesante e **b.** _____ il succo di limone. Poi **c.** _____ le prugne a bollore e poi **d.** _____ bollire per cinque minuti. Bisogna spegnere la fiamma e quindi **e.** _____ intiepidire. Successivamente **f.** _____ lo zucchero e lo si fa sciogliere molto bene. Occorre poi riportare a bollore le prugne e farle cuocere a fuoco dolce per cinquanta minuti. Ricordate che il composto **g.** _____ mescolare ogni tanto con un cucchiaio di legno. Per vedere quando la marmellata è pronta **h.** _____ fare la prova del piattino, cioè **i.** _____ un cucchiaino di marmellata su un piatto freddo, si inclina il piatto e la marmellata dovrà scivolare lentamente. Poi **l.** _____ la marmellata ancora calda nei vasetti caldi sterilizzati. **m.** _____ i vasetti e **n.** _____ , quindi si lasciano i vasetti capovolti fino al completo raffreddamento.

[adattato da ricettedellanonna.net]

7 •• **Proponi una soluzione usando il *si*, come nell'esempio.**

1. L'inquinamento dell'aria nelle città ha raggiunto livelli ormai insostenibili.
2. Un triste fenomeno italiano è l'abbandono dei cani in estate.
3. Piove troppo forte e la partita di calcio è stata sospesa.
4. Il Comune ha alzato nuovamente le tasse sui rifiuti urbani.
5. Le luci in casa sono sempre accese e si consuma molta energia inutilmente.
6. In agricoltura si usano ancora troppe sostanze chimiche.
7. Spesso i medicinali hanno un costo troppo elevato per tante persone.
8. In cucina ci sono ancora i piatti sporchi della cena di ieri sera.

45 GLI INDEFINITI (1)

1 • **Abbina le due colonne e forma delle frasi.**

1. Ho così fame che mi basta
2. Nella mia città non c'è nessun parcheggio gratuito
3. Ogni volta che ti parlo mi interrompi!
4. Uno mi ha detto
5. Ognuno ha il dovere
6. Durante la festa di chiusura della scuola
7. - C'è qualcosa che brucia nel forno?
8. - C'era ancora qualcuno in ufficio ieri sera?
9. Mi dispiace, ma non trovo niente di interessante

a. ciascuno ha avuto il proprio regalo.
b. di rispettare chiunque faccia scelte diverse dalle sue.
c. in una qualsiasi via del centro.
d. - Oh no! Ho dimenticato la torta di mele.
e. qualunque cosa ci sia da mangiare.
f. - No, alle sette non c'era più nessuno.
g. in ogni cosa che mi racconti.
h. Adesso non ti dico più nulla.
i. che ti hanno visto in giro con alcuni amici un po' strani.

2 • **Scegli l'indefinito corretto.**

1. In casa è rimasta solamente (*qualche/nessuna/alcune*) _____ bottiglia d'acqua.
2. (*Qualcuno/Ognuno/Qualche*) _____ può dire quello che vuole. Non ho più intenzione di ascoltarvi.
3. Siamo in sala d'attesa da due ore e non c'è più (*qualsiasi/nessuno/niente*) _____ da leggere.
4. (*Qualche/Qualcuna/Alcune*) _____ amiche mi hanno detto che vengono alla festa, altre stanno a casa.
5. (*Ognuno/Chiunque/Ogni*) _____ persona deve rispettare le leggi del Paese in cui vive.
6. Puoi arrivare a casa mia in (*ciascuno/qualsiasi/alcun*) _____ momento. Io sono sempre in casa.
7. Tranquillo! Non hai (*niente/qualche/nessun*) _____ motivo di arrabbiarti così.
8. Quando vai a letto chiudi le finestre, (*qualunque/chiunque/ogni*) _____ potrebbe entrare in casa tua.
9. (*Alcuni/Ciascuno/Qualcuno*) _____ mi saprebbe dire a che ora parte l'ultimo autobus da qui?

3 • **Completa le frasi con *ogni, qualche* o *qualsiasi/qualunque* e una delle parole indicate.**

regione • esame • sera • libro • costo • possibilità • cosa • giorno

1. C'è ancora _____ che tu possa laurearti entro la fine dell'anno?
2. Lara era sempre nervosa per _____ che ha fatto all'università.
3. In _____ italiana si vada, si trovano sempre ottimi piatti tipici da mangiare.
4. Ricordati di chiudere la porta a chiave _____ prima di andare a letto.
5. _____ tu dica, trovo sempre qualcosa di interessante nelle tue parole.
6. Tra _____ torna mio nipote dalla Germania.
7. In questa libreria _____ è interessante, altri sono noiosi.
8. Dobbiamo arrivare a _____ in stazione entro le dieci, altrimenti perdiamo il treno.

110 | GP | Grammatica pratica della lingua italiana | Esercizi supplementari

4 • **Completa le frasi con *alcuni/e*, *ciascuno* o *nessuno*, usati come aggettivi o pronomi.**

1. Non ho mai visto .... mangiare tanta pasta come Pietro.
2. Ho raccolto le mie fragole troppo tardi: .... erano ancora buone, altre le ho buttate.
3. Il nonno ha portato i nipotini al parco e ha comprato loro un gelato per ....
4. Sara ha perso l'orologio e non l'ha trovato in .... stanza della casa.
5. La lezione era già cominciata ma .... studenti erano ancora nel corridoio a parlare.
6. .... relatore ha trenta minuti di tempo per tenere la propria conferenza.
7. Anna non ha più .... interesse a proseguire il suo lavoro in quest'ufficio.
8. C'è ancora posto nel ristorante? Ci sono .... persone che aspettano fuori.

5 • **Completa le frasi con *chiunque*, *niente/nulla*, *ognuno*, *qualcosa*, *qualcuno* o *uno*.**

1. Scusate, c'è .... di voi che mi può prestare una penna nera?
2. Non devi parlare con .... delle cose che ti ho detto ieri.
3. Ti vedo molto serio. C'è .... che non va?
4. E tu pensi che .... sia sempre qui a tua disposizione per soddisfare i tuoi desideri?
5. Conosci .... che abbia un'auto usata, ma in buono stato, da vendere?
6. In questi spaghetti manca .... , forse c'è poco sale.
7. Non c'è più .... da fare, devi per forza cambiare auto.
8. Ci siamo separati l'anno scorso e poi .... è andato per la propria strada.

6 • **Sostituisci le parole in corsivo con un pronome indefinito.**

1. Non preoccuparti. *Qualunque persona* potrebbe risolvere il tuo problema.
2. Scusate, c'è *qualche persona* tra di voi che capisce il portoghese?
3. *Ogni persona* dovrebbe poter fare il lavoro che più desidera.
4. *Una persona* tra di voi dovrebbe accompagnare lo zio alla fermata dell'autobus.
5. In quel negozio di scarpe non ho trovato *nessuna cosa* che mi potesse piacere.
6. Non mi piace parlare e soprattutto non parlo con *qualunque persona*.
7. Il primo giorno di scuola la maestra ha regalato una matita a *ogni scolaro*.
8. Ti ringrazio ma non ho più fame. Non riesco davvero a mangiare più *nient'altro*.

7 •• **Riscrivi la frase sostituendo le parole in corsivo con un pronome o un aggettivo (più il sostantivo) indefinito dello stesso significato, facendo le modifiche necessarie.**

1. *Ogni studente* deve presentarsi all'esame con il libretto e un documento d'identità.

2. *Nessuna persona* è stata più brava di te a guidare la moto su queste strade di montagna.

3. *Alcune automobili* in divieto di sosta sono state rimosse dal carro attrezzi.

4. Alberto fa colazione al bar *tutte le mattine* con Rocco.

5. Andrea è sempre pronto a offrirti un caffè, *non importa a quale ora* uno vada a casa sua.

6. *Tutti i dipendenti* dell'azienda devono timbrare il cartellino alle otto di mattina.

7. Alla mostra di fotografia, Lara non ha visto *nessuna cosa* che le piacesse.

8. *Qualche amico* ha telefonato a Luisa per farle i complimenti per la nascita di suo figlio.

45 GLI INDEFINITI (1)

8 •• Correggi l'errore dov'è necessario.

1. Tra i miei studenti ognuno viene dall'Africa, altri vengono dall'Asia.
2. Devo comprare qualche tazze per la colazione, perché le ho rotte tutte.
3. Non c'è niente di più buono di un bicchiere d'acqua fresca quando si ha sete.
4. Ognuna persona ha pagato il proprio conto separatamente al cameriere.
5. Non c'è più nessun amica che mi venga a trovare alla sera quando sono sola.
6. Al mercatino dell'usato ho trovato alcuni libro davvero antichi e anche economici.
7. Franco parla con chiunque persona della nuova moto che ha comprato.
8. Nessuno ragazzo di oggi parla correttamente il dialetto dei suoi nonni.

9 •• Forma delle frasi e trasforma l'indefinito in corsivo nella forma corretta, dov'è necessario.

1. la / per / tovaglia / stasera / pulita / non / *nessuno* / c'è / cena / di / più
2. comprato / per / rose / tuo / *alcuni* / compleanno / ho / il
3. giardino / di / in / si muove / c'è / strano / *qualcosa* / che
4. inverno / giardino / ha / in / le / *nessuno* / foglie / albero / mio / del
5. firma / Giulia / libreria / libro / della / la / messo / *ciascuno* / sua / ha / su
6. frigorifero / ? / c'è / buono / ancora / da / nel / mangiare / *qualcosa* / di
7. tazzine / piatti / ho / lavavo / *alcuni* / mentre / rotto / i / caffè / da
8. cucina / ! / che / più / bicchiere / disastro / in / c'è / pulito / non / *nessuno*

10 •• Abbina le due colonne, forma delle frasi e completa con un indefinito indicato.

qualcuno (x 2) • chiunque • qualsiasi • uno • alcune (x 2) • alcuni • nessuno (x 2) • nessuna • niente (x 2) • qualche (x 3)

1. _____ crede di avere capito tutto della vita,
2. - C'era _____ in strada quando sei sceso?
3. - Hai comprato _____ pera al mercato stamattina?
4. _____ dicono che la situazione economica migliorerà,
5. _____ volta è bello camminare a lungo da soli,
6. - Non puoi dare fiducia a _____ ti offra qualcosa.
7. Ho visto _____ quadro alla Galleria di Arte Moderna:
8. Ho così sete che potrei bere _____ cosa.

a. - Sì, ne ho comprate _____ , ma sono ancora acerbe.
b. _____ volte, invece, è piacevole chiacchierare.
c. Però _____ alcol, per favore. Meglio un bicchier d'acqua.
d. poi si accorge di non avere capito quasi _____ .
e. _____ mi piace, altri proprio non li capisco.
f. - No, non c'era _____ . La strada era deserta.
g. altri non hanno _____ speranza.
h. - Ma cosa dici! Non la do a _____ .

11 •• Dai una risposta personale usando un indefinito.

1. Che cosa leggi durante il tuo tempo libero?
2. Vai spesso in vacanza?
3. Ci sono città italiane che non conosci e che vorresti vedere?
4. C'è qualcosa che gli amici potrebbero fare per te?

5. Conosci qualche lingua straniera? _____
6. Hai cambiato molti lavori nella tua vita? _____
7. Pratichi qualche sport? _____
8. Porti molte cravatte/minigonne? _____
9. Scambi molti messaggi su WhatsApp durante il giorno? _____
10. Hai visto qualche film interessante ultimamente? _____

12 ●● Completa il testo con gli indefiniti indicati.

qualcuno • alcuni • nessuna • alcune • nulla • chiunque • qualche • uno • ogni • niente • ognuna

Ciao Paolo,
ti scrivo per dirti che quando siamo tornati dalle vacanze abbiamo trovato una brutta sorpresa:
a. _____ era entrato in casa, forse b. _____ ladro, e aveva messo
c. _____ cosa sottosopra. Nelle camere d. _____ vestiti erano
strappati, mentre altri erano sparsi sul pavimento. In cucina ancora peggio: e. _____
tazze erano rotte, nel frigorifero non c'era più f. _____ e nella cantinetta non c'era più
g. _____ bottiglia. Tutte le altre
stoviglie erano sparse in h. _____
delle altre stanze: una cosa stranissima. Io e
mia moglie siamo rimasti senza parole, anche
perché ci siamo accorti che non era stato rubato
i. _____ , ma penso che
l. _____ avrebbe avuto una reazione
simile: quando m. _____ ama la
propria casa prova molto dolore nel vederla in queste
condizioni. Adesso abbiamo già messo tutto a posto e
cerchiamo di tranquillizzarci.
Un caro saluto

13 ●● Forma delle domande a partire dalle risposte. Usa un indefinito.

1. _____ ? Ne ho prese tre.
2. _____ ? Non ne ho letto nessuno.
3. _____ ? Tante volte nel passato, ma adesso non più.
4. _____ ? No, non c'era nessuno.
5. _____ ? Qualcuno mi ha detto di sì.
6. _____ ? Alcune ci sono ancora.
7. _____ ? No, non c'è nulla di bello da vedere.
8. _____ ? Solo uno.
9. _____ ? Uno qualsiasi va bene.
10. _____ ? Niente di importante.

14 ●● Scrivi 10 frasi riguardanti te stesso/a usando un indefinito.

1. _____
2. _____
3. _____
4. _____
5. _____
6. _____
7. _____
8. _____
9. _____
10. _____

ESERCIZI E GIOCHI SU **iW IMPARO SUL WEB**

46 GLI INDEFINITI (2)

1 ● **Abbina le due colonne e forma delle frasi.**

1. Hai visto quanti specchi ci sono nella casa di Francesca?
2. Oggi fa veramente troppo caldo.
3. – Che dici? Non c'è troppa gente in questo ristorante?
4. – Devi lavorare ancora tanto tempo?
5. Molti giovani laureati sono senza lavoro
6. – Hai ancora molta fame?
7. In diversi Paesi esiste ancora la pena di morte.
8. – Questa notte non ho dormito abbastanza.
9. – È vero che Paolo ha tanti problemi di salute?
10. Tante volte Maria è simpatica con tutti,

a. e hanno poche speranze di trovarlo, ma non si perdono d'animo.
b. Sembrano pochi, ma per me sono sempre troppi.
c. Forse ce ne sono troppi! Come mai ne ha così tanti?
d. – Perché non ti riposi un po' oggi pomeriggio?
e. – Decisamente parecchia! Andiamo via.
f. – Non più, adesso sta bene. È andato tutto a posto.
g. Puoi accendere un po' l'aria condizionata?
h. ma parecchie volte è proprio insopportabile.
i. – Tutti i giorni fino alla fine del mese.
j. – No, ho mangiato abbastanza, per ora.

2 ● **Scegli l'indefinito corretto.**

1. I miei studenti sono molto bravi. Solo (*tanti/abbastanza/pochi/nessuno*) .... non hanno ottenuto la certificazione B2 completa.
2. Il mese scorso ho letto due libri (*molti/parecchi/molto/vario*) .... divertenti.
3. Scusa, c'è rimasto ancora (*un po'/molto/abbastanza/troppo*) .... di pane sul tavolo?
4. L'esame di Anna è andato (*abbastanza/molta/vario/tutta*) .... bene, ma non è stato perfetto.
5. Ultimamente mangio (*molto/poca/troppa/un po'*) .... carne perché preferisco il pesce e la verdura.
6. Oggi (*abbastanza/molto/molti/un po'*) .... giovani decidono di andare a studiare all'estero.
7. Potresti darmi (*molto/abbastanza/un po'/diverso*) .... di zucchero, per favore? Questo caffè per me è (*poco/tutto/troppo/vario*) .... amaro.
8. Questa macchina è (*molta/troppa/un po'/molto*) .... bella ma per me è (*molta/troppa/tutta/troppo*) .... cara. Non la posso comprare.
9. La camera dell'albergo era bella, ma la doccia era (*poca/poco/parecchia/molta*) .... pulita.
10. Mi piace avere tanti impegni di lavoro, ma ora sono diventati (*troppo/parecchio/troppi/un po'*) ....

3 ● **Completa le frasi con *poco*, *molto/tanto*, *troppo*, *vari/diversi*, *tutto* e una delle parole indicate. Spesso sono possibili varie soluzioni.**

giorno • persone • spazio • Paesi • notte • pasta • speranze • volte

1. Nella mia vita ho conosciuto .... buone e gentili come Luigi.
2. Se a mezzogiorno mangi .... , puoi avere sonno al pomeriggio.
3. Nello studio di Aldo è rimasto .... per i libri: ne deve eliminare un po'.
4. Mara e Luigi hanno camminato .... e adesso sono proprio stanchi.
5. In .... del mondo ci sono ancora gravi problemi di mortalità infantile.
6. Ti ho telefonato .... ma non mi hai mai risposto. Perché?
7. I nostri vicini di casa hanno ascoltato musica .... e noi non abbiamo dormito.
8. Siete partiti troppo tardi e adesso avete veramente .... di arrivare puntuali all'appuntamento.

4 • **Riscrivi le frasi con significato contrario.**

1. Oggi ho mangiato troppa pasta e mi sento lo stomaco pesante.
   .... leggero.
2. Sono parecchi gli studenti che a fine anno vogliono fare l'esame per la certificazione A2.
   ....
3. A teatro c'erano troppe persone e così non siamo potuti entrare.
   ....
4. Riccardo non aveva sete e ha bevuto poca acqua.
   ....
5. Il professore di italiano ha tenuto una lezione decisamente poco chiara e così non ho capito molto di quello che ha detto.
   ....
6. Al mercato dei libri usati ho trovato pochi libri molto interessanti.
   ....

5 • **Completa le frasi usando** *un po'*, *poco*, *abbastanza*, *parecchio*, *molto*, *troppo*. **A volte sono possibili varie soluzioni.**

1. Per finire questo lavoro dobbiamo avere ancora .... di pazienza.
2. Oggi pensiamo di avere lavorato ...., ma non è ancora del tutto sufficiente.
3. Studia ancora ...., perché secondo me non hai studiato ....
4. Mi piacerebbe rivedere Gianni, perché non lo vedo da ....
5. – Ti piacciono i nuovi vestiti di Emy? – ...., ma non troppo.
6. Questa cosa non me la dovevi dire. È veramente ....
7. Mi fido .... di Paolo, perché non dice mai la verità.
8. Oggi è piovuto ...., perciò non devo andare a innaffiare l'orto.

6 • **Completa le frasi con un indefinito. A volte sono possibili varie soluzioni.**

1. Stamattina Andrea si è alzato .... tardi e non è andato a lavorare.
2. Se dormi sempre così .... al pomeriggio sarai sicuramente .... stanca.
3. Marco nella sua vita ha lavorato ...., ma non .... per poter andare in pensione l'anno prossimo.
4. Ieri Francesca ha lavato .... le posate della cucina poi è andata a letto.
5. I problemi da affrontare sono ...., ma ce la possiamo fare.
6. Gli spaghetti sono buoni ma mancano un po' di sale. Secondo me ce n'è troppo ....
7. Negli ultimi anni Linda è andata in vacanza a Kos .... volte perché le piacciono .... le spiagge di quell'isola.
8. Se continui a litigare con tutti, alla fine resterai sicuramente con .... amici.

7 •• **Correggi l'errore dov'è necessario.**

1. Tanti i giovani abbandonano l'università prima di ottenere una laurea.
2. Ho versato un po' vino sulla tovaglia pulita e l'ho macchiata subito.
3. Cammina! C'è ancora molto strada da fare prima di arrivare al fiume.
4. È inutile discutere con te, perché hai già deciso tutto tu.
5. Per questi esercizi sono possibili diversi soluzioni.
6. Alcune medicine sono molto efficaci ma anche un po' dannose per la salute.
7. Tutti le offerte che mi hai fatto mi piacciono abbastanza, ma non troppo.
8. Rosa aveva molto fretta e ha corso molto per arrivare puntuale all'appuntamento.

46 GLI INDEFINITI (2)

8 •• Completa il testo con un indefinito e una parola indicata.

giorni • gioia • voglia • piacere • possibilità • grande • piccolo • stretta • spaziosa • tempo • nostalgia

Ciao Silvia,
non stupirti se ti scriviamo questa lettera a mano, come succedeva **a.** _____ fa, ma siamo da **b.** _____ nel nostro nuovo appartamento e non abbiamo ancora una linea telefonica e quindi il collegamento a internet. So già a cosa stai pensando: avete **c.** _____ di comunicare, sms e chiamate con il cellulare, e allora perché scrivere una lettera? Perché abbiamo **d.** _____ dei tempi passati, quando l'arrivo di una lettera regalava **e.** _____ a chi la riceveva. È un piccolo ritorno al passato che speriamo possa fare **f.** _____ anche a te. La casa è **g.** _____ : ci sono due camere da letto, uno studio e un salone **h.** _____ (sono 50 mq!). Ci sono anche due bagni: uno è normale, mentre l'altro mi sembra **i.** _____ , con una doccia **l.** _____ . Ma non importa, è il bagno di servizio che useremo poco e dove metteremo la lavatrice. Quando vieni a trovarci? Questa lettera è anche una scusa per invitarti ufficialmente nella nostra nuova casa. Abbiamo veramente **m.** _____ di rivederti.

      A presto

      Enrico e Larissa

9 •• Forma delle frasi e trasforma l'indefinito in corsivo nella forma corretta, dov'è necessario.

1. Vienna / molto / perché / una / piace / volte / che / città / sono / a / *diverso* / andato / è / mi

2. giovane / è / avere / ma / patente / già / Pietro / *troppo* / vorrebbe / la / ancora

3. del / autostrade / ci / *molto* / sulle / agosto / a / italiane / traffico / sono / causa / in / code

4. fare / perché / perdendo / una / Andrea / *tanto* / deve / cura / sta / capelli

5. è / agosto / la / pitturare / perché / casa / in / vogliamo / *tutto* / sporca

6. interessante / del / Bruzzone / è / *abbastanza* / conferenza / la / professor / stata

7. lo / partito / da / vedo / Roberto / mesi / e / *parecchio* / è / non

8. professoressa / in / lavoro / poi / ha / pensione / di / ancora / *poco* / la / Colla / giorni / va

10 •• Abbina le due colonne, forma delle frasi e completa con un indefinito indicato.

molti • parecchie • poca • abbastanza (x 2) • diversi • nessuno • pochi • un po' • tante • poco • tutta • poche • molto • niente • parecchi

1. – Hai letto _____ libri quest'anno?
2. – C'erano _____ persone a teatro ieri sera?
3. Cristian conosce _____ la grammatica
4. Hai bevuto quasi _____ l'acqua
5. Al giorno d'oggi _____ lavoratori
6. Luca è _____ alto
7. – Scusa, c'è rimasta _____ di frutta per domani?
8. Paolo è lontano dal suo Paese da _____ anni

a. – Mi dispiace, non c'è più _____ .
b. e per me ne è rimasta molto _____ .
c. – No, ne ho letti _____ perché ho lavorato molto.
d. e non conosce più _____ .
e. hanno _____ possibilità di andare in vacanza.
f. – Direi _____ , il teatro era quasi pieno.
g. ma non _____ per giocare a pallacanestro.
h. anche se parla _____ bene.

116 GP | Grammatica pratica della lingua italiana | Esercizi supplementari

11 ●● Dai una risposta personale usando un indefinito (anche dell'unità 45).

1. Quanto tempo hai lavorato oggi? ....
2. Eri stanca dopo il tuo ritorno dalle vacanze? ....
3. Ti piace studiare la lingua italiana? ....
4. Sei innamorato/a? ....
5. Leggi molti libri in italiano? ....
6. Ci sono molte stanze in casa tua? ....
7. Ascolti molte canzoni italiane? ....
8. Ti piace il rap? ....

12 ●● Forma delle domande a partire dalla risposte. Usa un indefinito (anche dell'unità 45).

1. .... ?
   No, ce n'erano veramente poche.
2. .... ?
   Sì, erano molti.
3. .... ?
   Un po' di pizza, per favore.
4. .... ?
   Diverse volte, ma ora ho smesso.
5. .... ?
   Parecchio e per questo sono molto allegro.
6. .... ?
   Troppo! Dovrei stare più tranquilla.
7. .... ?
   Quasi nessuno.
8. .... ?
   No, ne ho visti molti.

13 ●● Completa le frasi con un indefinito delle unità 45 e 46.

1. Ti saluto e me ne vado perché non ho più .... da dirti.
2. In questo mese è caduta .... pioggia e i fiumi sono pieni d'acqua.
3. Non ho comprato quell'abito nuovo perché non avevo .... soldi con me.
4. C'è .... che può fare una telefonata in inglese?
5. La situazione è difficile e .... deve assumersi le proprie responsabilità.
6. In montagna c'era .... neve e le piste da sci sono state chiuse.
7. Questo asciugamano è .... sporco. Ma perché non lo lavi?
8. Nel mio orto ci sono rimasti .... pomodori. Forse .... me li ha rubati.
9. .... sarebbe in grado di capire che Sandro e Daniela sono innamorati.
10. Se spunta .... di sole possiamo andare a fare una passeggiata nel parco.
11. Fino a oggi .... persona è stata in grado di correre i 100 metri in meno di nove secondi.
12. .... volta guardo il tramonto e mi arrabbio perché un altro giorno è passato.
13. Lucia prende l'autobus .... mattina per andare a lavorare.
14. – Hai già finito .... i cioccolatini che ti ho regalato? – No, ne mangiati solo ....
15. .... corso frequenti in questa scuola, c'è sempre un insegnante valido e preparato.
16. Ho fatto .... volte colazione con brioche e caffè. Adesso preferisco latte di soia e cereali.
17. A lavorare tante ore sul computer ci si stanca .... la vista.
18. Lino potrebbe rimanere giornate intere senza parlare mai con ....

47 I COMPARATIVI E I SUPERLATIVI

1 ● **Abbina le due colonne e forma delle frasi.**

1. Alle ultime Olimpiadi, l'Italia
2. Mi diverto di più a viaggiare in macchina
3. Lisa scrive più velocemente al computer
4. Spesso Luigi reagisce più istintivamente
5. Milica è la più brava
6. Giacomo è il meno allegro
7. Leggere un libro è più rilassante
8. La Saona è l'isola più bella
9. Il cd che ho appena ascoltato
10. Lavare i piatti è noioso

a. è tra i più noiosi di quelli che ho comprato.
b. che a mano.
c. dei miei amici.
d. che io abbia mai visto.
e. ha vinto più medaglie d'oro del Brasile.
f. che razionalmente.
g. come pulire i pavimenti.
h. che in treno.
i. che guardare le televisione.
j. tra le mie studentesse.

2 ● **Scegli tra *di* o *che*.**

1. Tiziana è più bella *della/che* sua amica Clara.
2. Renata beve molta più acqua minerale naturale *di/che* gassata.
3. Francesca è molto più giovane *di/che* suo marito.
4. È più interessante visitare un museo *di/che* passeggiare per il centro di una città.
5. Oggi bisogna lavorare ancora più duramente *di/che* ieri.
6. Ultimamente in casa mia si sta mangiando molta più carne *di/che* pesce.
7. La nostra casa è molto più silenziosa *del/che* condominio in cui vive nostro zio.
8. I comparativi e i superlativi sono più facili *di/che* quanto uno posso pensare.
9. Il letto è molto più comodo *della/che* la poltrona.
10. Molto spesso le persone si comportano più stupidamente *di/che* intelligentemente.

3 ● **Osserva le immagini e forma delle frasi usando i comparativi, come nell'esempio.**

Es. Anna è più bella di Lara.
Lara è più brutta di Anna.
Anna è meno brutta di Lara.
Lara è meno bella di Anna.

1. _____
2. _____ 
3. _____ 
4. _____ 
5. _____

4 ● **Trasforma le frasi usando (tanto)/quanto oppure (così)/come, come nell'esempio.**

Es. La tua macchina è molto bella ed è anche molto comoda.
   La tua macchina è (tanto) bella quanto comoda.

1. A Simone piace ascoltare la musica, ma ama anche guardare i film d'autore.
2. Laura si è svegliata con una bella giornata di sole ed è molto allegra e piena di energia.
3. Angelo è un ragazzo intelligente e molti dicono che è anche simpatico.
4. È molto bello chiacchierare con le persone, ma è altrettanto bello stare tranquillamente in silenzio.
5. Il cinese e l'arabo sono due lingue difficili.
6. È stata una giornata di duro lavoro e noi siamo stanchi ma contenti di quello che abbiamo fatto.
7. Mario guida l'auto velocemente ma anche pericolosamente.

5 ●● **Trasforma gli aggettivi in corsivo in avverbi e modifica le frasi usando un comparativo, come nell'esempio.**

Es. La mia macchina è *facile* da guidare, ma quella di mia sorella lo è di più.
   La mia macchina si guida meno facilmente di quella di mia sorella.

1. Oggi la pioggia è stata più *intensa* di ieri.
2. Le discussioni con Andrea sono più *difficili* di quelle con Federico.
3. La calligrafia con cui scrive Paola è più *elegante* di quella di Simona.
4. Il comportamento di Tommaso è stato meno *intelligente* di quello di Gregorio.
5. Questa notte ho avuto un sonno *sereno*, mentre mia moglie ha dormito male.
6. Per un italiano, lo spagnolo è una lingua *facile* da imparare, più del tedesco.
7. Il modo di parlare di Sven è *corretto* come quello di Frank.

6 ●● **Completa le frasi con un comparativo, usando una parola indicata.**

faticoso • lentamente • sano • interessanti • magra • bella • conveniente • divertente • rapidamente

1. Penso che Roma sia una città molto _____ Vercelli.
2. Francesca si è messa a dieta e adesso è già _____ sua sorella.
3. Sulle strade cittadine si guida _____ in autostrada.
4. Leggere un libro è molto _____ correre nel parco.
5. È decisamente _____ fare la spesa in un supermercato _____ in un negozio del centro.
6. In autobus siete arrivati a casa _____ noi che eravamo a piedi.
7. Quando si è in vacanza va tutto bene: è _____ stare al mare _____ in montagna.
8. Non mi piacciono i film romantici. Li trovo _____ film d'azione.
9. Non andare tutti i giorni in centro a fare shopping! Viene in montagna con noi. È _____ camminare all'aria aperta _____ per le vie di una città.

47 I COMPARATIVI E SUPERLATIVI

7 •• **Completa il testo con i comparativi e superlativi indicati.**

più precisi • più recenti • più piccola • più grande • minima • più numerosa • interessantissime • più accogliente • maggiore • più basso • massima

CITTADINI STRANIERI IN ITALIA

Secondo i **a.** _____ dati Istat (Istituto nazionale di statistica) il numero dei cittadini stranieri residenti in Italia alla fine di quest'anno è **b.** _____ di quello degli anni passati. Se vogliamo essere **c.** _____ , è necessario dire che con le parole "cittadini stranieri" si parla di persone che non hanno cittadinanza italiana, ma che vivono abitualmente in Italia. Il numero diventa ancora **d.** _____ se si contano anche i profughi e i richiedenti asilo che arrivano ogni giorno in Italia. Gli stranieri, dunque, sono oltre cinque milioni e la comunità **e.** _____ di tutte è quella rumena, che rappresenta il 22.9% della popolazione straniera residente. Il secondo posto è occupato dalla comunità albanese, anche se il numero è decisamente **f.** _____ rispetto a quello dei rumeni: si parla, infatti, di un 9.3%. Al terzo posto ci sono i cittadini provenienti dal Marocco, con una percentuale dell'8,7%, leggermente **g.** _____ di quella albanese. Le tabelle relative alle presenze divise per continente sono **h.** _____ : più del 50% degli stranieri proviene dagli altri Paese europei, il 20% dall'Africa e dell'Asia, il 9% dall'America, mentre è **i.** _____ la percentuale chi proviene da Australia e Oceania. Le tabelle relative alle presenze straniere in Italia dimostrano che la Lombardia, con il suo 22,9%, è la regione **l.** _____ di tutte. Se invece si guarda la percentuale di stranieri rispetto alla popolazione italiana residente, la **m.** _____ percentuale è in Emilia-Romagna, con il suo quasi 12% di stranieri.

[adattato da tuttitalia.it/statistiche/cittadini-stranieri-2016/]

8 • **Abbina le due colonne, forma delle frasi e completa con i superlativi relativi indicati.**

grande • brava • alto • comode • veloce • interessanti • divertenti • lungo • spaziosa • buoni

1. La professoressa Avanzini
2. La mia camera da letto
3. Giove
4. Andrea è molto lento.
5. Come si sta bene su queste poltrone!
6. Il Po
7. Il Monte Bianco
8. Che noia questo libro!
9. Che buoni!
10. Gianni e Luigi sono sempre seri.

a. è _____ delle Alpi.
b. è la docente di inglese _____ della scuola.
c. Sono _____ del soggiorno.
d. È tra i libri _____ che io abbia mai letto.
e. è la stanza _____ della casa.
f. Sono gli spaghetti _____ che io abbia mangiato.
g. è il pianeta _____ del sistema solare.
h. Sono tra i ragazzi _____ della classe.
i. È sicuramente il calciatore _____ della squadra.
j. è il fiume _____ d'Italia.

9 •• **Completa le frasi con gli aggettivi indicati nella forma del superlativo relativo.**

costoso • esperto • alto • famoso • dissetante • vecchia • sporca • difficile • comodo • ricco • interessante

1. Giovanni è alto quasi 2 metri. È il ragazzo _____ classe.
2. Rocco ha vinto al Superenalotto e adesso è senz'altro _____ miei amici.
3. Gli appartamenti in centro storico sono _____ città.
4. Mia figlia dorme su un materasso durissimo. Secondo me è _____ casa.
5. I Beatles sono la band _____ XX secolo.
6. L'acqua è la bevanda _____ io conosca.

120 **GP** | Grammatica pratica della lingua italiana | Esercizi supplementari

7. La zia Tina ha 91 anni. È decisamente _____ miei parenti.
8. Andiamo via da quest'albergo. Queste lenzuola sono tra _____ io abbia visto.
9. Paolo ha appena cominciato a lavorare con noi: è _____ nostro team.
10. L'esame di filologia germanica è stato tra _____, ma anche tra _____ io abbia fatto all'università.

10 •• **Completa le frasi con un superlativo relativo e due delle parole indicate.**

collega • luminoso • libri • squadra • auto • città • lampadario • bravi • coperte • disponibile • economico • popolose • forte • stagione • studenti • calde • telefono • sporca • divertenti • fredda

1. Daniela è la _____ tutto l'ufficio.
2. La Juventus è storicamente la _____ campionato di calcio italiano.
3. In soggiorno c'è molta luce. C'è il _____ tutto l'appartamento.
4. Ho comprato due _____ per il mio letto. Sono le _____ abbia mai avuto.
5. L'inverno è la _____ anno.
6. Madrid e Barcellona sono le _____ Spagna.
7. Thomas e Sven sono gli _____ classe.
8. Ho comprato un nuovo cellulare. Era il _____ negozio.
9. Perché non lavi la tua macchina? È l' _____ tutto il parcheggio.
10. Alcuni romanzi di Pennac sono tra i _____ io abbia mai letto.

11 • **Completa le frasi usando una parola indicata e un superlativo assoluto a tua scelta.**

atleta • bevanda • automobile • animale • quadro • cibo • attore • Paese • strumento • stagione

1. L'Italia è _____.
2. Bolt è _____.
3. La Ferrari è _____.
4. L'estate è _____.
5. Il cane è _____.
6. L'aranciata è _____.
7. Il pane è _____.
8. Il pianoforte è _____.
9. La *Gioconda* è _____.
10. Di Caprio è _____.

12 • **Abbina le due colonne, forma delle frasi e completa con un comparativo o un superlativo dell'avverbio indicato.**

velocemente • rapidissimamente • benissimo • sinteticamente • chiaramente • serenamente • affettuosamente • il più possibile • pochissimo • correttamente

1. Mio figlio mi ha salutato più _____ del solito.
2. Ieri sera abbiamo camminato molto _____
3. Il direttore non ha mai tempo, quindi _____
4. Stanotte ho dormito _____
5. Con i treni dell'Alta Velocità si viaggia _____
6. Devi lavorare _____
7. Ti prego di esprimerti più _____ del solito,
8. Angela canta _____
9. Devi vivere questa situazione molto più _____
10. Franz si esprime in italiano molto più _____

a. se vuoi ottenere dei buoni risultati economici.
b. Probabilmente vorrà un permesso speciale.
c. perché nel parco era molto freddo.
d. altrimenti non capisco niente.
e. e oggi sono molto nervoso.
f. di quanto pensassi.
g. da Roma a Milano _____.
h. altrimenti perdi il controllo dei nervi.
i. spiega le cose da fare molto _____.
j. mentre suo figlio Andrea non conosce nulla di musica.

47 I COMPARATIVI E I SUPERLATIVI

121

47 I COMPARATIVI E SUPERLATIVI

13 • **Completa le frasi con un superlativo assoluto e uno relativo trasformando gli aggettivi indicati.**

buono • cattivo • grande • interessante • caldo

1. Complimenti! Il tuo esame è _____ . È _____ tra quelli di oggi.
2. La Valle della Morte tra la California e il Nevada è una zona _____ . Secondo le statistiche è una delle zone _____ della terra.
3. Non mangio più! Questi spaghetti sono _____ . Sono _____ spaghetti che io abbia mai mangiato.
4. Siamo tutti preoccupati perché la disoccupazione giovanile ha raggiunto i livelli _____ , o almeno uno dei livelli _____ degli ultimi anni.
5. *Le vite degli altri* è uno dei film _____ che io abbia mai visto. È decisamente _____ .

14 • **Riscrivi le frasi per dire l'opposto.**

1. Carlo pensa di aver risolto i propri problemi economici nel modo migliore.
2. Francesco è il minore tra i miei fratelli.
3. Sara ha finito l'esame poche ore fa. Ha detto che sarebbe potuto andare meglio.
4. Con questi occhiali ci vedo benissimo.
5. Andrea è una persona che vuole lavorare il meno possibile.
6. Sandra si è laureata con il massimo dei voti.

15 •• **Completa le frasi con un avverbio (dagli aggettivi indicati) al comparativo di maggioranza o minoranza e rafforzalo con *molto, assai, estremamente, notevolmente* ecc.**

lento • brillante • freddo • faticoso • duro • amorevole • chiaro • attento

1. A 50 anni si corre _____ che a 20.
2. Cerca di seguire le nostre lezioni _____ di quanto non hai fatto finora.
3. Ho smesso di fumare e adesso corro _____ di prima.
4. Forse Alberto è arrabbiato con noi perché ci ha salutati _____ del solito.
5. Quando Mattia è ammalato, Micole lo cura _____ di quanto non faccia di solito.
6. Che peccato! Hai superato l'esame _____ di quanto pensassi.
7. Mi piace parlare con Paolo, perché si esprime _____ di tante altre persone.
8. Il nostro capo era molto arrabbiato e ci ha trattati _____ di quanto ci aspettassimo.

16 • **Completa le frasi con un avverbio (dagli aggettivi indicati) al superlativo relativo o assoluto.**

comodo • chiaro • nervoso • simpatico • pericoloso • triste • corretto • molto

1. Di solito in prima classe si viaggia _____ .
2. Riposati _____ , perché domani sarà una giornata molto faticosa.
3. Se parli con Ugo cerca di farlo _____ possibile, perché ha un po' di problemi di comprensione.
4. Luigi ha tanti problemi e ora si comporta _____ .
5. Sono assolutamente sicuro che devi scrivere il test di grammatica _____ possibile, se vuoi superare tutto l'esame.
6. Ieri Anna mi ha detto che vi siete lasciati: mi dispiace che la vostra storia d'amore sia finita _____ .
7. Sono stato in macchina con Aldo e devo dire che guida _____ che io abbia mai visto.
8. Il professore è riuscito a trattare un argomento così noioso _____ che io abbia mai sentito.

47 I COMPARATIVI E I SUPERLATIVI

17 • **Completa le frasi con uno dei superlativi assoluti indicati nella forma corretta.**

stracolmo • ultramoderno • ipercalorico • arcistufo • iperattivo • stracotto • ipersensibile • superleggero • ultraresistente • ipercritico

1. Questi maccheroni sarebbero buoni, ma sono _____ .
2. Non versare troppa acqua. Non mi piace il bicchiere _____ .
3. È difficile parlare tranquillamente con voi. Siete sempre così _____ .
4. Non ne posso più! Sono _____ di voi e dei vostri continui lamenti.
5. Angelo è così _____ che piange in ogni situazione emozionante.
6. Lino ha comprato un cellulare _____ , ma non lo sa usare.
7. Con questa giacca non avrai mai problemi di usura perché è fatta con un materiale _____ .
8. Le bevande _____ non fanno bene alla salute.
9. Che emozione volare nel cielo su aerei _____ !
10. Cristian è un bambino _____ che a scuola non sta mai fermo e tranquillo.

18 • **Completa le frasi con una parola indicata al comparativo di maggioranza (+), minoranza (-) o uguaglianza (=).**

tranquillo • alto • buono • gustoso • difficile • rapido • ricco • faticoso • attento • caldo

1. Secondo qualcuno il prosciutto di Parma è (+) _____ di quello di San Daniele. Secondo altri è il contrario.
2. Da quando ho finito questo lavoro urgente, riesco a dormire molto (+) _____ di prima.
3. È sicuramente molto (-) _____ andare in bicicletta che guidare una moto da corsa.
4. Giuseppe ha senz'altro tanti soldi ma è anche molto superficiale: secondo me è (=) _____ quanto stupido.
5. Molti dicono che luglio è il mese (+) _____ dell'anno, ma anche giugno e agosto non sono certo mesi freschi!
6. Sulle strade di città bisogna guidare (+) _____ che in campagna perché c'è molto più traffico e ci sono tante biciclette.
7. Il Monte Bianco è la montagna (+) _____ d'Europa.
8. I peperoni sono una verdura (=) _____ quanto dura da digerire.
9. A volte camminare in salita è (-) _____ che camminare in discesa.
10. Al mare ci si abbronza (-) _____ che in alta montagna.

19 •• **Confronta i personaggi e scrivi delle frasi usando comparativi e superlativi.**

	PAOLO	ANNA	LUIGI	SARA
Età	21 anni	32 anni	18 anni	56 anni
Altezza	1,84	1,65	1,75	1,60
Peso	75	48	82	53
Titolo di studio	Maturità scientifica	Laurea in lettere	Studente liceale	Licenza media
Stato civile	celibe	nubile	celibe	sposata
Figli	0	1	0	2

1. _____
2. _____
3. _____
4. _____

ESERCIZI E GIOCHI SU **iW IMPARO SUL WEB**

123

48 L'IMPERATIVO

1 • **Abbina le frasi delle due colonne.**

1. Chiudi la porta.
2. Prima di tornare a casa,
3. Se stamattina vedi Camilla,
4. Bambini, non urlate in questo modo!
5. Non mangiare così tanti dolci.
6. Prima di partire per un viaggio,
7. - Scusi, dov'è la farmacia?
8. Parli a voce più alta, per favore.
9. Prendi, per favore, il latte
10. Quando arrivate davanti a casa mia

a. Non vedi che stai ingrassando sempre di più?
b. La mamma sta riposando e così la svegliate.
c. non dimenticare mai di controllare i documenti.
d. Non riesco a sentirla.
e. non suonate il campanello. Io vi aspetto sul balcone.
f. Non senti che aria fredda?
g. e mettilo in frigorifero.
h. comprami per favore un litro di latte al supermercato.
i. dille per favore di telefonarmi perché le devo parlare.
j. - Vada avanti dritto poi giri a destra dopo il semaforo.

2 • **Scegli la forma corretta dell'imperativo affermativo o negativo.**

1. Mi *scusa/scusi/scusate*, professoressa Generali, potrebbe spiegarmi ancora le equazioni di secondo grado?
2. Te l'ho già detto mille volte: non *giocate/giochi/giocare* con il cellulare mentre stai mangiando.
3. Domattina abbiamo un appuntamento importante: *arriva/arrivi/arrivare* puntuale, ti prego!
4. Quanto arrivate a Creta, *ricordarsi/ricordatevi/ricordiamo* di affittare subito una macchina.
5. *Faccia/Fai/Fammi* un favore, controlla su internet a che ora parte il treno per Milano.
6. Ragazzi, questo è un ordine: non *fumate/fuma/fumare* nel cortile della scuola.
7. La prego, signora, non *dire/dici/dica* a nessuno le cose che le sto raccontando.
8. Non *avere/abbia/abbi* paura: sei in grado di superare l'esame senza problemi.
9. Siamo molto curiosi di sapere com'è il vostro lavoro. *Raccontatevi/Raccontiamoci/Raccontateci* che cosa fate esattamente.
10. *Sii/Sei/Sia* sereno e non pensare a niente. Vedrai che risolverai i tuoi problemi.

3 • **Trasforma le frasi all'imperativo affermativo.**

1. Devi camminare più velocemente. _____
2. Dovete parcheggiare prima del semaforo. _____
3. Signora, deve stare a dieta per un mese. _____
4. Oggi dobbiamo andare al lavoro in autobus. _____
5. Signora, deve scegliere la camera con colazione inclusa. _____
6. Dovete essere contenti del risultato del vostro esame. _____
7. Devi avere la certezza di non fare mai errori. _____
8. Signor Mora, oggi deve lavorare fino alle otto di sera. _____
9. I signori Fontana devono telefonare al centralino dell'hotel prima delle otto.
_____
10. Dovete avere fiducia in quello che dice Antonio. _____

4 • **Trasforma le frasi dell'esercizio 3 all'imperativo negativo.**

1. _____
2. _____
3. _____
4. _____
5. _____
6. _____
7. _____

8. _____
9. _____
10. _____

5 • **Completa le frasi con i verbi indicati all'imperativo.**

lavare • bere • guardare (x 2) • gettare • stare • restare • andare • sapere • fare (x 2) • raccontare

1. (tu) _____ che bel tramonto! Sembra che il sole cada nel mare.
2. _____ per favore il vostro cane: ha un odore terribile!
3. Non _____ a nessuno quello che ti è successo ieri. È una cosa vergognosa.
4. Che faccia stanca! Signor Allegri, _____ un bicchiere d'acqua e si riposi un momento.
5. Arrivederci Signora Longhi. _____ bene e mi saluti suo marito.
6. _____ quello che vi dico e sarete contenti del vostro lavoro.
7. Non (voi) _____ oggetti dal finestrino. Grazie!
8. Signora Brentegani, _____ attenzione a quello che Le dico.
   Non _____ sempre fuori dalla finestra.
9. Non mi piace per niente il tuo comportamento. _____ che se continui così chiedo il divorzio.
10. Non (tu) _____ con le amiche anche stasera. _____ a casa con me.

6 • **Completa le frasi con i verbi indicati all'imperativo.**

arrabbiarsi • alzarsi • fermarsi • pettinarsi • dargli • sedersi • ricordarsi • decidersi • sbrigarsi • dirmi

1. Ragazzi, _____, è ora di andare a scuola.
2. Signorina, prima di uscire dall'ufficio _____ di spegnere tutte le luci.
3. _____ : hai deciso che abito metterai al matrimonio di Cristian?
4. Mi scusi, professore, non _____ con me, Le assicuro che ho studiato molto per questo esame.
5. Non puoi uscire con quei capelli. _____ !
6. _____, altrimenti arrivi in ritardo all'appuntamento.
7. I nostri amici ci stanno aspettando al ristorante. Non (noi) _____ a guardare ogni negozio del centro.
8. Quando vedi Sandro, _____ da parte mia questi dieci euro che mi ha prestato ieri.
9. _____ Dottor Bianchi: o lavora seriamente o cambia azienda.
10. Non _____ su quella sedia. È rotta!

7 •• **Sostituisci alle espressioni sottolineate i pronomi, come nell'esempio.**

Es. Ieri sera sono andato al cinema "Odeon" a vedere l'ultimo film di Tarantino.
Va' <u>al cinema</u> anche tu a vederlo. È molto interessante. <u>vacci</u>

1. Dobbiamo avvertire la reception dell'albergo che domattina facciamo colazione alle sei e mezza.
   Di' <u>alla reception dell'albergo che facciamo colazione alle sei e mezza.</u> _____
2. La settimana scorsa ti ho prestato la mia bicicletta e adesso mi serve assolutamente.
   Restituisci <u>a me la bicicletta</u> al più presto. _____
3. Ieri sono andato alla segreteria della scuola e ho pagato la tua iscrizione al corso di inglese.
   Non pagare <u>l'iscrizione</u> anche tu. _____
4. Francesca mi ha detto che vi ha dato i suoi libri di cucina vegana più di un mese fa.
   Adesso le servono, quindi riportate <u>a Francesca i libri</u>. _____
5. Mario racconta sempre storie assurde che si inventa perché vuole attirare l'attenzione delle persone.
   Non credete <u>a Mario.</u> _____
6. Ieri sera ho fatto un errore e vi ho raccontato storie personali che nessuno deve conoscere.
   Dimenticatevi <u>delle mie storie personali.</u> _____
7. Abbiamo comprato delle mensole che vogliamo appendere in cucina, ma non abbiamo il trapano elettrico. Presta <u>a noi il tuo trapano,</u> per favore. _____
8. Siamo rimasti svegli tutta la notte perché la nostra gatta ha partorito tre gattini meravigliosi.
   Guarda <u>i gattini</u>: sono dolcissimi. _____
9. Non avete visto che siete passati tra i banchi e avete fatto cadere tutte le mie penne?
   Raccogliete <u>per me le penne</u>, per favore. _____

48 L'IMPERATIVO

8 ●● **Completa le frasi, come nell'esempio.**

Es. Non riesco a scrivere la relazione al direttore. <u>Scrivigliela</u> tu.

1. Ieri c'era una grande offerta e mi sono preso un cellulare molto conveniente e ultramoderno. _____ anche voi.
2. Non ho il coraggio di dire a Sara che non ha superato il test di ammissione all'università. _____ tu, per favore.
3. Ho comprato due biglietti per il concerto di domani ma non posso andarci. _____ voi, ve li regalo molto volentieri.
4. L'antipasto che ho preso è terribile. Non _____ anche tu.
5. Ti presto due libri che ho letto quest'estate. _____ anche tu, sono proprio belli.
6. Ho parlato con i miei colleghi dei nuovi progetti dell'azienda. _____ anche tu con i tuoi.
7. Ho fatto l'abbonamento alla stagione teatrale. _____ anche tu.

9 ●● **Trasforma le frasi dell'esercizio 8 con l'imperativo della forma di cortesia Lei, come nell'esempio.**

Es. Non riesco a scrivere la relazione al direttore. <u>Gliela scriva</u> Lei.

1. Ieri c'era una grande offerta e mi sono preso un cellulare molto conveniente e ultramoderno. _____ anche Lei.
2. Non ho il coraggio di dire a Sara che non ha superato il test di ammissione all'università. _____ Lei, per favore.
3. Ho comprato due biglietti per il concerto di domani ma non posso andarci. _____ Lei. Glieli regalo molto volentieri.
4. L'antipasto che ho preso è terribile. Non _____ anche Lei.
5. Le presto due libri che ho letto quest'estate. _____ anche Lei, sono proprio belli.
6. Ho parlato con i miei colleghi dei nuovi progetti dell'azienda. _____ anche Lei con i Suoi.
7. Ho fatto l'abbonamento alla stagione teatrale. _____ anche Lei.

10 ●● **Rispondi alle domande usando un imperativo, come nell'esempio.**

Es. Posso dare il tuo numero di telefono a Carla? <u>Certo, daglielo pure!</u>

1. Ti dispiace se ti telefono domani sera verso le nove? _____
2. Ragazzi, cosa ne pensate? Andiamo al mare sabato prossimo? _____
3. Ho letto con attenzione la tua proposta: mi permetti di parlare a Luigi del tuo nuovo progetto editoriale? _____
4. Possiamo prendere un po' di questa frutta? È così bella! _____
5. Ho deciso di tenere la barba lunga. Che cosa ne pensi? _____
6. La tua camera fa proprio schifo! Devo pulirtela io? _____
7. La nostra macchina si è rotta e domattina dobbiamo andare a lavorare. Possiamo prendere la tua? _____
8. Laura dorme, ma tra poco deve alzarsi per andare a scuola. Che facciamo? _____
9. C'è un bagno? Posso lavarmi le mani? _____

11 ●● **Completa le frasi con un imperativo.**

Es. Che freddo c'è in questa camera! <u>Chiudiamo la finestra e accendiamo il riscaldamento.</u>

1. Che bel sole c'è oggi! _____
2. Guarda che stai dimagrendo troppo. _____
3. Anna è rimasta senza soldi. _____
4. Nella concessionaria di via Trento c'è una grande offerta di auto usate. _____
5. Lara è una persona che non dice mai la verità. _____
6. Parliamo da un'ora ma non so ancora il tuo nome. _____
7. Non riesco a sentire le notizie del telegiornale. _____
8. Non mi mandate mai sms divertenti. _____
9. Non ti vergogni a portare i capelli così lunghi e sporchi? _____

12 ●● **Fai un invito o una richiesta, dai un suggerimento o un ordine, a seconda della situazione. Usa un imperativo.**

Es. Tua moglie ti dice sempre di avere un forte mal di testa.
Prendi subito un analgesico oppure va' a fare una passeggiata all'aria fresca.

1. Il tuo nuovo direttore ti chiede un consiglio su un buon ristorante in città.

2. Gianni ha litigato con sua moglie e lei se n'è andata di casa.

3. Tuo figlio piange da un'ora e tu vuoi sapere che cosa è successo.

4. Un vigile urbano ti ferma e vuole farti una multa per eccesso di velocità.

5. Non vedete i vostri amici da tanto tempo e li volete invitare a cena a casa vostra.

6. Un uomo ha parcheggiato la macchina proprio dietro la tua e tu non puoi uscire dal parcheggio.

7. Sei dal fruttivendolo e vuoi comprare frutta e verdura.

8. Sei a una riunione con i tuoi colleghi e hai bisogno dei loro numeri di cellulare e degli indirizzi e-mail.

9. Parli con la signora delle pulizie perché la tua camera d'albergo è sporca.

13 ●● **Completa il dialogo con i verbi indicati all'imperativo formale.**

prendere (x 2) • dare • credere • scusare • dire (x 2) • aspettare • prenotare • fare

- Mi **a.** _____, c'è una camera libera in questo hotel?
- **b.** _____ un attimo, ora controllo... Sì, ci sono tre camere.
- Come sono? Mi **c.** _____ un consiglio, per favore.
- Ci sono una singola lusso, una doppia uso singola e una suite in offerta. **d.** _____ la suite, è un'occasione. Ecco una foto.
- Sembra molto bella, c'è anche l'idromassaggio, Ma, mi **e.** _____ quanto costa...
- Sarebbero 250 euro a notte, ma con l'offerta *last minute* sono solo 160. Non **f.** _____ la singola! Costa poco meno ma non è così bella.
- Mi **g.** _____ vedere le foto ancora una volta. Certo, la suite è bella, ma costa troppo. Mi **h.** _____ per favore quanto costa la doppia.
- Sono 90 euro a notte, colazione inclusa. Se le interessa, la **i.** _____ subito, perché è l'ultima.
- D'accordo. La doppia va benissimo. Mi **l.** _____ : al giorno d'oggi è sempre meglio risparmiare un poco.
- D'accordo. Mi servirebbe un suo documento.

14 ●● **Trasforma il dialogo precedente all'imperativo informale. Attenzione ai pronomi!**

- **a.** _____ , c'è una camera libera in questo hotel?
- **b.** _____ un attimo, ora controllo... Sì, ci sono tre camere.
- Come sono? **c.** _____ un consiglio, per favore.
- Ci sono una singola lusso, una doppia uso singola e una suite in offerta. **d.** _____ la suite, è un'occasione. Ecco una foto.
- Sembra molto bella, c'è anche l'idromassaggio, Ma, **e.** _____ quanto costa...
- Sarebbero 250 euro a notte, ma con l'offerta *last minute* sono solo 160. Non **f.** _____ la singola! Costa poco meno ma non è così bella.
- **g.** _____ vedere le foto ancora una volta. Certo, la suite è bella, ma costa troppo. **h.** _____ per favore quanto costa la doppia.
- Sono 90 euro a notte, colazione inclusa. Se ti interessa, **i.** _____ subito, perché è l'ultima.
- D'accordo. La doppia va benissimo. **l.** _____ : al giorno d'oggi è sempre meglio risparmiare un poco.
- D'accordo. Mi servirebbe un tuo documento.

49 IL CONGIUNTIVO

1 ● **Abbina le due colonne e forma delle frasi.**

1. Ho paura che al professore
2. Dubito che Elisa
3. Sono sicuro
4. Tuo fratello vuole che tu
5. – C'è anche Giovanni alla festa di domani?
6. Secondo me
7. Mi dispiace molto
8. Siamo contenti che Franco e Sara
9. Si dice che in Germania
10. Bisogna che smettiate di fumare,

a. – Può darsi che venga, ma non ne sono sicuro.
b. vada con lui a casa dei vostri genitori.
c. che Anna abbia perso il suo posto di lavoro.
d. se volete vivere più a lungo.
e. non piaccia l'argomento della mia tesi di laurea.
f. si siano sposati.
g. possa imparare l'inglese se non lo studia mai.
h. che non è stata tua la colpa dell'incidente.
i. la vita sia migliore che in altri Paesi europei.
j. non ci sono più possibilità di migliorare la vostra situazione.

2 ● **Scegli il verbo al congiuntivo corretto.**

1. È necessario che tu *prendi/prenda/prende* la patente appena compi 18 anni.
2. Sembra che nelle ultime ore il tempo *è/sii/sia* peggiorato notevolmente.
3. Non crediamo che Luisa *abbi/ha/abbia* ancora bisogno del nostro aiuto.
4. Spero proprio che tu *finisca/finisci/fina* l'università prima di compiere 26 anni.
5. Molti pensano giustamente che i giovani d'oggi *devono/deviano/debbano* conoscere almeno una lingua straniera per poter comunicare con il mondo.
6. Non è necessario che voi *torniate/tornate/tornino* a casa per preparare la cena. Ci pensiamo noi.
7. Sembra che il Ministro dell'Economia si *dimetti/dimetta/dimette* a causa di contrasti politici con il Capo del Governo.
8. Il direttore è una persona molto autoritaria. Quando parla, non vuole che i suoi collaboratori lo *interrompono/interrompino/interrompano*.
9. Chiunque *vede/vedi/veda* Angelo dice che negli ultimi mesi è cambiato moltissimo.
10. Ma sei proprio sicuro che io *accetti/accetta/accetterò* di continuare a collaborare con te a queste condizioni?

3 ● **Scegli il verbo giusto e mettilo al congiuntivo per completare le frasi.**

1. Giovanni non vuole che suo figlio _____ la radio mentre studia. (ascoltare, giocare, cantare)
2. È necessario che tu _____ più spesso dei tuoi problemi con tuo marito. (pensare, parlare, ascoltare)
3. La professoressa Bertelli non vuole che i suoi studenti _____ in classe in ritardo. (uscire, entrare, parlare)
4. Temo che Giuseppe non _____ a trovare un nuovo lavoro prima della fine dell'anno. (dovere, volere, riuscire)
5. Penso che sia meglio che voi _____ l'autobus per venire in centro, perché con la macchina non trovate parcheggio. (prendere, salire, guidare)
6. Credi proprio che io _____ ospitare a casa mia i miei cugini, anche se li conosco pochissimo? (decidere, chiedere, dovere)
7. Bisogna che (noi) _____ un po' di più tra di noi, se vogliamo ottenere risultati migliori. (confrontarsi, ascoltare, sentire)
8. Non penso che Anna e Franco _____ ancora in Svizzera. Secondo me sono tornati a casa. (mangiare, vivere, tornare)
9. Mia figlia vuole seguirmi dovunque io _____ . (andare, venire, mangiare)
10. Suppongo che dopo la lunga discussione con Andrea tu non _____ molta voglia di parlare ancora con lui. (essere, volere, avere)

4 Indicativo o congiuntivo? Scegli il verbo corretto.

1. Stamattina c'è un bel cielo sereno. Sono sicuro che oggi *farà/faccia* bel tempo.
2. Se vuoi dimagrire correttamente è meglio che tu *vai/vada* da un dietologo.
3. Siamo sicuri che *trascorrerai/trascorra* uno splendido fine settimana.
4. Speriamo che voi *potete/possiate* ritornare in tempo per la cena di stasera.
5. Sappiamo che non ci *sono/siano* più persone disponibili a collaborare con noi.
6. Secondo me Antonio tra poco *va/vada* a fare una passeggiata in centro.
7. Conviene che *uscite/usciate* prima della fine dello spettacolo se non volete trovare traffico.
8. Non sono sicuro che l'inflazione *può/possa* mantenersi stabile nei prossimi mesi.
9. Vedo che il tuo bambino *sta/stia* diventando sempre più grande. Ma quanti anni ha adesso?
10. È meglio che Lara e Paolo *comprano/comprino* il biglietto del treno qualche giorno prima di partire.

5 Completa le frasi con uno dei verbi indicati al congiuntivo presente.

prenotare • frequentare • decidere • vestirsi • dovere • potere • assumersi • guadagnare • smettere • cambiare

1. Dubito che il governo _____ risolvere i problemi economici dell'Italia in breve tempo.
2. È molto difficile che (noi) _____ programma dopo che ne abbiamo parlato così a lungo.
3. Bisogna che (voi) _____ in anticipo, se volete trovare posto in quel ristorante.
4. Ritengo necessario che tu _____ le tue responsabilità, se hai ancora intenzione di lavorare in quest'ufficio con me.
5. I miei colleghi preferiscono che gli studenti _____ corsi intensivi di quattro mesi piuttosto che corsi annuali.
6. Credo che ognuno _____ contribuire alla salvaguardia dell'ambiente cominciando dalla raccolta differenziata in casa propria.
7. Il cielo continua a essere nero e sembra proprio che non _____ di piovere.
8. Stiamo aspettando con ansia che tu _____ in quale facoltà studiare l'anno prossimo.
9. È giusto che Sandra e Lucia _____ di più per il lavoro che stanno facendo.
10. Mia moglie spesso si vergogna che io _____ in un modo troppo poco elegante.

6 Trasforma le frasi dell'esercizio 5 al congiuntivo imperfetto.

1. Dubitavo che il governo _____ risolvere i problemi economici dell'Italia in breve tempo.
2. Era molto difficile che (noi) _____ programma dopo che ne avevamo parlato così a lungo.
3. Bisognava che (voi) _____ in anticipo, se volevate trovare posto in quel ristorante.
4. Ritenevo necessario che tu _____ le tue responsabilità, se avevi ancora intenzione di lavorare in quell'ufficio con me.
5. I miei colleghi preferivano che gli studenti _____ corsi intensivi di quattro mesi piuttosto che corsi annuali.
6. Credevo che ognuno _____ contribuire alla salvaguardia dell'ambiente cominciando dalla raccolta differenziata in casa propria.
7. Il cielo continuava a essere nero e sembrava proprio che non _____ di piovere.
8. Stavamo aspettando con ansia che tu _____ in quale facoltà studiare l'anno prossimo.
9. Era giusto che Sandra e Lucia _____ di più per il lavoro che stavano facendo.
10. Mia moglie spesso si vergognava che io _____ in un modo troppo poco elegante.

7 Completa le frasi con uno dei verbi indicati al congiuntivo passato.

andare • superare • licenziarsi • essere • dimenticarsi • decidere • comportarsi • riflettere • partire • trovarsi

1. Molti pensano che questa _____ una delle estati più calde degli ultimi anni.
2. Ho l'impressione che la notte scorsa tu _____ a letto molto tardi.
3. Sono molto in ritardo e spero che l'autobus non _____ già _____ .
4. Secondo la televisione pare che i sindacati _____ di indire uno sciopero generale di otto ore per la giornata di lunedì.

49 IL CONGIUNTIVO

5. Da quello che mi raccontate, non è sicuro che voi _____ l'esame scritto della settimana scorsa.
6. Non è possibile che Michele _____ di avvertire Stefania del cambiamento di orario delle lezioni della settimana prossima.
7. A Roberto dispiace molto che noi non _____ bene nell'hotel che ci ha consigliato.
8. A vostra madre non piace per niente che voi _____ male a scuola.
9. Non sono contento che Maria _____ da un lavoro così interessante.
10. Suppongo che tu _____ a lungo prima di prendere una decisione così importante.

8 • Trasforma le frasi dell'esercizio 7 al congiuntivo trapassato.

1. Molti pensavano che quella _____ una delle estati più calde degli ultimi anni.
2. Avevo l'impressione che la notte prima tu _____ a letto molto tardi.
3. Ero molto in ritardo e speravo che l'autobus non _____ già _____ .
4. Secondo la televisione pareva che i sindacati _____ di indire uno sciopero generale di otto ore per la giornata di lunedì.
5. Da quello che mi raccontavate, non era sicuro che voi _____ l'esame scritto della settimana precedente.
6. Non era possibile che Michele _____ di avvertire Stefania del cambiamento di orario delle lezioni della settimana successiva.
7. A Roberto dispiaceva molto che noi non _____ bene nell'hotel che ci aveva consigliato.
8. A vostra madre non piaceva per niente che voi _____ male a scuola.
9. Non ero contento che Maria _____ da un lavoro così interessante.
10. Supponevo che tu _____ a lungo prima di prendere una decisione così importante.

9 •• Correggi l'errore dov'è necessario.

1. Non credo che l'anno scorso tu vada a piedi fino a Santiago de Compostela.
2. Ormai è sicuro che la nuova legge sulle pensioni entra in vigore il mese prossimo.
3. Dicono che ieri notte, sull'Appennino, sia caduto più di un metro di neve.
4. Forse è necessario che tu decidi cosa vuoi fare dopo la scuola superiore.
5. Non ero certo che tu eri già arrivata a casa, altrimenti sarei tornato anch'io.
6. Nessuno credeva che Sandro si fosse laureato un mese prima senza dirlo alla sua famiglia.
7. Mio nipote ritiene che la musica metal è la migliore che si possa ascoltare.
8. So benissimo che tu mi abbia telefonato solo perché hai bisogno di soldi.
9. Andrea pretende che i suoi figli gli obbediscono senza mai discutere.
10. Pare che il tempo è migliorato rispetto alla settimana scorsa.

10 •• Forma delle frasi e metti il verbo in corsivo al congiuntivo.

1. Vanessa / che / per / *ricordarsi* / domani / spero / sera / di / ristorante / prenotare / il

2. che / impressione / questo / fa / già / noi / hotel / anni / avevo / *essere* / l' / in / anni / alcuni

3. le / tutti / tasse / i / giusto / *pagare* / è / cittadini / che

4. ieri / cinema / alla / non / neorealista / sul / voi / sicuri / *andare* / che / siamo / sera / conferenza

5. il / necessario / vostro / *essere* / credo / aiuto / ancora / che

6. è / sorella / casa / mia / prossima / a / contenta / nostra / la / *venire* / moglie / che / settimana / sua

7. di / Daniela / classe / suoi / i / molto / suo / a / dispiace / con / figlio / d'accordo / *andare* / che / non / compagni

8. macchina / stanchi / la / quando / è / così / *guidare* / pericoloso / che / siete

9. vivere / al / che / un' / occorre / ora / almeno / per / *camminare* / sani / voi / giorno

130 GP | Grammatica pratica della lingua italiana | Esercizi supplementari

11 Trasforma le frasi usando il congiuntivo, come nell'esempio.

Es. Devi deciderti a cambiare abbigliamento perché non sei più un ragazzino.
È necessario che tu ti decida a cambiare abbigliamento perché non sei più un ragazzino.

1. A mio parere il risultato delle elezioni ha premiato i partiti della minoranza.

2. Signor Verdi, domani venga nel mio ufficio alle otto in punto. È assolutamente necessario.

3. Forse non avete esattamente capito quello che vi ho detto riguardo al lavoro da fare domani.

4. Non hai ascoltato le mie parole e questo non mi piace per niente.

5. Domattina rimango in casa ad aspettare il postino che mio deve portare un pacco. È indispensabile.

6. Ma la fidanzata di Luigi è veramente innamorata di lui?

7. Secondo me Francesca sapeva cucinare bene anche prima di sposarsi.

12 Abbina le due colonne e forma delle frasi usando le espressioni indicate.

sebbene (benché, nonostante, malgrado) • affinché • anche se • prima che •
a meno che • secondo me (a mio parere) • chiunque • di quanto •
a patto che (purché, a condizione che) • senza che

1. Arturo pensa di cambiare lavoro,
2. Andrea vuole prendere un cellulare nuovo,
3. Monica pensa di affittare il suo appartamento in montagna
4. Ricordati di staccare la luce e chiudere l'acqua e il gas,
5. Ti invito volentieri a cena a casa mia, e ti preparo quello che vuoi
6. Il mio dentista mi ha curato un dente cariato,
7. _____ la crisi economica continuerà
8. Siamo usciti con abiti leggeri, ma fa molto più freddo
9. Enrico ha comprato un'auto usata,
10. Ieri sera mi sono addormentato sul divano,

a. _____ andiamo al mare per un mese.
b. e porterà a grandi problemi sociali.
c. _____ tu non voglia mangiare cibi fritti. In quel caso, mi rifiuto.
d. _____ non gli offrano condizioni economiche migliori.
e. _____ suo figlio possa essere autonomo e muoversi liberamente.
f. _____ quello vecchio funzioni ancora bene.
g. _____ erano solamente le otto e mezza.
h. a _____ sia disposto a pagare 650 euro al mese.
i. _____ io sentissi il minimo dolore.
j. _____ ci aspettassimo.

13 Unisci le frasi usando alcune delle espressioni indicate e il verbo al congiuntivo, come nell'esempio.

sebbene (benché, nonostante, malgrado) (x 3) • prima che • a meno che non • chiunque •
qualunque • dovunque • di quanto

Es. Può posticipare la consegna della sua relazione. Però me la consegna entro una settimana.
Può posticipare la consegna della sua relazione, purché me la consegni entro una settimana.

1. Vorrei comprarvi alcune specialità gastronomiche locali prima della vostra partenza.

2. Cristian continua a mangiare cibi molto grassi. Eppure ha il colesterolo molto alto.

3. Il mio gatto è scappato. Offro una ricompensa di 200 euro a chi lo trova.

4. Nicolas ha comprato uno scooter nuovo e l'ha pagato molto meno del suo costo.

5. Io posso dire qualunque cosa, ma Andrea non è mai d'accordo con me.

6. Maria non si può permettere di smettere di lavorare. L'unica possibilità per lei è vincere alla lotteria.

7. José ha studiato molto tempo per fare l'esame di livello B2, ma non l'ha superato.

8. Anna ha voluto divorziare, anche se è ancora innamorata di Aldo.

9. Ho un cane molto fedele che mi segue in tutti i posti in cui vado.

14 •• **Completa le frasi come nell'esempio, usando alcune delle espressioni indicate nell'esercizio 13.**

Es. <u>Sebbene avesse già 30 anni,</u> Angelo non lavorava ancora.

1. _____ , sono rimasto in casa tutto il giorno.
2. Offro una cena nel miglior ristorante della città _____ .
3. Accettiamo queste nuove condizioni di lavoro, _____ .
4. Simona ha deciso di sposare Carlo, _____ .
5. Il figlio di Patrizia non vuole più andare a scuola, _____ .
6. _____ , si incontrano sempre persone molto interessanti.
7. Ieri sera Alberto è tornato a casa molto tardi, _____ .
8. Capire il libretto di istruzioni di questa televisione è molto più difficile _____ .
9. Chiudi bene tutte le finestre, _____ .

15 •• **Esprimi delle opinioni personali, usando un verbo o delle espressioni che reggono il congiuntivo.**

1. Che cosa pensi del problema dell'emigrazione verso l'Italia e, in generale, verso i Paesi europei?

2. Come giudichi il sistema politico italiano?

3. E quello del tuo Paese?

4. Come devono essere, secondo te, le regole per una corretta alimentazione?

5. Che cosa pensi della musica rap?

6. Qual è la tua opinione sui programmi televisivi del tuo Paese?

7. Che cosa è necessario, secondo te, per mantenere il fisico in buona salute?

8. Che cosa pensi del servizio sanitario del tuo Paese?

16 •• **Completa le frasi con un verbo al congiuntivo che esprima una caratteristica richiesta, come nell'esempio.**

Es. Azienda informatica cerca un tecnico <u>che abbia già esperienza nel settore della programmazione.</u>

1. Ho bisogno di un'auto _____ .
2. Volevo sposare un uomo/una donna _____ .
3. Vincenzo vuole cercare una località turistica _____ .
4. Mio figlio cercava una facoltà universitaria _____ .
5. Per assistere nostra nonna cerchiamo una persona _____ .
6. Voglio comprami una giacca _____ .
7. Per festeggiare la laurea di Anna cerchiamo un locale _____ .
8. Desideravamo vivere in una casa _____ .
9. Bisogna parlare solamene con persone _____ .

17 ●● Osserva le immagini e scrivi che cosa è successo. Usa verbi o espressioni che reggano il congiuntivo.

....
....
....
....

18 ●● Completa il testo con uno dei verbi indicati al congiuntivo.

dare • venire • immaginare • riflettere • finire • fare (x 2) • aiutare • esserci • avere (x 2) • concedere • dovere • essere (x 2) • potere • ricevere • risultare • mettere • succedere • ascoltare • giudicare

SINDACO: Ciao Paolo, come stai? Mi fa molto piacere che un diciottenne **a.** .... a parlare con il sindaco. Di che cosa mi vorresti parlare? Spero proprio che tu **b.** .... delle proposte interessanti da fare!
PAOLO: Esatto. Vengo in rappresentanza di un gruppo di giovani del nostro paese. Sarebbe molto bello che lei **c.** .... le nostre proposte e ci **d.** .... una risposta in merito.
SINDACO: Ma certo. Credo proprio che questo **e.** .... parte del mio ruolo e della funzione di sindaco. Dimmi pure...
PAOLO: In pratica noi vorremmo che lei **f.** .... sulla situazione dei giovani del nostro paese che, sebbene **g.** .... un paese di poche migliaia di abitanti, presenta già i problemi delle grandi città. Malgrado **h.** .... diversi locali pubblici, non esiste uno spazio in cui i giovani **i.** .... incontrarsi tra di loro, parlare dei loro problemi, discutere dei temi più importanti della nostra società...
SINDACO: La cosa sembra interessante. Ma cosa pensi che il Comune **l.** .... fare per rispondere a questa vostra esigenza?
PAOLO: Innanzitutto credo che **m.** .... necessario che ci **n.** .... a disposizione un locale e poi ci **o.** .... un piccolo aiuto finanziario che ci **p.** .... a proporre le prime iniziative. Credo che nel passato qualcuno **q.** .... già .... una richiesta del genere, ma penso anche che non **r.** .... mai .... una risposta precisa.
SINDACO: L'idea sembra bella. Al momento non so dirti che cosa **s.** .... nel passato, perché non ero io il sindaco. Ma questo non è importante. Adesso mi interessa che voi **t.** .... una risposta nel più breve tempo possibile. Ne devo parlare con i miei collaboratori. Nel frattempo dovresti scrivere un piccolo progetto dal quale **u.** .... chiari i vostri obiettivi e il modo in cui li volete mettere in pratica.
PAOLO: Avevamo già pensato che lei ci avrebbe chiesto un progetto. Abbiamo preparato alcune pagine che le posso spedire via e-mail. Si tratta di alcune idee per noi interessanti. Speriamo che anche voi le **v.** .... allo stesso modo.
SINDACO: Ottimo. Ti prometto che, se il progetto è interessante, troverò una soluzione prima che **z.** .... il mio mandato da sindaco.
PAOLO: La ringrazio molto. È stato un incontro molto più soddisfacente di quanto **aa.** ....

19 ●● Commenta il dialogo precedente usando verbi o espressioni che reggano il congiuntivo.

50 LA CONCORDANZA DEI TEMPI

1 • **La concordanza con l'indicativo. Abbina le due colonne e forma delle frasi.**

1. Qualche anno fa, quando Davide studiava al liceo era sicuro
2. Ho controllato gli orari in internet e so che
3. Andrea non risponde al telefono. Sono certo che
4. Sono stato al supermercato. Ti dico che
5. Mia zia mi racconta sempre che
6. Quando Franco incontrò Luisa si rese conto
7. Camminando per il centro ho incontrato un'amica che
8. La ditta Ferrari ci aveva assicurato che
9. Quando Francesca lavorava in banca
10. Quando incontri Daniela, dille per favore che

a. l'offerta speciale di vini naturali è finita la settimana scorsa.
b. da giovane lavorava come impiegata in Comune.
c. che all'università avrebbe scelto la facoltà di lingue straniere.
d. di quello che le era successo.
e. non amava vendere prodotti o servizi finanziari ai clienti.
f. il film inizia alle 21.00.
g. avrebbe consegnato la merce entro la fine del mese. Ma non l'ha fatto.
h. sta ancora dormendo.
i. non vedevo da tanti anni.
j. le restituirò la sua bicicletta la settimana prossima.

2 • **La concordanza con l'indicativo. Scegli il verbo corretto.**

1. Sono sicura che domani non *avrò/ho avuto/avevo avuto* molto tempo da dedicare a mio marito.
2. Quando ti ho visto stamattina, ho capito che non *dormi/avevi dormito/hai dormito* tutta la notte.
3. Ti ho già detto che adesso non *posso/ho potuto/potevo* aiutarti a pulire la casa. Devo lavorare.
4. Ho comprato io il pane perché sapevo che te ne *saresti dimenticato/dimenticherai/dimentichi*.
5. Ho letto sul giornale che venerdì prossimo *c'è stato/c'era stato/ci sarà* sciopero dei treni.
6. Ti ripeto che non *conosco/conoscerò/avevo conosciuto* nessuna donna di nome Marcella.
7. Stamattina ho visto Luigi che *stava correndo/corre/ha corso* nel parco.
8. Daniela mi ha raccontato che suo figlio, da piccolo, non *dorme/ha dormito/dormiva* mai di notte.
9. È evidente che il problema dell'inquinamento dell'aria in città non *si è risolto/si risolverà/si era risolto* nei prossimi mesi.
10. Prima di uscire prendi l'ombrello. Non vedi che *è piovuto/sta piovendo/era piovuto* ancora?

3 • **La concordanza con l'indicativo. Scegli il verbo e mettilo nella forma corretta.**

1. Antonio è convinto che sua sorella (*sposarsi/lavorare/cambiare*) _____ con Luigi solo in Comune, ma non in chiesa.
2. Quando incontro Alberto, mi ricorda sempre di quando (*viaggiare/andare/trascorrere*) _____ insieme in vacanza in Spagna.
3. Anna ha guardato il cielo ed è certa che domani (*finire/cominciare/piovere*) _____ .
4. So che (*leggere/raccontare/parlare*) _____ tutto a Sergio. Ma non doveva restare un segreto tra di noi?
5. Il treno arriva in ritardo perché (*esserci/essere/avere*) _____ problemi alla stazione.
6. Non ho molto tempo. Mi devi esattamente dire a che ora (noi) (*lavorare/prendere/finire*) _____ questo lavoro.
7. Non riesco a capire cosa (*stare/fare/essere*) _____ facendo. Leggi un romanzo o studi?
8. So che ieri Renata (*entrare/partire/camminare*) _____ in ospedale.

4 •• **La concordanza con l'indicativo. Metti le frasi dell'esercizio 3 al passato.**

1. Antonio _____ che sua sorella _____ con Luigi solo in Comune, ma non in chiesa.
2. Quando _____ Alberto, mi _____ sempre di quando _____ insieme in vacanza in Spagna.

3. Anna ha guardato il cielo ed _____ certa che il giorno dopo _____ .
4. _____ che _____ tutto a Sergio. Ma non doveva restare un segreto tra di noi?
5. Il treno _____ in ritardo perché _____ problemi alla stazione.
6. Non _____ molto tempo. Mi _____ dire a che ora _____ questo lavoro.
7. Non _____ a capire cosa _____ facendo. _____ un romanzo o _____ ?
8. _____ che il giorno precedente Renata _____ in ospedale.

5 • **La concordanza con l'indicativo. Metti il verbo nella forma corretta.**

1. Gianni mi ha telefonato con voce ansiosa e mi ha detto che (*licenziarsi*) _____ poche ore prima dalla banca in cui lavorava.
2. La tua collega mi ha detto che (*ricevere*) _____ un aumento di stipendio. Complimenti!
3. Mi divertii molto quando Lucia mi raccontò come (*conoscere*) _____ suo marito.
4. Che gentili! Non pensavo proprio che (voi) mi (*regalare*) _____ un tablet per il mio compleanno.
5. Ieri Sandro ha lavorato tutto il giorno nell'orto e (*divertirsi*) _____ molto anche se (*faticare*) _____ tanto.
6. Continuando a studiare in quel modo, era chiaro a tutti che (loro) (*laurearsi*) _____ con il massimo dei voti.
7. Quando Angelo guarda nel vuoto sorridendo, è chiaro che (*pensare*) _____ a Sara.
8. Quando ero piccolo, mia zia mi (*accompagnare*) _____ sempre al cinema a vedere i film western.

6 • **La concordanza con l'indicativo. Completa le frasi con uno dei verbi indicati al tempo corretto.**

aumentare • preparare • correre • dire • cambiare • tornare • comprare • potere • litigare • essere • uscire

1. Quando Alice arrivò a casa, era sicura che Paolo _____ già _____ la cena.
2. So già che domani non _____ venire a casa vostra. Sono fuori città per lavoro.
3. Il padrone di casa ci ha detto che il mese prossimo _____ l'affitto di 50 euro.
4. Quando mio figlio _____ a casa molto triste, sapevo già che _____ con la sua fidanzata.
5. So già chi voterai alle prossime elezioni e sono sicuro che non _____ idea.
6. Da bambino Mauro _____ sempre nei campi e non _____ mai stanco.
7. Nei mesi passati l'avvocato mi _____ che _____ di prigione in breve tempo. Invece sono ancora qui!
8. Tranquillo! (io) Ti _____ la macchina non appena avrai la patente.

7 •• **La concordanza con l'indicativo. Correggi l'errore dov'è necessario.**

1. Ieri Anna mi ha detto che il giorno prima è andata a trovare i suoi genitori a Bologna. _____
2. L'anno scorso Giacomo era certo che i suoi amici cambierebbero casa. _____
3. La tua dieta ha funzionato. Vedo che sei dimagrito e ora ti trovo in piena forma. _____
4. Su tutti i giornali c'è scritto che nei prossimi giorni il tempo sarebbe migliorato. _____
5. Siamo entrati nel museo troppo tardi e le sale più interessanti sono già chiuse. _____
6. Ieri mia moglie è andata dalla parrucchiera perché aveva bisogno di tagliare i capelli. _____
7. Siete sicuri che riuscivamo ad arrivare a casa in tempo per vedere il film alla tv? _____
8. Finalmente il falegname mi ha riparato il mobile che gli ho portato il mese scorso. _____

8 •• **La concordanza con il congiuntivo. Scegli il verbo corretto.**

1. Penso che la segretaria della mia scuola oggi non *si sentisse/si senta/si sarebbe sentita* molto bene.
2. Non ero sicuro che tu ti *ricorderesti/ricorderai/saresti ricordato* di portarmi i libri che ti avevo prestato.
3. Speravo che oggi *abbia fatto/facesse/faccia* bel tempo e invece piove ancora.
4. Mi piacerebbe che qualcuno mi *aiutasse/avrebbe aiutato/aiuterà* a risolvere questo grande problema.
5. Tina ha paura che suo nipote *guidasse/avesse guidato/guidi* l'auto di notte.

6. Mia nonna credeva che il mese scorso le *abbiano aumentato/avessero aumentato/aumentino* la pensione, ma si sbagliava.
7. Non sono sicuro, ma credo che la riunione di ieri sera *finisca/fosse finita/sia finita* alle dieci.
8. I vostri professori sono del parere che (voi) *dobbiate/aveste dovuto/abbiate dovuto* impegnarvi di più, se volete superare l'esame il mese prossimo.

9. La concordanza con il congiuntivo. Scegli il verbo e mettilo nella forma corretta.

1. Marta crede che la sua collega di lavoro (*avere/prendere/essere*) _____ intenzione di cambiare ufficio entro breve tempo.
2. Cristina vorrebbe che suo figlio (*finire/cominciare/capire*) _____ a lavorare subito dopo il diploma di maturità.
3. Vorrei che l'anno scorso tu non (*andare/tornare/partire*) _____ per la Scozia.
4. Credo che non (*essere/esserci/trovare*) _____ più posti a teatro per la rappresentazione di stasera.
5. A mio padre piacerebbe che io (*studiare/laurearsi/lavorare*) _____ in Medicina.
6. Penso che Lara (*tornare/parlare/andare*) _____ prima di me. La luce della sua camera è già accesa.
7. Mi sembra che ultimamente tu (*dimagrire/mangiare/lavorare*) _____ troppo. Sei tutto pelle e ossa!
8. Voglio che (tu) mi (*parlare/leggere/dire*) _____ esattamente che cosa pensi di me.

10. La concordanza con il congiuntivo. Metti le frasi dell'esercizio 9 al passato.

1. Marta credeva che la sua collega di lavoro _____ intenzione di cambiare ufficio entro breve tempo.
2. Cristina _____ che suo figlio _____ a lavorare subito dopo il diploma di maturità.
3. _____ che l'anno prima tu non _____ per la Scozia.
4. _____ che non _____ più posti a teatro per la rappresentazione di quella sera.
5. A mio padre _____ che io _____ in Medicina, invece sono architetto.
6. _____ che Lara _____ prima di me. La luce della sua camera _____ già accesa.
7. _____ che negli ultimi tempi tu _____ troppo. _____ tutto pelle e ossa!
8. _____ che tu mi _____ che cosa _____ esattamente di me.

11. La concordanza con il congiuntivo. Completa le frasi con un verbo indicato al tempo corretto.

esserci • diventare • trascorrere • andare • preparare • essere • finire • guarire • superare

1. Credo proprio che non _____ più nessuna possibilità che tu _____ l'esame di anatomia. Non hai studiato abbastanza.
2. A Sara piacerebbe che noi _____ con lei il fine settimana nella sua casa al mare.
3. Sandro è in bagno da due ore, ma temo che non _____ ancora _____ di fare la doccia.
4. Nessuno avrebbe mai pensato che Andrea _____ un famoso modello. Era così bruttino da bambino!
5. L'anno scorso i miei studenti volevano che io _____ per loro molte attività di ascolto.
6. Non ti ho più telefonato, ma pensavo che tu _____ già _____ . Invece sei di nuovo all'ospedale!
7. Non ero sicuro che i miei colleghi _____ d'accordo con me e infatti avevo ragione.
8. Quando siete arrivati a casa non pensavo proprio che _____ subito a letto!

12. La concordanza con il congiuntivo. Correggi l'errore dov'è necessario.

1. Ieri Luigi pensava che tu potevi aiutarlo a dipingere le pareti della camera.
2. La mia fidanzata mi ha lasciato. Vorrei che torni ancora da me!
3. Credo proprio che le tue parole non hanno nessun senso.
4. Rosella vorrebbe che Francesca le telefonerebbe cinque volte al giorno.
5. Dubito che tu abbia completato l'esercizio in modo perfetto.
6. Gianni pensa che Ada sia la donna più bella del mondo. Certo, è sua moglie!
7. Temo che alla riunione di ieri tu ti sei espresso in modo poco chiaro.
8. Domani è il primo sabato di agosto e non penso che è il caso di viaggiare in autostrada.
9. Il dottore non è sicuro che Valeria stia seguendo una dieta corretta.
10. Non pensavo che quel cantante avrebbe tanto successo. Ma mi sbagliavo.

50 LA CONCORDANZA DEI TEMPI

13 •• **La concordanza con il congiuntivo. Forma delle frasi e metti il verbo in corsivo nella forma corretta.**

1. miei / di / speravano / io / test / non / studenti / *fare* / i / grammatica / il / che
   ....
2. mezzogiorno / direttore / tu / bisogna / *telefonare* / di / assolutamente / al / prima / che / tuo
   ....
3. mia / Andrea / due / che / *fermarsi* / temevo / alle / e / casa / di / Cristian / fino / a / notte
   ....
4. settimana / pace / le / questa / e / Lisa / in / *lasciare* / vuole / tutti / *telefonare* / che / la / non
   ....
5. pensavo / ti / niente / già / tu / ho preparato / perché / non / *mangiare* / che
   ....
6. basta / tanti / è necessario / telefonata / voi / *scrivere* / non / che / mi / messaggi / una
   ....
7. meccanico / ancora / la / vecchia / *potere* / il / crede / mia / non / auto / mio / che / funzionare
   ....
8. mia / lavoro / mi / ha promesso / il / mi / scorso / con / *aiutare* / mese / moglie / che / mio / il
   ....

14 •• **Completa il testo con i verbi indicati al congiuntivo.**

essere (x 5) • esserci • avere • portare • derivare • coincidere • funzionare • esprimere • rischiare • dimenticarsi • fermarsi • trattarsi

Ormai si crede che il congiuntivo **a.** .... moribondo. Pensate che **b.** .... un omicidio, un suicidio o un evento accidentale? Nessuna di queste cose. Credo che **c.** .... della conseguenza logica di un fenomeno illogico. Penso infatti che sempre meno gente **d.** .... un dubbio quando parla. Sono del parere che quasi tutti **e.** .... opinioni categoriche su ogni argomento (vino e viaggi, sesso e sentimenti, case e calcio). Ritengo infatti che ormai **f.** .... poche persone che dicono «Credo che il Milan **g.** .... favorito». Molti invece affermano «Credo che il Milan è favorito». La mia opinione è che la crisi del congiuntivo non **h.** .... dalla pigrizia, ma dall'eccesso di certezze. L'affermazione «Speravo che mi portavi il gelato» non è solo brutta, è arrogante («Come si permette, questa qui, di venire a cena senza portare il gelato?»). Invece la frase «Speravo che **i.** .... il gelato» ritengo che **l.** .... il risultato di una piccola illusione, alla quale segue una delusione contenuta e discreta. Nella vita è accaduto spesso che le persone **m.** .... di portare il gelato. Ritengo invece che la crisi del congiuntivo **n.** .... col tramonto di verbi quali "penso", "credo", "ritengo". Pochi oggi pensano, credono e ritengono: tutti sanno, invece, e comunicano. L'assenza di dubbio è una caratteristica della nuova società italiana.
Mi pare che oggi le persone che esprimono un po' di prudenza (usando il congiuntivo) **o.** .... di sembrare persone insicure. Ma credo che **p.** .... così anche nel passato. Ricordo il mio esame per diventare giornalista, trent'anni fa. Durante la prova orale io iniziavo ogni risposta con «Credo che sia..., mi sembra che si tratti ...». Il mio esaminatore si è arrabbiato e mi ha detto: «Smetta di dire "credo" o "mi sembra". Le cose le sa o non le sa!». Io allora vivevo in Inghilterra, un Paese dove le persone dicevano "I believe..." prima di dirti che ore fossero, perché c'era la possibilità che l'orologio non **q.** ....
Mi rendo conto di avere sbagliato. Gli orologi delle persone "senza congiuntivo" funzionano sempre. Ho paura, invece, che ogni tanto **r.** .... la loro testa.

[B. Severgnini, *Il congiuntivo è sexy?*, Corriere.it]

15 • **Completa le frasi con il verbo indicato all'indicativo o al congiuntivo.**

1. Quando siamo arrivati a casa abbiamo visto che il nostro gatto (*mangiare*) .... il pane che (*rimanere*) .... sul tavolo dopo la colazione.
2. Credo che Luisa (*andare*) .... dal dottore perché ha sempre dolori alla schiena.

137

50 LA CONCORDANZA DEI TEMPI

3. So che (*essere*) _____ un libro impegnativo, ma sarei molto contento se tu (*leggere*) _____ *Massa e Potere* di Elias Canetti.
4. Mi sembrava che Antonio (*iscriversi*) _____ a un corso di inglese; in realtà mi hanno detto che attualmente (*frequentare*) _____ un corso di tedesco.
5. (io) (*volere*) _____ che tu (*ascoltare*) _____ di più i miei consigli. Adesso non ti troveresti in questa difficile situazione.
6. È molto importante che l'Europa intera (*cercare*) _____ di risolvere il problema della disoccupazione giovanile.
7. Sul giornale di oggi ho letto che anche ieri (*esserci*) _____ molti arrivi di migranti in Sicilia.
8. Lei mi guardò con espressione assente e io (*avere*) _____ la sensazione che (lei) non mi (*riconoscere*) _____ .

16 •• Completa le frasi con uno dei verbi indicati all'indicativo o al congiuntivo.

provenire • diventare • parlare • alzarsi • finire • prendere • arrivare • comprare • assicurare • fare • lavorare • costare

1. Quando era bambina, Sonia non pensava che da grande _____ Amministratore Delegato di un'importantissima azienda farmaceutica.
2. Ieri il nostro fruttivendolo ci _____ che la sua verdura _____ tutta da aziende agricole biologiche.
3. Non avvelenarti con troppe medicine. Basterebbe che tu _____ presto al mattino e _____ una camminata di un'ora.
4. Eravamo sicuri che Rita vi _____ già _____ del progetto per il suo nuovo libro.
5. Salvatore racconta che suo figlio _____ in Germania tre mesi fa e che dopo una settimana _____ già in una famosa fabbrica di automobili.
6. Quando Andrea _____ il suo nuovo computer è rimasto sorpreso perché non immaginava che _____ così poco.
7. Sono venuto a trovarti perché pensavo che tu _____ già _____ di pulire la casa.
8. Per arrivare in Piazza Garibaldi bisogna che lei _____ l'autobus 5.

17 •• Completa il testo con uno dei verbi indicati all'indicativo o al congiuntivo.

volere • portare • essere (x 6) • rendersi conto • chiamare • succedere • vedere (x 2) • dividere • comportarsi • andare • dovere • interessare • avere • aprire • potere

LETTERA AL DIRETTORE
Egregio direttore,
le scrivo questa lettera perché le **a.** _____ raccontare un episodio che mi **b.** _____ ieri mattina. Come ogni giorno **c.** _____ la spazzatura nei cassonetti sotto casa, dove è possibile differenziare carta, plastica, biologico e rifiuti residui.

Penso che **d.** _____ normale che le persone **e.** _____ i rifiuti nei cassonetti giusti. Ma ieri **f.** _____ che non è così: il cassonetto della plastica **g.** _____ pieno di verdura puzzolente e di frutta marcia. Subito mi sono chiesta chi **h.** _____ a fare una cosa simile, poi ho capito che **i.** _____ il fruttivendolo che **l.** _____ il suo negozio proprio la settimana scorsa nella mia via. Non capisco proprio come le persone **m.** _____ fare cose del genere! Ho quindi pensato che **n.** _____ corretto parlare con il fruttivendolo e così **o.** _____ nel suo negozio. Ho chiesto al fruttivendolo se per caso non **p.** _____ che ci sono anche i cassonetti per i rifiuti organici e lui mi ha risposto che li **q.** _____ ma che non **r.** _____ il tempo di separare tutti i suoi rifiuti, perché ogni giorno **s.** _____ solo in negozio e certo non gli **t.** _____ dove vanno a finire i suoi rifiuti. Io mi sono arrabbiata e gli ho detto che **u.** _____ subito i vigili urbani. Sa cosa mi ha risposto? «Gentile signora, penso che lei **v.** _____ lasciarmi lavorare in pace. Non mi interessano i suoi rifiuti e i suoi cassonetti. Se ne vada dal mio negozio!».
Dopo quelle parole ho veramente preso il telefono e ho chiamato i vigili.
Lei pensa che (io) **z.** _____ nel modo corretto?
La ringrazio per l'attenzione

Francesca Brentegani

18 ●● **Rispondi alle domande.**

1. Quando pensi che Luigi possa imparare a cucinare?
   Sono sicuro che _____.
2. Hai visto se Pietro è tornato a casa ieri sera?
   No, ma credo che _____.
3. Che cosa avresti voluto come regalo di compleanno?
   Avrei desiderato che voi _____.
4. Domani partiamo per un fine settimana in montagna. Hai guardato che tempo farà?
   Non ancora, ma mi sembra che _____.
5. Ma dov'è il gatto? L'hai visto?
   Sì, quando sono tornato a casa ho visto che _____.
6. Che cosa posso fare per aiutarti?
   Mi piacerebbe che tu _____.
7. Perché non ci avete invitati al vostro matrimonio?
   Scusateci, ci dispiace, ma pensavamo che voi _____.
8. Ricordi quando il nonno raccontava le sue avventure durante la guerra?
   Ma certo! Diceva sempre che _____.

19 ●● **Scrivi le domande, come nell'esempio.**

Es. Hai parlato con Paola della tua decisione di cambiare casa?
   Sì, e mi ha detto che non era assolutamente d'accordo con me.
1. _____
   Non potevo immaginare che le cose sarebbero andate in quel modo.
2. _____
   Dice che ho fatto bene a smettere di mangiare cibi grassi.
3. _____
   Perché aveva paura che tu non le volessi più bene.
4. _____
   Avrei desiderato che nei mesi precedenti tu fossi stato più attento alle mie lezioni.
5. _____
   Ho sentito alla TV che domani ci sarà una grande manifestazione di protesta contro la nuova legge.
6. _____
   Ho capito che non era più necessario che voi rimaneste a casa ad aspettarmi.
7. _____
   Chi avrebbe mai detto che Alessio avrebbe fatto una scelta così radicale!

51 IL PERIODO IPOTETICO

1 • Abbina le due colonne e forma delle frasi.

1. Se tu avessi avuto un po' più di pazienza,
2. Se Lucia imparasse ancora meglio a cucinare
3. Se mi apri per favore la porta
4. Ti dispiace
5. Ti avrei dato il consiglio giusto,
6. Se vai al supermercato, *(Tipo 1)*
7. Avresti davvero studiato medicina, *(Tipo 2)*
8. Se venite stasera a casa nostra, *(Tipo 1)*
9. Se ti fossi tagliato i capelli corti *(Tipo 3)*

a. se anche tuo padre non fosse stato un medico?
b. faccio uscire il gatto in giardino.
c. se tu avessi chiesto la mia opinione.
d. possiamo cucinare insieme i funghi che ho trovato oggi.
e. non ti saresti arrabbiato senza una vera ragione.
f. potrebbe veramente aprire un ristorante.
g. comprami per favore un chilo di mele. *(imperativo)*
h. se apro un po' le finestre? È così caldo.
i. adesso avresti un aspetto più pulito.

2 • Scegli il verbo corretto. *Passato   Presente → misto*

1. Se *mangiassi / avessi mangiato* di meno, adesso non *sarai / saresti* così grasso. *Tipo 3 - misto*
2. Se non ci *sarà / fosse* così tanto aglio, *mangio / mangerei* volentieri questi spaghetti. *Tipo 2*
3. Se per caso *incontri / incontravi* Gianni, *guarda / guarderai* com'è dimagrito.
4. Se *leggeste / leggete* qualche libro in più, *riuscivate / riuscireste* a esprimervi meglio. *Tipo 3*
5. Se Maria *avesse saputo / sapesse* di perdere il lavoro, non *comprerà / avrebbe comprato* il monolocale in cui abita.
6. Ti *piacerebbe / piace* guidare una Ferrari, se ne *avresti / avessi* la possibilità? *Tipo 2*
7. Se *fossi uscito / uscissi* con una sciarpa di lana, adesso non *avrei / avrò* questa tosse. *Tipo 3 - misto*

3 • Trasforma le frasi come nell'esempio.

Es. Se ieri sera venivi con noi alla festa di Aldo, ti divertivi molto.
Se ieri sera fossi venuto con noi alla festa di Aldo, ti saresti divertito molto.

1. Se non partivamo per Bologna con il treno delle 6.21, non arrivavamo puntuali alla riunione delle 8.
   Se non fossimo partiti per Bologna ... non saremmo arrivati
2. Se ci telefonavate, vi venivamo a prendere alla stazione.
3. Se Rita e Marta leggevano il giornale, vedevano che oggi il centro è chiuso al traffico.
4. Se lavoravo meno in agosto, avevo il tempo di andare una settimana in vacanza.
   Se avessi lavorato meno in agosto avrei avuto il tempo di andare una settimana
5. Se Sara si trasferiva in Spagna, poteva insegnare italiano a Barcellona.
   Se Sara

4 • Forma delle frasi nella forma del periodo ipotetico indicato tra parentesi.

1. stamattina / (noi) *incontrarsi* / parco / se / al (impossibilità) — colazione / *fare* / *potere* / insieme
2. i / occhiali / tuoi / se / vecchi / (tu) *cambiare* (possibilità) — meglio / forse / lo / del / *vedere* / computer / schermo
3. se / ti / Anna / *telefonare* / finalmente (realtà) — (io) *pregare* / di / ti / parlarle
4. più / (tu) *camminare* / se / velocemente (realtà) — non / il / a / *sentire* / *riuscire* / freddo
5. tu / mi / aiuto / *chiedere* / se (impossibilità) — a / *risolversi* / ora / tutto / quest'

5. Forma delle frasi usando il periodo ipotetico della possibilità, come nell'esempio.

Es. (tu) più lentamente (noi) un viaggio in auto / più tranquillo
Se tu guidassi più lentamente, faremmo/potremmo fare un viaggio in auto più tranquillo.

1. (io) con più attenzione / le istruzioni (io) fare funzionare meglio / la mia lavatrice nuova
2. Rosa / più tempo da dedicare al suo lavoro (lei) un'ottima avvocatessa
3. Sandro / più tempo a suo figlio (lui) un rapporto migliore / con lui
4. non / la nebbia (io) non / paura di fare / un incidente
   Se non ci fosse la nebbia non avremmo paura di fare un incidente.
5. tu / a guidare la moto (tu) in estate / fare dei viaggi bellissimi
   Se guidassi la moto ti potresti fare dei viaggi bellissimi in estate.
6. l'Inter / la Champions League (io) una grande festa / con i miei amici
7. Massimo non / tante sigarette (lui) non / problemi ai polmoni
   Se Massimo non fumasse tante sigarette non avrebbe problemi ai polmoni.

6. Trasforma le frasi dell'esercizio 5 al periodo ipotetico dell'impossibilità, come nell'esempio.

Es. Se tu avessi guidato più lentamente, avremmo potuto fare un viaggio in auto più tranquillo.

1.
2.
3.
4.
5.
6.
7.

7. Completa le frasi con i verbi indicati nella forma del periodo ipotetico tra parentesi.

potere (x 2) • continuare • riuscire • vedere • offrire • fare • uscire • conoscere • dimenticarsi • smettere • imparare • avere (x 2) • accettare • arrabbiarsi • dare • raccontare • nascere • rischiare

1. Se tu _imparassi_ a pescare, _potresti_ trascorrere lunghe giornate rilassato sulle rive di un fiume. L'importante è rimettere in acqua i pesci! (possibilità)
2. Se (io) _avessi continuato_ a collezionare francobolli come facevo da bambino, adesso _avrei_ una raccolta di tutto rispetto. (impossibilità)
3. Se Angela _riuscirà_ a finire l'università in ottobre, in dicembre _avrà_ sicuramente un posto di lavoro interessante. (realtà)
4. Se Sabrina ti _offrisse_ di andare una settimana in vacanza con lei il mese prossimo, (tu) _accetteresti_ il suo invito? (possibilità)
5. Se Andrea non _smette_ di perdere tante ore con un videogioco del computer, _rischia_ veramente di diventarne dipendente. (realtà)
6. Se (noi) non _ci avessimo dimenticato_ di invitare Anna e Franco alla nostra festa, (loro) non _si avrebbero arrabbiato_ con noi. Ma ormai è troppo tardi. (impossibilità)
7. Se oggi pomeriggio finalmente _uscisse_ un po' di sole, (noi) _potremmo_ andare a camminare sull'argine del fiume. (possibilità)
8. Se questa settimana _fa_ caldo, sicuramente _nascono_ i funghi nel Parco Regionale dei Boschi di Carrega. (realtà)
9. Se ti _avessi conosciuto_ prima, sicuramente ti _avrei dato_ tutta la fiducia che ti meriti. (impossibilità)
10. Appena (tu) _vedi_ Cristian, _raccontagli_ che cosa ha fatto ieri sera Andrea alla festa di Rosa. Si divertirà molto. (realtà)

8 Una poesia. Completa la parafrasi con i verbi indicati, come nell'esempio.

S'io fossi foco è un sonetto molto famoso di Cecco Angiolieri (1260-1313), poeta toscano contemporaneo di Dante Alighieri.

fare (x 4) • bruciare • lasciare • mettere • tagliare • essere • prendere • fuggire • tempestare • andare

S'i' fosse foco, ardereï 'l mondo;	Se fossi fuoco **a.** brucerei il mondo,
s'i' fosse vento, lo tempestarei;	se fossi vento lo **b.** tempesterei,
s'i' fosse acqua, i' l'annegherei;	se fossi acqua lo **c.** farei annegare,
s'i' fosse Dio, mandereil' en profondo;	se fossi Dio lo **d.** farei sprofondare;
s'i' fosse papa, sere' allor giocondo,	se fossi papa **e.** sarei felice,
ché tutti cristïani imbrigherei	perché così **f.** metterei nei guai tutti i cristiani;
s'i' fosse 'mperator, sa' che farei?	sai cosa **g.** farei se fossi imperatore?
a tutti mozzarei lo capo a tondo.	**h.** taglierei la testa a tutti quanti (a tondo, come una falce rotante).
S'i' fosse morte, andarei da mio padre;	Se fossi la morte, **i.** andrei da mio padre;
s'i' fosse vita, non starei con lui:	se fossi la vita, **l.** fuggirei da lui;
similemente faria da mi' madre.	la stessa cosa **m.** farei con mia madre.
S'i' fosse Cecco, com'i' sono e fui,	Se fossi Cecco, come sono e come sono sempre stato, mi
torrei le donne giovani e leggiadre:	**n.** prenderei le donne giovani e carine:
e vecchie e laide lasserei altrui.	quelle vecchie e brutte le **o.** lascerei agli altri.

9 Completa le frasi parlando di te stesso/a.

1. Se imparassi bene il russo, _____.
2. Se fossi nato in Italia, _____.
3. Se supero l'esame di italiano, _____.
4. Se fossi nato/a uomo/donna, _____.
5. Se avessi saputo che eri così ricco, _____.
6. Se fossi capace di lavorare il legno, _____.
7. Se fossi stato più attento alle tue parole, _____.
8. Se oggi non riesco a uscire di casa, _____.
9. Se mi ami, _____.
10. Se mi fossi ricordato, _____.

10 Completa le frasi.

1. _____, avrebbe sposato Michela.
2. _____, Sara andrà a fare shopping in centro.
3. _____, avreste già finito l'università.
4. _____, ora ti ricorderesti di me.
5. _____, la chiamerei subito.
6. _____, mi addormento subito.
7. _____, scriverei un libro di poesie.
8. _____, adesso non ci sarebbero tanti problemi di disoccupazione.
9. _____, digli che è stato poco corretto con me.
10. _____, prenderei il primo aereo disponibile per il Messico.

11 Forma delle frasi usando il periodo ipotetico nelle sue varie forme, come nell'esempio.

Es. Non hai mai risparmiato nulla da giovane, e adesso ti ritrovi senza soldi.
Se da giovane avessi risparmiato, adesso non ti ritroveresti senza soldi.

1. Daniela si riposa troppo poco e non riesce a essere concentrata sul lavoro.
   Se Daniela non si avesse riposato troppo poco, adesso riuscirebbe a essere concentrata sul lavoro.
2. Vieni a casa mia stasera. Ti preparo una cena eccellente.
   Se vieni a casa mia stasera, ti preparo una cena eccellente.
3. Impara bene a usare il computer. Potrai avere più possibilità di trovare lavoro.
   Se imparassi bene ad usare il computer, potresti avere più possibilità di trovare lavoro.

4. Dovevi accettare l'invito di Pietro, perché potevi andare ad ascoltare un concerto bellissimo.
   Se avessi accettato l'invito di Pietro, avresti potuto andare ad ascoltare un concerto bellissimo.

5. Domani incontri Vincenzo? Allora digli che ci vediamo sabato alle sei alla biglietteria della stazione.
   Se domani incontri Vincenzo, digli...

6. Bravo! Non hai fatto il vaccino contro l'influenza e adesso sei di nuovo ammalato.
   Se avessi fatto il vaccino... adesso non saresti di nuovo ammalato.

7. Non bere così tanta acqua ghiacciata, altrimenti ti viene il mal di stomaco.
   Se bevi così tanta acqua ghiacciata, ti verrà il mal di stomaco.

8. Vi siete alzati tardi e avete perso il treno.
   Se non vi foste alzati tardi, non avreste perso il treno.

9. È chiaro che non riesci ad ascoltare la musica: le casse dello stereo sono spente.
   Se le casse dello stereo non fossero spente, riusciresti ad ascoltare la musica.

12 •• **Commenta le parole di un tuo amico usando il periodo ipotetico indicato.**

«Sabato pomeriggio sono andato in centro perché volevo comprare un regalo a mia moglie per il suo compleanno: aveva organizzato una festa per il giorno dopo e io non avevo ancora niente da darle. Ancora prima di arrivare in centro ho trovato molto traffico. Una volta arrivato nella zona del centro ho cercato un parcheggio, ma non mi è stato possibile trovarne uno. Ho provato anche ad aspettare che qualcuno andasse via, ma non c'è stato niente da fare. Così sono tornato a casa senza regalo e il giorno dopo mia moglie si è offesa molto con me».

(*realtà*) _____
(*possibilità*) _____

(*impossibilità*) _____

«Due anni fa mi sono iscritto alla facoltà di fisica, semplicemente per il fatto che a scuola era una materia che mi piaceva molto. Ho cominciato a frequentare le lezioni, ma fin da subito ho trovato difficoltà a studiare. Se devo dire la verità, ho anche superato alcuni esami, ma poi mi sono definitivamente bloccato per circa sei mesi: in pratica, non è che mi sia passata la voglia di studiare, ma non riesco più a concludere quella facoltà. Sto pensando di smettere e di trovarmi un lavoro, ma anche in questo caso non saprei proprio cosa cercare. Che ne sarà di me?».

(*realtà*) _____
(*possibilità*) _____

(*impossibilità*) _____

«Il mio amico Andrea ha 44 anni, lavora nella piccola azienda di proprietà di suo padre ed è anche un grande esperto di computer. È un ragazzo serio, ma ultimamente sono molto preoccupato per lui perché da qualche mese ha iniziato a giocare online a una specie di guerra virtuale, in cui bisogna uccidere soldati, conquistare castelli e altre cose simili. È collegato con persone di tutto il mondo che, come lui, passano ore e ore sul computer, attaccati a questo gioco. Ormai parla solo di quello. Penso che adesso sia il caso di portarlo da uno psicologo!»

(*realtà*) _____
(*possibilità*) _____

(*impossibilità*) _____

52 IL TRAPASSATO REMOTO

1 • **Scegli il verbo corretto.**

1. Anna tornò a casa in autobus, dopo che *salutò/fu salutata/ebbe salutato* tutti i colleghi dell'ufficio.
2. Non appena i medici *visitavano/ebbero visitato/visitarono* il paziente, decisero di mandarlo immediatamente in sala operatoria.
3. Quando Loredana ebbe terminato la sua lezione di francese, *tornò/fu ritornata/ritornava* subito a casa perché aveva ospiti a cena.
4. Dopo che Antonio *terminò/terminava/ebbe terminato* di far riparare il tetto, andò ad abitare nella sua vecchia casa di campagna.
5. Andai subito a casa, non appena mia moglie mi *telefonò/ebbe telefonato/fu telefonato* per dirmi che si era rotto un tubo del riscaldamento.
6. Dopo che Giacomo si fu trasferito a Tenerife con tutta la famiglia, *ebbe iscritto/iscriveva/iscrisse* i suoi figli a una scuola elementare.
7. Non appena Francesca *cominciò/ebbe cominciato/cominciava* a lavare il pavimento del soggiorno, si accorse che aveva finito il detersivo.
8. La polizia arrivò davanti alla banca, subito dopo che il direttore *ebbe fatto/fece/aveva fatto* scattare l'allarme.

2 • **Completa le frasi con il verbo al passato remoto o al trapassato remoto.**

1. Dopo che Francesco (*vedere*) .... quel terribile incidente sull'autostrada, non (*riuscire*) .... più a dormire.
2. Non appena l'autobus (*arrivare*) .... alla fermata, il conducente (*accorgersi*) .... che una gomma era bucata.
3. Non appena Alessandro e Marco (*entrare*) .... a scuola, la segretaria (*dire*) .... loro che quel giorno le lezioni erano sospese.
4. Federico (*decidere*) .... di cambiare la sua auto, dopo che il meccanico gli (*comunicare*) .... che non c'era più possibilità di ripararla.
5. Dopo che noi (*camminare*) .... per lunghe ore sotto il sole, (*fermarsi*) .... al primo bar e (*bere*) .... tre bottiglie d'acqua.
6. Dopo che voi (*vedere*) .... alla TV le previsioni del tempo per il fine settimana, (*telefonare*) .... all'albergo per disdire la prenotazione.
7. Antonella (*andare*) .... subito a casa di sua sorella, non appena (*sapere*) .... che suo nipote era tornato dall'Australia.
8. Non appena (*finire*) .... le due ore di sciopero, tutti gli autobus (*ripartire*) .... e la città (*bloccarsi*) .... a causa del traffico.

3 • **Abbina le due colonne, forma delle frasi e metti i verbi al tempo corretto (passato remoto o trapassato remoto).**

1. Dopo che (*allenarsi*) .... per tre ore in palestra,
2. Cinque minuti dopo che Paolo (*finire*) .... di lavare la sua auto,
3. Dopo che i camerieri (*preparare*) .... tutti i tavoli del ristorante,
4. Noi non (*riuscire*) .... più ad addormentarci,
5. Dopo che Monica (*scrivere*) .... il messaggio a Silvana,

a. (*rendersi conto*) .... che il numero di telefono era sbagliato.
b. il direttore di sala (*decidere*) .... che quella disposizione non andava per niente bene.
c. dopo che (*bere*) .... un caffè forte prima di andare a letto.
d. non appena (*mettere*) .... a letto loro figlio.
e. Anna (*tornare*) .... a casa a riposarsi, perché era molto stanca.

6. Sandro e Marcella (sposarsi) _____
7. Stefania e Domenico (guardare) _____ un film alla televisione
8. Ero così stanco che non appena (coricarsi) _____ sul letto,

f. (addormentarsi) _____ .
g. (scoppiare) _____ un temporale che la sporcò di nuovo tutta.
h. subito dopo che Carlo (cambiare) _____ lavoro.

4 ●● **Completa il testo con i verbi indicati al modo e al tempo corretto.**

divenni • fui costretto • ebbero interrogato • scoppiavo • ebbero conosciuto • ero • risposi • ebbero scoperto • mi sentii • ebbi risposto • poteva • partecipai • stavamo • arrivò • mi fui sposato • considerarono • invitava • smise • avevo imparato • avevo

Dopo che mi **a.** _____ sulla mia professione, **b.** _____ imbarazzato: **c.** _____ rosso e balbettai, io che normalmente **d.** _____ conosciuto per essere un uomo disinvolto. Invidiavo la gente che **e.** _____ dire: faccio il muratore, oppure il parrucchiere o il fornaio. Io, invece, **f.** _____ a rispondere: rido. Ma dopo che **g.** _____ alla prima domanda, ne **h.** _____ logicamente subito una seconda: «Ma lei vive di questo?» e così **i.** _____ di sì, io vivevo del mio riso, perché il mio riso era molto richiesto. Ridevo bene, **l.** _____ bene a ridere, nessun altro poteva ridere bene come me. Ridevo con malinconia, con gioia, con misura, in modo forte oppure delicato. Dopo che mi **m.** _____ anche quelle della radio e della televisione, **n.** _____ infatti a molte trasmissioni televisive: quando io **o.** _____ a ridere, tutto il pubblico urlava insieme a me. Non vedevo l'ora di tornare a casa per stare in silenzio, perché è chiaro, dopo il lavoro non **p.** _____ voglia di ridere. Dopo che **q.** _____ , nei primi anni di matrimonio, mia moglie spesso mi **r.** _____ a ridere, ma io non ci riuscivo. Poi **s.** _____ di ridere anche lei, al massimo sorridevamo insieme e **t.** _____ in silenzio. Molte persone, dopo che mi **u.** _____ al di fuori del lavoro, mi **v.** _____ un carattere chiuso. Non è vero. La verità è che anche oggi rido in tante maniere, ma il mio riso non lo conosco.
[H. Böll, *L'uomo che ride*, in *Racconti umoristici e satirici*, Tascabili Bompiani, Milano 1980]

5 ●● **Completa le frasi liberamente usando il trapassato remoto.**

1. Marcello scrisse una lunga lettera a Patrizia, _____ .
2. Guardai fuori dalla finestra, _____ .
3. Paolo e Vanessa tornarono dall'Ungheria, _____ .
4. Marco vendette la sua vecchia moto, _____ .
5. Le persone uscirono dalla chiesa, _____ .
6. Non volli più leggere libri di quello scrittore, _____ .
7. Tutti gli abitanti del condominio corsero in strada, _____ .
8. Il pubblico applaudì a lungo il cantante, _____ .

6 ●● **Completa le frasi usando il passato remoto.**

1. _____ , dopo che gli dissero che aveva perso il lavoro.
2. _____ , non appena sua moglie lo ebbe salutato.
3. _____ , quando lo ebbe mangiato.
4. _____ , dopo che il cane era scappato.
5. _____ , dopo che il Ministro ebbe firmato la legge.
6. _____ , non appena lessi la sua lettera.
7. _____ , quando la ebbero vista camminare nel parco.
8. _____ , non appena la sentirono urlare.

52 IL TRAPASSATO REMOTO

ESERCIZI E GIOCHI SU *IMPARO SUL WEB*

145

53 IL DISCORSO INDIRETTO

1 • **Trasforma il discorso diretto in indiretto, come nell'esempio.**

Es. Anna: «Cerco qualcosa da bere in frigo perché ho sete».
Anna dice che cerca qualcosa da bere in frigo perché ha sete.
Anna disse che cercava qualcosa da bere in frigo perché aveva sete.

1. Anna: «Sono andata al mare in treno».
   ....

2. Anna: «Sicuramente finirò l'università entro la fine dell'anno».
   ....

3. Anna: «Vorrei riposarmi un po' perché sono molto stanca».
   ....

4. Anna: «Ho così fame che mangerei un chilo di pasta!».
   ....

5. Anna: «Nel 2002 andai in Inghilterra a studiare l'inglese».
   ....

6. Anna: «Voglio imparare a suonare la chitarra».
   ....

7. Anna: «Non posso venire perché non ho ancora finito di pulire la casa».
   ....

2 • **Trasforma il discorso diretto in indiretto, come nell'esempio.**

Es. Paola: «Maria è arrivata a casa?».
Paola chiede se Maria sia arrivata a casa.
Paola chiese se Maria fosse arrivata a casa.

1. Paola: «Quando partirà Sandro per gli Stati Uniti?».
   Paola chiede ....
   Paola chiese ....
2. Paola: «Il cinese è una lingua difficile».
   Paola pensa ....
   Paola pensò ....
3. Paola: «Dove traslocò Sergio nel 1999?».
   Paola chiede ....
   Paola chiese ....
4. Paola: «È freddo. Dovrei indossare abiti più pesanti».
   Paola pensa ....
   Paola pensò ....
5. Paola: «Angelo, quando sei ritornato dalla Spagna?».
   Paola chiede a Angelo ....
   Paola chiese a Angelo ....
6. Paola: «Prima o poi leggerò tutti i libri di Umberto Eco».

Paola pensa _____.
Paola pensò _____.
7. Paola: «Il film è stato molto noioso».
Paola pensa _____.
Paola pensò _____.

3 ● Il cambiamento del modo: dall'imperativo al congiuntivo. Trasforma il discorso diretto in indiretto, come nell'esempio.

Es. Sara ordina ai suoi figli: «Non attraversate la strada».
Sara ordina ai suoi figli che non attraversino la strada.
Sara ordinò ai suoi figli che non attraversassero la strada.
Sara ordina\ordinò ai suoi figli di non attraversare la strada.

1. Sara ordina a suo marito: «Vai in cantina a prendere l'acqua».

2. Sara ordina ai suoi studenti: «Studiate di più la grammatica!».

3. Sara ordina: «Siate più gentili con le persone che lavorano con voi».

4. Sara ordina: «Non mangiate i cibi che contengono troppi zuccheri».

5. Sara ordina: «Non alzarti sempre così tardi al mattino».

4 ● Trasforma il discorso diretto in indiretto, come nell'esempio.

Es. Aldo diceva: «Nella mia città non si respira aria pulita».
Aldo diceva che nella sua città non si respirava aria pulita.

1. Giovanni e Alberto ci dissero: «Stasera non possiamo uscire con voi».

2. Maria pensava: «Domani mi piacerebbe incontrare la mia amica Lucia».

3. Gianni chiese a Rita: «Sei stata tu, ieri, a parlare per più di un'ora con il mio cellulare?».

4. Andrea disse: «Oggi sto in casa mia tutto il giorno perché voglio finire questo lavoro urgente».

5. Lara ci disse: «Non mi interessa più parlare con voi dei vostri soliti problemi».

6. Tu mi chiedesti: «Che cosa ne pensi del mio nuovo libro che è uscito un mese fa?».

7. Voi ci diceste: «Non crediamo alle vostre parole. Ne riparleremo tra una settimana!».

8. Noi vi chiedemmo: «Quando andrete alla stazione a prendere nostro cugino?».

9. Ti dissi: «Stamattina ho incontrato tua sorella che passeggiava con il suo cane».

53 IL DISCORSO INDIRETTO

5 ●● **Correggi l'errore dov'è necessario.**

1. Paolo disse: «Domani andrò a vedere un film nel cinema che è qui vicino a casa mia».
Paolo disse che il giorno dopo sarebbe andato a vedere un film nel cinema che era vicino a casa sua.

2. Luisa e Rita mi dissero: «L'anno scorso quasi tutti i nostri studenti hanno superato l'esame A2».
Luisa e Rita mi dissero che l'anno scorso quasi tutti i loro studenti avevano superato l'esame A2.

3. Il meccanico mi disse: «Riparerò la sua macchina entro domani».
Il meccanico mi disse che riparerà la mia macchina entro il giorno seguente.

4. Il dottore mi chiese: «Ha avuto febbre alta anche la settimana scorsa?».
Il dottore mi chiese se avessi avuto febbre alta anche la settimana precedente.

5. Andrea disse a Cristian: «Ti vorrei invitare a cena a casa mia domani sera».
Andrea disse a Cristian che lo avrebbe voluto invitare a cena a casa sua la sera successiva.

6. Tu mi chiedesti: «Sei stato tu a dire a mia zia di telefonarmi stamattina alle sei?».
Tu mi chiedesti se fossi stato io a dire a tua zia di telefonarmi quella mattina alle sei.

7. Tu mi dicesti: «Ho parlato un'ora fa al telefono con tua figlia e mi ha detto che sta bene».
Tu mi dicesti che avevi parlato un'ora prima con mia figlia al telefono e che ti ha detto che stava bene.

6 ●● **Trasforma il discorso diretto in indiretto**

1. Franco disse ad Ada e Lisa: «Oggi sono partito in treno da Venezia alle 8.42 e sono arrivato qui da voi a Bologna alle 10.40. Durante questo viaggio ho conosciuto due ragazzi con cui mi sono divertito».
Franco disse ad Ada e Lisa che _____

2. Grazia chiese a Giuseppe: «Perché non hai risposto alle mie e-mail? Te ne ho mandate tre solo il mese scorso e anche ieri te ne ho inviata una da questo posto così triste dove lavoro in questi giorni».
Grazia chiese a Giuseppe _____

3. Maria ci disse: «L'estate scorsa sono andata in vacanza sull'isola che mi avete consigliato. Ho anche fatto delle belle foto. Adesso non posso, ma ve le farò vedere nei prossimi giorni».
Maria ci disse che _____

4. Luigi chiese a Gabriele: «Hai letto questo nuovo libro del tuo autore preferito? Secondo me è il migliore che io abbia mai letto in questi ultimi anni».
Luigi chiese a Gabriele _____

5. Greta disse a Rosa: «Quattro giorni fa ho deciso che il mese prossimo andrò a cercare una casa nuova nel quartiere dove abita tua sorella, perché non mi piace più vivere qui vicino all'autostrada».
Greta disse a Rosa _____

6. Franco, guardandosi allo specchio, pensò: «Fino a un anno fa mi sentivo così giovane e pieno di vita e adesso mi sembra di essere invecchiato improvvisamente».
Franco, guardandosi allo specchio, pensò _____

7. Forma delle frasi e trasforma il verbo in corsivo nella forma corretta.

1. Anna disse che / *partire* / la / Danimarca / suo / settimana / cugino / seguente / con / la / per
   Anna disse che _____.

2. Sara chiese se / prima / *andare* / giorno / qualcuno / di / il / riunione / qualcuno / alla / lavoro
   Sara chiese se _____.

3. Paolo pensò che / prima / solito / *dovere* / mattina / alzarsi / quella / del
   Paolo pensò che _____.

4. Chiesi a Lucia perché / in / l' / ristorante / *rifiutare* / cena / bel / a / quel / invito
   Chiesi a Lucia perché _____.

5. Mio fratello mi disse che / libri / pulito / la / i / *spostare* / aveva / miei / tutti / perché / libreria
   Mio fratello mi disse che _____.

6. Giulia pensò che / non / dopo / coraggio / quell' / *avere* / più / macchina / incidente / una / il / guidare / di
   Giulia pensò che _____.

7. Daniela voleva che / *studiare* / *imparare* / figlio / tempo / in / suo / più / e / di / inglese / breve / l'
   Daniela voleva che _____.

8. Vittorio mi disse che / dopo / casa / alle / montagna / andare / *venire* / il / mia / per / in / mattino / a / cinque
   Vittorio mi disse che _____.

8. Trasforma il discorso indiretto in diretto.

1. Emilio disse che il mese precedente era andato con sua moglie a casa di loro figlio, il quale era andato a vivere un anno prima a Londra con la sua fidanzata.
   Emilio disse: «_____»

2. Giulio mi disse che il giorno seguente avrebbe preparato una cena a base di verdura fresca per i suoi amici che erano arrivati il giorno prima da Londra. La verdura era molto buona e gliela aveva data il suo vicino di casa che la coltivava nel suo orto, proprio lì vicino alle loro case.
   Giulio mi disse: «_____»

3. Rita e Roberto mi hanno detto che quella mattina stavano per uscire dalla loro casa, quando hanno sentito un rumore che proveniva dall'appartamento del loro vicino. Sapevano che il vicino era già uscito per andare al lavoro e così hanno pensato che fosse un ladro e hanno telefonato alla polizia.
   Rita e Roberto mi hanno detto: «_____»

4. Ieri mio figlio mi ha chiesto a che ora saremmo partiti il giorno successivo per andare a trovare i suoi cugini, che abitano in un paese non molto lontano dal nostro, perché avrebbe voluto portare dei pasticcini che il mese precedente a loro erano piaciuti molto.
   Ieri mio figlio mi ha chiesto: «_____»

5. Il direttore del personale mi ha detto che il mese successivo avrei dovuto occuparmi di un progetto che aveva appena finito di scrivere. Il testo era già pronto lì sul suo tavolo e si trattava dell'organizzazione di un corso di formazione sulla sicurezza all'interno della nostra azienda.
   Il direttore del personale mi ha detto: «_____»

6. Anna chiese a suo padre perché non le avesse telefonato per dirle che sua nonna era stata ricoverata all'ospedale la mattina precedente. Il giorno prima Anna non era andata al lavoro e avrebbe potuto aiutare sua madre nei preparativi per il ricovero.
   Anna chiese a suo padre: «_____»

53 IL DISCORSO INDIRETTO

9 Completa l'articolo e la successiva intervista con le parole indicate.

Nobel • premiare • vita • inizia • recita • teatro • medievali • organizzazione • drammaturgo • domande • monologhi • compone

CARRIERA DI DARIO FO

La sua carriera **a.** _____ dopo gli studi all'Accademia di Belle Arti di Brera, nel 1950 **b.** _____ testi di satira per la RAI ed è autore di **c.** _____ radiofonici. Nel 1954 sposa l'attrice Franca Rame, che lo seguirà per tutta la **d.** _____ . Negli anni Sessanta con il suo "teatro borghese" **e.** _____ nelle piazze per poter portare alle classi subalterne il **f.** _____ . Nel 1980 gli viene negato il visto d'ingresso negli Stati Uniti poiché viene accusato di essere comunista.

[...] Già candidato al celebre premio nel 1975, il 9 ottobre del 1997 il **g.** _____ Dario Fo riceve a Stoccolma dalle mani del Re Gustavo di Svezia il premio **h.** _____ per la letteratura, assegnatogli con la seguente motivazione: "Perché, seguendo la tradizione dei giullari **i.** _____ , dileggia il potere restituendo la dignità agli oppressi". Il commento di Fo è stato: «Con me hanno voluto **l.** _____ la Gente di Teatro». [...]
E infine, oggi, lo ritroviamo impegnato in una **m.** _____ Onlus (*Nuovo Comitato Il Nobel per i disabili Onlus*, organizzazione non lucrativa di utilità sociale fondata da Dario Fo, Franca Rame e Jacopo Fo) che vuole essere vicina alle persone disabili, e per questo gli rivolgiamo alcune **n.** _____ a riguardo.

---

motorie • premio • completo • abbiamo ricevuto • questi • finestra • ci preoccupiamo • persone • trasportati • rendono • indispensabile • studente • sporcarsi • economici • gruppo

UN'INTERVISTA RILASCIATA DA DARIO FO, POCHI MESI PRIMA DELLA MORTE, A *INTERESSICOMUNJOURNAL.IT*

INTERVISTATORE: Da cosa nasce il suo impegno a favore delle persone con disabilità?
DARIO FO: Nasce da molto prima di aver ricevuto il **a.** _____ Nobel, al punto che abbiamo dedicato il Nobel e i riconoscimenti **b.** _____ del premio stesso che ci è stato elargito per creare un movimento, una organizzazione che si occupasse delle persone che hanno disabilità **c.** _____ oltre che dell'esigenza di sopravvivenza. Abbiamo creato questo centro dedicato al premio che **d.** _____ , "un Nobel per disabili".
INTERVISTATORE: Siamo venuti a conoscere questa fondazione in occasione della nostra amicizia e del tuo supporto a favore di uno **e.** _____ disabile iscritto all'Università di Modena e Reggio Emilia. In che cosa consiste?
DARIO FO: Lo dice già il nome, "Fondazione Nobel per i disabili", una realtà che si fa carico di venire incontro proprio alle **f.** _____ con disabilità, e per le quali – recentemente – abbiamo acquistato 40 mezzi di locomozione che consentano, a queste donne e **g.** _____ uomini con difficoltà oggettive, di essere sollevati con appositi congegni

150 **GP** | Grammatica pratica della lingua italiana | Esercizi supplementari

elettrici e quindi **h.** _____ nei luoghi di destinazione. Oltre a questo supporto logistico **i.** _____ sempre di più delle persone che hanno problemi finanziari, problemi finanziari talmente importanti che gli **l.** _____ difficile perfino di avvicinare il mondo della cultura, quasi non partecipassero più a quella vita sociale di relazione, **m.** _____ per mantenere l'equilibrio psicologico.

INTERVISTATORE: Lei e Franca avete lavorato molto riguardo alla disabilità non solo motoria, ma anche come difficoltà ad accedere alla cultura. Che messaggio di sensibilizzazione vuole dare?

DARIO FO: Il problema è partecipare. C'è una canzone bellissima di De André e del suo **n.** _____ che racconta di quanto sia importante essere presenti dentro le cose e non stare alla **o.** _____ a vedere come vanno solo per applaudire o dissentire. Se una persona non dà il suo apporto **p.** _____ alle cose, sta barando, e a volte per sentirsi presenti ed acclamati c'è gente che finge di aiutare. Nelle cose, invece, bisogna esserci dentro: **q.** _____ le mani, la faccia ed anche il cervello.

[*Un caro saluto a Dario fo*, interessicomunjournal.it]

10 •• **Trasforma l'intervista a Dario Fo in discorso indiretto.**

Durante l'intervista a Dario Fo, il giornalista gli chiese da cosa _____

Dario Fo rispose che _____

Il giornalista disse poi a Fo _____

e gli domandò _____

Dario Fo rispose che _____

Infine il giornalista disse _____

e chiese _____

E così Fo rispose che _____

54 IL GERUNDIO

1 • **Abbina le due colonne e forma delle frasi.**

1. Avendo mangiato troppa pasta a cena,
2. Ascoltando la musica a volume così alto,
3. Pur non avendo studiato le lingue,
4. Non avendo chiodi e martello,
5. Usando il trapano,
6. Avendo comprato un pennello troppo piccolo,
7. Arrivando l'estate,
8. Pur essendo già caldo,

a. puoi montare meglio le mensole a muro.
b. Paolo parla bene inglese e tedesco.
c. non posso dipingere bene le pareti della cucina.
d. stanotte non sono riuscito a dormire.
e. stiamo progettando le vacanze.
f. disturbi sicuramente i vicini di casa.
g. oggi Andrea si è messo un maglione.
h. non è possibile appendere i quadri.

2 • **Scegli tra il gerundio presente e il passato.**

1. *Camminando/Avendo camminato* lungo il viale, ho incontrato un mio vecchio compagno di liceo.
2. Come dice un proverbio italiano, *sbagliando/avendo sbagliato* si impara.
3. Non *prendendo/avendo preso* tutti gli antibiotici, mi è ritornata la febbre.
4. Pur *finendo/avendo finito* l'università due anni fa, Giacomo non ha ancora trovato un lavoro.
5. *Ascoltando/Avendo ascoltato* con attenzione le tue parole, ho capito che avevi ragione tu.
6. *Affaticandosi/Essendosi affaticata* troppo la sera prima, Laura è rimasta a letto tutto il giorno.
7. *Facendo/Avendo fatto* ginnastica ogni giorno, riuscirai a perdere qualche chilo di troppo.
8. *Cucinando/Avendo cucinato* sempre in quel modo, ingrasserai senz'altro.

3 • **Riscrivi le parti in corsivo usando il gerundio presente o passato.**

1. *Se tu faticassi* (_____) di più, riusciresti a raggiungere gli obiettivi che ti eri prefissata.
2. Luigi, *sebbene non abbia* (_____) ancora 18 anni, sa già guidare la macchina.
3. *Dato che ha cantato* (_____) tutta la notte, oggi Rocco è senza voce.
4. *Con il lavoro intenso* (_____), Anna è riuscita a comprarsi un appartamento.
5. *Poiché erano* (_____) fidanzati da tanti anni, Lucio e Rita hanno deciso di sposarsi.
6. *Visto che ho mangiato* (_____) troppo ieri sera, stamattina non ho fatto colazione.
7. *Anche se ho risposto* (_____) a tutte le domande, dubito di aver preso un bel voto.
8. *Se tu avessi guidato* (_____) con più attenzione, avresti potuto evitare l'incidente.

4 • **Completa solo la frase che ha lo stesso significato di quella con il gerundio.**

1. Pur non avendo dormito a lungo, al mattino Andrea era in perfetta forma.
   Mentre _____
   Quando _____
   Sebbene _____
2. Dialogando con le persone, bisogna sapere anche ascoltare con attenzione quello che dicono.
   Anche se _____
   Quando _____
   Dato che _____
3. Potendosi permettere di vivere senza lavorare, Angela ha deciso di trascorrere il tempo viaggiando.
   Mentre _____
   Se _____
   Poiché _____
4. Avendo ascoltato i miei consigli, probabilmente avresti risolto i tuoi problemi con tua moglie.
   Sebbene _____
   Se _____
   Quando _____

5. Come ogni sera, guardando la televisione, mi sono addormentato.
   Come ogni sera, sebbene ....
   Come ogni sera, mentre ....
   Come ogni sera, se ....

5 • Completa le frasi con i verbi indicati al gerundio.

ricevere • comprare • parlare • offrire • viaggiare • allontanarsi • andare • cambiare • studiare • lavorare

1. .... più spesso dei vostri problemi, oggi non vi trovereste in questa difficile situazione.
2. .... in biblioteca, Pietro conosce molti studenti.
3. Non .... nessun riscontro positivo dalla mia lettera del mese scorso, vi scrivo nuovamente per sollecitare il pagamento della nostra fattura numero 331.
4. Pur .... già diversi parrucchieri, Ada non ne ha ancora trovato uno che le piaccia.
5. .... una macchina a gas metano, risparmieresti molti soldi di carburante.
6. Pur .... per quarant'anni, Gianni non può ancora andare in pensione.
7. .... in treno, di solito leggo il giornale.
8. .... una cena a Luigi, forse potresti convincerlo a riprendere i rapporti con te.
9. .... troppo dal sentiero nel bosco, non siete più riusciti a ritrovarlo.
10. .... in ufficio, puoi comprarmi il giornale, per favore?

6 •• Trasforma sul quaderno le frasi dell'esercizio 5 nella forma esplicita.

7 •• Completa il testo con i verbi indicati.

essere • analizzare • spostarsi • realizzare • basarsi • ottenere • mantenere • esserci • proseguire • aumentare • cambiare • continuare

L'AUMENTO DELLE TEMPERATURE METTE A RISCHIO I PAESI DEL MEDITERRANEO

Il cambiamento climatico può stravolgere gli ecosistemi dei Paesi mediterranei. Tale considerazione si manifesta possibile **a.** .... diversi studi del settore. Uno studio mostra che **b.** .... ad aumentare senza limiti le emissioni di gas serra, alla fine di questo secolo parte di Marocco, Algeria, Tunisia, Portogallo e Spagna potrebbero trasformarsi in deserto. **c.** .... un poco più a nord, vediamo che anche alcune aree di Italia e Grecia, soprattutto Sicilia e Creta, potrebbero diventare parzialmente desertiche. Solo **d.** .... le emissioni in un valore tale da limitare l'aumento di temperatura a 1,5 gradi, non ci saranno cambiamenti negli ecosistemi, pur **e.** .... questo un obiettivo ambizioso. Joel Guiot e Wolfgang Cramer, **f.** .... un modello per valutare i possibili effetti di un aumento di temperatura nel bacino del Mediterraneo, hanno permesso un approfondimento degli studi. I due studiosi hanno anche valutato la variabilità climatica degli ultimi diecimila anni, **g.** .... sullo studio dei pollini. Secondo i ricercatori, non **h.** .... alcun intervento sulle emissioni di gas serra, l'aumento di temperatura potrebbe cambiare profondamente la vegetazione. **i.** .... l'analisi di questa ricerca, si legge che oltre all'estensione delle aree desertiche, si potrebbe assistere alla scomparsa della vegetazione alpina e delle foreste di conifere in gran parte delle Alpi e dei Balcani. In Turchia orientale potrebbero scomparire le steppe, mentre in gran parte dell'Europa mediterranea si avrebbe un'espansione delle foreste decidue (cioè con foglie che cadono) e della macchia mediterranea. Se si limitassero le emissioni, **l.** .... un aumento della temperatura di 1,5 gradi, gli effetti sulla vegetazione non sarebbero superiori a quelli osservati negli ultimi diecimila anni, **m.** .... molte volte il clima. Uno scenario intermedio, **n.** .... la temperatura tra due e tre gradi, mostra cambiamenti nella vegetazione non avvenuti in precedenza. L'accordo di Parigi ha posto come obiettivo un contenimento dell'aumento di temperatura a due gradi, con l'obiettivo ideale di 1,5 gradi.

[C. Grisanti, *L'aumento delle temperature mette a rischio i paesi del Mediterraneo*, internazionale.it]

55 IL PARTICIPIO

1 • **Abbina le due colonne e forma delle frasi.**

1. Fermato il traffico,
2. Ho conosciuto la ragazza di Luigi,
3. Mia nonna è molto ammalata:
4. Chiuso il negozio,
5. Le soluzioni dell'esercizio
6. Al referendum possono votare
7. Ieri sera, alla televisione,
8. Chi ti ha detto di leggere questo libro?

a. tutti i cittadini aventi diritto al voto.
b. Alberto è andato in palestra ad allenarsi.
c. ho visto delle immagini impressionanti.
d. il vigile fece attraversare i bambini della scuola.
e. Il mio insegnante.
f. è una persona molto affascinante.
g. sono riportate alla pagina seguente.
h. ha bisogno di un'assistente tutto il giorno.

2 • **Completa le frasi con i verbi indicati al participio presente.**

presiedere • risiedere • sorprendere • seguire • pagare • credere • deludere • insegnare • interessare

1. Il Comune avverte i _____ in via Righi che dalle 9.00 alle 10.00 verrà interrotta l'erogazione dell'acqua a causa di lavori di manutenzione.
2. A causa degli ultimi risultati _____ , il _____ della società di calcio ha esonerato l'allenatore.
3. Mio fratello ha sempre detto che da grande avrebbe voluto fare l' _____ .
4. Anna ha deciso di andare a vivere in Australia? Ma è una notizia _____ .
5. Nella mia classe di stranieri adulti ci sono molti _____ , ma c'è anche qualche ateo.
6. Iniziamo il progetto questa settimana e lo termineremo nelle settimane _____ .
7. Di solito le conferenze del professor Verdi sono sempre molto _____ .
8. Alla partita di ieri sera hanno assistito circa 40 000 spettatori _____ .

3 • **Completa le frasi con i verbi indicati al participio passato.**

tornare • assolvere • conoscere • rapire • comprare • leggere • filmare • partire • allagare

1. _____ da ogni accusa, l'imputato tornò subito in libertà.
2. Lino guardò Francesca per cinque minuti senza riuscire a dire una parola, _____ dalla sua straordinaria bellezza.
3. _____ tutti i parenti, Angela finì di mettere a posto la casa e finalmente si sedette sul divano.
4. _____ a casa dopo una vacanza di due settimane, i signori Brentegani trovarono il pavimento della cucina _____ a causa di una perdita d'acqua.
5. Appena _____ l'auto nuova, Michele corse subito a farla vedere a suo fratello.
6. _____ il tramonto sulla spiaggia, Antonio tornò a casa e trasferì il file sul computer.
7. _____ le ultime indicazioni di lavoro del suo direttore, Samuele riprese a controllare i dati sul computer.
8. Non hai mai visto Maria? Ma è una delle ragazze più _____ di tutta la facoltà!

4 • **Trasforma le frasi con il participio passato in frasi con *dopo che/che* + verbo attivo o passivo o *dopo* + infinito passato, come nell'esempio.**

Es. *Mangiata* la bistecca, ci concedemmo una buona tazza di caffè.
Dopo aver mangiato la bistecca, ci concedemmo una buona tazza di caffè.

1. La ragazza, *vista* solo poche ore prima in compagnia delle amiche di scuola, è fuggita da casa il giorno stesso.

2. *Tagliata* l'erba del giardino, Sandro ha cominciato a potare le rose.

3. *Letti* tutti i libri *comprati* il mese prima al mercato dell'usato, Anna andò subito a cercarne altri.

4. Il cappotto blu di mia zia, *asciugato* sotto un sole troppo forte, si è scolorito.

5. *Venduta* l'azienda del padre, Carmelo decise di aprire una fattoria didattica in campagna.

6. Sono stato costretto a buttare via tutte le fragole del mio giardino *rovinate* dalla grandine.

7. Il progetto, *condiviso* da tutti i docenti della scuola, è stato portato a termine alla fine di maggio.

8. *Assaggiato* il formaggio di quel caseificio di montagna, Lisa decise di comprarne subito un chilo.

5 ●● **Forma delle frasi e trasforma il verbo in corsivo in un participio presente o passato.**

1. bambino / Paola / di / e / è / tranquillo / un / figlio / il / *ubbidire*

2. *chiudere* / lavoro / la / suoi / porta / di / Paola / problemi / non / ha / più / casa / pensato / ai / di

3. salute / il / *bere* / in / problemi / grandi / vino / enormi / di / quantità / crea

4. non / esperienza / mai / è / finale / stato / a / un' / vedere / una / stadio / ero / ed / stata / allo / *sorprendere*

5. ha / mondo / scritto / un / di / libro / professore / *studiare* / in / il / il / grammatica / tutto

6. si / un / perché / ha / cucina / dalla / Francesca / spaventata / rumore / *provenire* / è / sentito

7. corda / era / perché / non / si / la / spezzata / *resistere* / molto / è

6 ●● **Completa il testo con i verbi indicati al participio presente o passato.**

ritornare • celebrare • aprire • riposare • partire • costruire • accogliere • imporre • consigliare • affaticare • vedere • rinfrescare • attirare • credere • vivere • affascinare

Ciao Angela,
a. _____ da una breve vacanza a Roma, ti scriviamo questa mail per descriverti le cose
b. _____ e le emozioni c. _____ in quella città meravigliosa.
d. _____ da Torino giovedì mattina presto, siamo arrivati a Roma nel primo pomeriggio. Abbiamo lasciato i bagagli in albergo, dove abbiamo dormito in una camera pulita e e. _____ , poi ci siamo tuffati subito nella vita romana, un poco ma caotica ma certo f. _____ .
Adesso non vogliamo descriverti minuto per minuto ogni nostro movimento, ti annoieremmo troppo. Ti diciamo solo che abbiamo girato e visto tanto: il Colosseo, g. _____ nel 72 d.C., nonostante non sia del tutto completo, è ancora un monumento di dimensioni h. _____ ; siamo rimasti senza fiato. Ma cosa possiamo dire allora di Piazza San Pietro e della sua Basilica? Domenica mattina abbiamo assistito per un po' di tempo anche alla Messa i. _____ dal Papa, un'esperienza unica anche per noi che siamo poco l. _____ . Sabato pomeriggio, invece, eravamo un po' stanchi e allora abbiamo deciso di trascorrere alcune ore
m. _____ ai giardini di Villa Borghese, dopo che al mattino avevamo camminato tra la folla di via Condotti, tra persone che facevano shopping o semplicemente curiosi n. _____ dai tanti negozi o. _____ . Se devo dirti la verità, solo Anna ha visto tutti i negozi. Io, infatti, p. _____ dalle infinite soste davanti alle vetrine, mi sono concesso una birra
q. _____ al tavolo di un bar. Una sera, poi, abbiamo mangiato in quella piccola trattoria
r. _____ da te qualche anno fa: devo ammettere che è ancora uguale a come ce l'avevi descritta. Insomma, una breve ma intensa vacanza. Un caro saluto e... speriamo di vederci presto,
Franco e Anna

56 L'INFINITO

1 • Abbina le due colonne, forma delle frasi e metti i verbi all'infinito presente o passato.

1. (*lavorare*) _____ in un'agenzia di traduzioni,
2. Prima di (*venire*) _____ a casa tua,
3. Penso che sia stato inutile
4. Paola era molto delusa,
5. Thomas vuole comprarsi la moto nuova
6. Dopo (*parlare*) _____ per due ore con Francesca,
7. Potresti studiare qualche ora al giorno,
8. Prima di (*lasciare*) _____ l'appartamento

a. (*passare*) _____ tante ore in spiaggia in una giornata di pioggia.
b. a costo di (*lavorare*) _____ giorno e notte per (*guadagnare*) _____ i soldi necessari.
c. ho bisogno di stare in silenzio per un po' di tempo.
d. mi ha aiutato a imparare meglio le lingue.
e. invece di (*perdere*) _____ tutto il tempo giocando al computer.
f. dobbiamo dipingere le pareti, così come le abbiamo trovate quando siamo entrati.
g. devo passare da casa di mia sorella.
h. per non (*superare*) _____ l'esame della patente.

2 • Completa le frasi con i verbi indicati all'infinito presente o passato.

dichiarare • fermarsi • condividere • trascorrere • funzionare • installare • fare • scegliere • prenotare • riavviare • leggere

1. Se volete _____ una vacanza economica, dovete _____ l'albergo o l'appartamento molti mesi prima.
2. Il testimone è stato denunciato dal giudice per _____ il falso durante il processo.
3. La nostra casa di campagna è stata in parte ristrutturata, ma c'è ancora molto da _____ prima che sia finita.
4. Andrea ha preso una multa molto salata, per non _____ quando il semaforo era rosso.
5. Per _____ definitivamente i nuovi aggiornamenti, occorre _____ il computer.
6. Non sono riuscito a fare _____ il nuovo televisore neppure dopo _____ per due ore il libretto delle istruzioni.
7. Paolo è contento dei suoi studi ed è anche sicuro di _____ la facoltà giusta per lui.
8. Con Luca è nato un rapporto di amicizia per _____ la stessa tenda durante una vacanza-trekking in Lapponia.

3 • Completa le frasi con *dopo* o *per*.

1. Ho mal di testa perché ho la cattiva abitudine di non asciugare i capelli _____ aver fatto la doccia.
2. Lo studente è stato multato _____ aver fumato nei bagni della scuola.
3. _____ aver dormito tutta la notte, ho fatto una buona colazione e adesso sto bene.
4. Il professore ha ricevuto un premio _____ aver fatto una scoperta sensazionale in ambito medico.
5. Sandro è stato licenziato _____ non essersi presentato al lavoro per una settimana senza motivo.
6. Il capo del partito di opposizione ha deciso di ritirarsi a viva privata, _____ essersi dimesso dal suo incarico.

4 • Forma delle frasi usando *dopo* o *per* più infinito passato, come nell'esempio.

Es. Prima Antonio ha scritto un'e-mail.   Dopo è uscito a cena con Alida.
Dopo aver scritto un'e-mail, Antonio è uscito a cena con Alida.

1. Anna è arrivata a casa.   Poi Anna ha guardato le foto della gita del figlio.
_____

2. L'atleta era su tutti i giornali.   L'atleta ha vinto una medaglia d'oro alle Olimpiadi.

3. Prima ho comprato una moto nuova.   Poi sono partito per la Corsica con Loredana.

4. Non sono riuscito a dormire   perché ho perso il portafoglio sull'autobus.

5 • **Trasforma le frasi nella forma esplicita (soggetto più verbo), come nell'esempio.**

Es. A Daniela piace guardare suo figlio dormire serenamente.
A Daniela piace guardare suo figlio mentre/quando/che dorme serenamente.

1. Mi diverto molto a osservare le persone parlare al cellulare camminando per la strada.

2. Da ragazzo, andato da poco a letto, mi capitava a volte di sentire mio padre partire per il lavoro.

3. La prima volta che Luigi conobbe Sara, la vide entrare nel suo ufficio con delle fotocopie in mano.

4. Ieri ti ho ascoltata suonare il pianoforte e ho capito che eri una professionista.

5. Domani verrò al campo da calcio e ti osserverò giocare contro la mia squadra preferita.

6 • **Abbina le due colonne, forma delle frasi e completa con *a costo di, a forza di, in modo da, invece di, prima di, senza, per, da*.**

1. Voglio arrivare sulla cima di quella montagna,
2. Potresti risparmiare un po' di soldi per la tua vecchiaia,
3. Pietro si è procurato diverse carie nei denti,
4. Apri bene tutte le finestre,
5. Preparati bene, perché alla riunione di domani ci saranno molti argomenti
6. Domani andiamo al mare passando per le montagne,
7. Non ricordo più se ho chiuso il gas,
8. Luisa si è svegliata con il mal di testa,

a. .... fare entrare un po' di aria fresca.
b. .... partire per le vacanze.
c. .... discutere.
d. .... morire di fatica.
e. .... spenderli tutti in vacanza.
f. .... aver dormito con l'aria condizionata accesa.
g. .... mangiare caramelle molto zuccherate.
h. .... prendere l'autostrada.

7 •• **Trasforma le frasi usando *a costo di, a forza di, in modo da, invece di*, come nell'esempio.**

Es. Ho piantato i pomodori nell'orto e così in agosto posso fare la salsa.
Ho piantato i pomodori nell'orto in modo da fare la salsa in agosto.

1. Anziché criticare tutte le persone che conosci, cerca di guardare dentro te stesso.

2. Se parli sempre con il cellulare attaccato all'orecchio, tra un po' avrai problemi di udito.

3. Rita ha deciso di chiarire le sue idee ai colleghi, anche se poi si farà odiare da tutti.

4. Cristina ha iniziato ad andare palestra affinché perda qualche chilo di troppo.

8 •• **Trasforma le frasi usando *a costo di, a forza di, in modo da, invece di, prima di, senza*, come nell'esempio.**

Es. Il figlio di Mariella ha insistito per settimane e alla fine ha ricevuto in regalo un cellulare nuovo.
A forza di insistere per settimane, il figlio di Mariella ha ricevuto in regalo un cellulare nuovo.

1. Non ti permetto di andare a giocare se prima non finisci tutti i compiti.

56 L'INFINITO

2. Armando è disponibile a fare anche i turni di notte pur di avere un lavoro.

3. Stai mangiando troppi dolci. In questo modo avrai grandi problemi di glicemia.

4. Non piangere sempre parlando dei tuoi problemi. Cerca piuttosto di reagire con forza.

5. Mi vai a prendere le aspirine in farmacia, per favore? Dopo puoi cominciare a lavorare.

9 ●● **Completa le frasi con *da* o *per* e uno dei verbi indicati.**

tenere • arrivare • risolvere • lavare • prepararsi • spendere • studiare • vedere • comprare • licenziare

1. Grazia non può venire con noi perché ha un problema urgente _____ .
2. Non hai ancora visto *Mediterraneo* di Salvatores? Ma è un film assolutamente _____ .
3. Poiché il lavoro è diminuito, Franco si trova con due dipendenti _____ .
4. Non hai *Blonde on Blonde* di Dylan? Ma è un disco _____ in casa a tutti i costi!
5. Elisa ha guidato tutta la notte _____ in tempo al compleanno di sua sorella.
6. Ti stiamo aspettando in strada da venti minuti. Quanto tempo ti ci vuole _____ ?
7. Porterò le mie camicie _____ in tintoria perché non ho tempo.
8. Se vuoi la mia opinione, questa non è una macchina _____ , è troppo piccola.
9. Lisa ha bisogno di molto silenzio _____ con calma e concentrazione.
10. Mario e Franca sono stati due mesi in vacanza e adesso non hanno più soldi _____ .

10 ● **Trasforma, quando è possibile, le frasi dell'esercizio precedente, come nell'esempio.**

Es. *Grazia non può venire con noi perché ha un problema urgente che deve essere risolto.*

11 ● **Completa le frasi con *da* più infinito.**

1. Scusa, ma sono molto impegnato. Devo finire un lavoro e non ho tempo _____ .
2. Angelo è una persona insignificante. Quando sono con lui non ho mai niente _____ .
3. Oggi non ho avuto tempo di pranzare. Non avresti qualcosa _____ .
4. La Vigilia di Natale, a casa mia, ci sono molti pacchetti _____ .
5. Per avere i denti sani non bisogna consumare gomme _____ .
6. Ho visto sul giornale un monolocale molto interessante _____ .
7. Sto mettendo i vestiti nella lavatrice. Hai qualcosa _____ .
8. Il dottore arriverà più tardi perché ha ancora molti pazienti _____ .

12 ● **Rispondi alle domande usando *per* più infinito.**

1. Perché sei sempre collegato a internet?

2. Perché studi la lingua italiana?

3. Secondo te, perché nel mondo ci sono ancora tante guerre?

4. Perché hai fatto un viaggio in Italia?

5. Perché hai deciso di separarti da tuo marito/moglie?

6. Secondo te, perché non si risolve il problema della fame nel mondo?

13 • **Completa con una frase introdotta da** *a costo di, a forza di, in modo da, invece di, prima di, senza.*
1. In questi ultimi anni Andrea ci vede sempre meno _____.
2. Ho già preparato un libro e una bottiglia d'acqua vicino al letto _____.
3. Anna è rimasta in casa tutto il giorno _____.
4. Riuscirò a conquistare l'amore di Paolo _____.
5. Ieri sera mio figlio ha attraversato la strada principale _____.
6. Gianni e Marcella sono andati a cena al ristorante _____.

14 • **Completa le frasi.**
1. Senza accorgermi di quello che stava succedendo, _____.
2. A costo di risultare una persona antipatica, _____.
3. Prima di sposarsi, Michela _____.
4. Ho comprato una macchina da cucire, _____.
5. A forza di camminare avanti e indietro per lo studio, _____.
6. _____, in modo da non avere più problemi economici.
7. _____ per riuscire a comprare i biglietti in tempo.
8. Invece di telefonare a suo fratello, _____.

15 •• **Completa il testo con i verbi indicati.**

dedicare • diventare • tornare • giocare • morire • ripercorrere • dimenticare • essere • affermare • salutare • salvare • rinascere • andare • accarezzare • creare • dire • avvicinare • vedere

VOLPE FERITA, CURATA E ADDOMESTICATA.
NEL SAVONESE RIVIVE LA FAVOLA DEL *PICCOLO PRINCIPE*

"Molti ci dicevano che potevamo lasciarla **a.** _____, con tutte le volpi che si possono **b.** _____ in giro, cosa avrà avuto di speciale per **c.** _____ a lei tanto tempo!" Così Davide Revello e sua moglie Barbara hanno cercato di **d.** _____ i ricordi dei sei mesi trascorsi con MaPi, la volpacchiotta che sono stati in grado di **e.** _____ da morte certa grazie all'aiuto dell'Enpa (Ente Nazionale Protezione Animali) di Savona, e poi hanno accudito fino a quando la volpe ha deciso di **f.** _____ indipendente. Proprio come nel *Piccolo Principe* di Saint Exupéry: "Non è stato facile **g.** _____ addio alla volpe, nei mesi trascorsi insieme abbiamo avuto la capacità di **h.** _____ un legame fortissimo, quasi simbiotico." Aggiunge Davide: "È sempre rimasta se stessa, selvatica, e sono sicuro di **i.** _____ che ogni volta che accettava il nostro aiuto era come un regalo, un dono da non **l.** _____ mai più. Avevamo degli appuntamenti fissi, quasi rituali, come le coccole prima di **m.** _____ a dormire, andava matta per **n.** _____ con i cuscini sul divano, e mangiava a tutte le ore del giorno". La volpe era stata affidata alla coppia che vive a Santa Giulia, una frazione della Val Bormida nel comune di Dego (Savona), perché "senza un occhio e l'imprinting materno, era ritenuta non **o.** _____ autosufficiente e in pericolo di vita" invece, "in pochi mesi di convivenza l'abbiamo vista **p.** _____, guardava sempre più spesso fuori dalla finestra e quando usciva nel bosco, la vedevamo **q.** _____ sempre meno frequentemente. Un giorno MaPi è entrata un'ultima volta in casa, ci ha guardato in modo diverso dalle altre volte, quasi a volerci **r.** _____ ed è tornata per sempre nel bosco. Ora le lasciamo una ciotola con il suo cibo preferito in giardino, ogni tanto passa e ci saluta, si lascia **s.** _____ e **t.** _____, si vede che ricorda quello che c'è stato ed è rimasto il legame, ma è tornata libera. Ora guardiamo ai boschi, fuori dalla finestra, con una strana sensazione di felicità, nell'indelebile ricordo dei momenti trascorsi insieme a MaPi."

[ilfattoquotidiano.it]

57 VERBI E AGGETTIVI + *DI* O *A* + INFINITO

1 • Scegli il verbo corretto.

1. Ieri sera *abbiamo deciso di/abbiamo imparato a/abbiamo smesso di* chiudere le iscrizioni ai corsi di lingua italiana.
2. Mio nipote vorrebbe *imparare a/spingere a/portare a* suonare la chitarra durante le vacanze estive.
3. Mio marito *sta finendo di/si sta sforzando di/sta aiutando a* smettere di fumare, ma fa molta fatica.
4. Vuoi che ti *tenti a/aiuti a/sforzi a* preparare la cena? Si sta facendo tardi e i nostri ospiti arriveranno tra poco.
5. Potrai avere il dolce solo quando *avrai iniziato a/avrai finito di/avrai ordinato di* mangiare tutta la verdura.
6. Tito sentì dei rumori sospetti provenienti dal piano di sotto così *andò a/aiutò a/impedì di* controllare che nessuno fosse entrato nell'appartamento.
7. Sono molto felice per Francesca: era da anni che *temeva di/rinunciava a/sognava di* trasferirsi in Grecia.
8. Questo week-end non *faremo in tempo a/ordineremo di/impareremo a* raggiungervi perché resteremo a casa a ridipingere il salone.
9. Sebbene avessero ottenuto il finanziamento dalla banca, *invitavano a/continuavano a/venivano a* avere difficoltà economiche.
10. Voi *negate di/convincete a/smettete di* avere sottratto quei documenti dalla cassaforte, ma questo video dimostra il contrario.

2 • *A* oppure *di*?

1. Spesso ci si annoia .... ripetere le stesse cose tutti i giorni.
2. Quando era bambino, Nicola sognava .... diventare uno scrittore.
3. Poiché era sovrappeso, gli hanno proibito .... mangiare dolci e bere bibite gassate.
4. Sua moglie lo incoraggia spesso .... fare sport, ma lui è troppo pigro.
5. Il geometra spera .... poter chiudere il cantiere entro il 2017.
6. Dobbiamo riuscire .... prendere il treno delle 7 o perderemo la coincidenza.
7. Siete stati così persuasivi che ci avete convinto .... accettare la vostra offerta.
8. Molti giovani laureati italiani decidono .... trasferirsi all'estero.
9. Ti sei preparata .... affrontare l'esame di domani? Sarà molto più difficile del precedente.
10. Francesca si lamenta .... essere disoccupata, ma non fa nulla per trovare un lavoro.

3 • Abbina le due colonne con *a* o *di* e forma delle frasi.

1. Quando viaggio con Nicola, ho sempre paura ....
2. Se hai ancora questi dubbi, ti invito ....
3. Per dormire bene è meglio evitare ....
4. Di solito terminiamo ....
5. Hanno provato ....
6. Michela ha rinunciato ....
7. Il giudice ordinò all'imputato ....
8. La moglie di Lino non si diverte ....
9. Dopo solo due mesi a Madrid, Paolo ha già imparato ....
10. Stasera non ho voglia ....

a. chiedere aiuto, ma nessuno li ha sentiti.
b. cenare dopo le 8.
c. alzarsi in piedi.
d. fare un incidente.
e. guardare la partita di calcio.
f. cucinare. Ordiniamo il sushi da asporto?
g. bere caffè prima di andare a letto.
h. rileggere con attenzione il manuale.
i. trasferirsi a Parigi per stare vicino ai genitori malati.
j. parlare lo spagnolo.

4 • **Scegli l'aggettivo.**

1. Non sono mai stato *occupato a/capace di/orgoglioso di* nuotare.
2. Quando siete *pronti a/abituati a/lenti a* cominciare, comunicatemelo.
3. Anche se ha studiato molto, Lisa non è *abituata a/sicura di/stanca di* superare l'esame.
4. Anche se ora non te ne rendi conto, sarai *felice di/interessato a/abile a* avere preso questa decisione.
5. Cristian è *convinto di/interessato a/stanco di* tutti gli sport, ma non ne pratica nessuno.
6. Filippo è *orgoglioso di/attento a/veloce a* lavorare per un'azienda così prestigiosa.
7. In questo momento l'insegnante è *abile a/occupata a/lenta a* ricevere i genitori.
8. È *certa di/abituata a/attenta a* sentirsi bene? Mi sembra un po' pallida.
9. Se non siete *occupati a/sicuri di/abituati a* temperature così rigide avrete sicuramente delle difficoltà.
10. Stai *sicuro a/attento a/convinto di* non superare il limite di velocità se non vuoi prendere una multa!

5 • **Completa le frasi con i verbi indicati.**

spingere • aiutare • sperare • iniziare • smettere (x 2) • dire • riuscire • continuare • fare in tempo • terminare • pensare • tornare • accompagnare • invitare

1. Il mio vicino di casa mi _____ sempre a tagliare l'erba del giardino.
2. La paziente _____ al medico di accusare forti capogiri alzandosi dal letto.
3. _____ di riuscire a scrivere la relazione che mi hai chiesto entro domani sera.
4. Wolfgang Amadeus Mozart _____ a comporre musica all'età di cinque anni.
5. Il portabagagli ormai è pieno. _____ a prendere il resto dei pacchi più tardi.
6. Se non _____ di nevicare probabilmente domani le scuole resteranno chiuse.
7. Dal momento che la tua auto non parte, ti posso _____ io a fare la spesa se ti fa piacere.
8. Nonostante l'intervento sia durato tutta la notte, i chirurghi dell'equipe non _____ a salvargli la vita.
9. Se non _____ di disturbare la proiezione, sarò costretto a farvi accompagnare fuori dalla sala.
10. Voglio _____ ad allenarmi regolarmente perché sento che mi fa bene.
11. I continui dissapori con il suo direttore _____ Francesco a lasciare il suo posto in banca.
12. L'anno prossimo _____ di aver risparmiato abbastanza denaro per fare un viaggio in India.
13. Vi _____ a prendere visione della nota informativa e restituircela firmata appena prenderete una decisione.
14. Quando _____ di fare i tuoi compiti potrai giocare al computer.
15. Non _____ a comprare l'acqua e adesso non ho niente da bere.

6 • **Forma delle frasi con *di* più verbo all'infinito o con *che* più soggetto e verbo, come negli esempi.**

Es. (tu) *guidare* più lentamente   (noi) *fare* un viaggio in auto più tranquillo
Se guidassi più lentamente, faremmo/potremmo fare un viaggio in auto più tranquillo.

Es. (io) *essere contento*   (tu) *esserti laureata* con 110 e lode
Sono contento che tu ti sia laureata con 110 e lode.

Es. (tu) *essere libera*   (tu) *scegliere* la vita che più ti *piacere*
Sei libera di scegliere la vita che più ti piace.

1. Maria *sognare*   Maria *prendere* il sole su una spiaggia dei Caraibi

2. Ieri (noi) *avere paura*   (voi) *fare* un incidente in auto

3. Questa sera (io) *dubitare*   Francesca *potere essere puntuale* per uscire in tempo con gli amici

4. Anna e Sara *sforzarsi* in tutti i modi   Anna e Sara *studiare* il cinese, ma non ci *riuscire*

5. Dopo aver riflettuto a lungo, Giacomo *decidere*   Giacomo *portare* la sua famiglia a vivere a Tenerife

6. Ieri il direttore *ordinare*   gli impiegati *fare* tutti un'ora di straordinario

7 •• **Correggi l'errore dov'è necessario.**

1. Ieri sera Luigi è andato a letto molto tardi e oggi non ha voglia a andare a lavorare.
2. Giuseppe è molto interessato di tutto quello che riguarda la musica rock degli anni Sessanta.
3. Nessuno ti può impedire di dire che non sei interessato agli argomenti che sono stati proposti.
4. Finalmente mi hai convinto di credere che sei felice di essere ritornato in Italia.
5. Il professore non permette agli studenti che usino il cellulare durante le lezioni.
6. Speriamo che possiate trovare un monolocale economico per il periodo universitario di vostra figlia.
7. Non credo che posso mangiare tutto questo piatto di spaghetti. È veramente troppo!
8. Andrea è curioso a leggere molti libri di fisica, ma non sono convinto che li capisca fino in fondo.

8 •• **Forma della frasi trasformando il verbo in corsivo e aggiungendo le preposizioni *a* oppure *di*.**

1. Alessandra / inglese / spesso / sapere / la / non / lingua / parlare / *vergognarsi*
2. ragazzi / musica / pomeriggi / la / (noi) *divertirsi* / da / tutti / ascoltare / i
3. Sara / all' / studi / (io) *convincere* / università / suoi / riprendere / i / finalmente
4. dopo / mese / (io) *riuscire* / tanti / smettere / sforzi / il / scorso / fumare / di
5. scuso / poter / mi / matrimonio / arrivare / vostro / *credere* / tempo / il / in / per / ma / non
6. nella / perché / (io) *dovere rinunciare* / lontana / nuova / troppo / azienda / è / casa / da / lavorare / mia
7. potersi / anno / Lorenzo / dell' / entro / *dubitare* / la / laureare / fine / prossimo
8. usare / Luigi / mai / *imparare* / la / perché / non / semplicemente / gli / non / piace / moto

9 •• **Completa le frasi con informazioni personali, usando le preposizioni *a* oppure *di* più infinito.**

1. Sono capace
2. Sono convinto/a
3. Sono attento/a
4. Sono sicuro/a
5. Sono lento/a
6. Sono stanco/a
7. Sono abile
8. Sono felice
9. Sono orgoglioso/a
10. Sono libero/a

10 • **Completa le frasi.**

1. .... di non poter più correre come un tempo.
2. .... di iscrivermi in palestra per fare un po' di ginnastica.
3. .... a svegliarmi tutte le mattine alle sette.
4. .... di mangiare carni rosse e latticini.

5. .... a finire di cucinare per la cena di stasera?
6. .... di dire la propria opinione.
7. .... a criticare le opinioni degli altri.
8. .... di leggere un libro prima di addormentarmi.
9. .... a prendere l'autobus delle dieci.
10. .... a trovare gli appunti che avevo scritto nel mio quaderno.

11 ●● Abbina le tre colonne e scrivi le frasi sul quaderno, come nell'esempio. Attenzione: devi aggiungere le preposizioni *di* oppure *a*.

1. Ho chiesto
2. Spero
3. Domattina resto
4. Torniamo
5. Ha cominciato
6. I bambini si preparano
7. Ho deciso
8. Credo,

a. in modo ordinato
b. stamattina
c. alla mia fidanzata
d. anzi, sono sicuro
e. di finire in tempo
f. domani
g. a casa
h. con fermezza

sposarmi, così, e non ha, uscire, tutti i pavimenti, posso, ma lei, alla TV, la nostra auto, mi ha detto, riuscire, l'esame, riprendere, di no, lavorare, ancora finito, lavare, smettere, guardare, un film, di fumare, piovere, dalla classe, a superare

Es. Ho chiesto alla mia fidanzata di sposarmi, ma lei mi ha detto di no.

12 ●● Completa il testo con un verbo o un aggettivo indicato e le preposizioni *a* oppure *di*.

iniziare • riuscire • annoiarsi • essere sicuro • sognare • essere capace • pensare • continuare • essere interessato • tentare • chiedere • insegnare • sperare • decidere • cominciare • essere felice • imparare • ritenere

EMMA HA DECISO DI CAMBIARE LAVORO

Emma ha 35 anni e lavora in banca da 5 anni. Quando **a.** .... farsi assumere era molto contenta di entrare a far parte di una grande azienda e **b.** .... lavorare nell'ambito della finanza. Emma infatti si era laureata poco tempo prima in Economia e Commercio e aveva frequentato la Scuola di specializzazione in Economia e Finanza.
Quando **c.** .... lavorare è stata mandata in una piccola agenzia di provincia, a occuparsi di prestiti e mutui. Emma non **d.** .... essere stata assegnata lì, ma **e.** .... restarci solo per qualche anno, dopodiché **f.** .... essere trasferita in una sede cittadina, dove sarebbe anche stata più vicina a casa. Essendo molto veloce a capire le cose, Emma in breve tempo **g.** .... svolgere il proprio lavoro, e, dopo qualche tempo, **h.** .... al suo Direttore .... essere affiancata a un collega che si occupava di investimenti per **i.** .... fare qualcos'altro. Il Direttore ha acconsentito e il collega le **l.** .... vendere e comprare titoli e a gestire i capitali.
Quando il collega due anni dopo **m.** .... andare in pensione Emma ha pensato di poter prendere il suo posto, e svolgere finalmente il lavoro che più le piaceva, ma purtroppo non è stato così. Il Direttore **n.** .... dover affidare l'incarico a un altro collega e Emma **o.** .... occuparsi di prestiti. Emma **p.** .... fare sempre lo stesso lavoro, anche se si sforzava lo stesso di eseguirlo nel modo migliore, e negli anni successivi **q.** .... ottenere più volte un trasferimento, che le è sempre stato negato.
Demoralizzata, **r.** .... inviare curriculum, sperando di trovare un altro lavoro.
Qualche mese fa ha ricevuto la telefonata di un'altra banca che le ha offerto un posto nell'ufficio investimenti di una grossa agenzia del centro. Emma era entusiasta: era quello che **s.** .... fare da tempo e **t.** .... essere pronta per quel lavoro.

58 I CONNETTIVI (2)

1 • **Scegli il connettivo giusto.**

1. Amo molto la montagna; *per cui/al punto da/pure* il mare mi piace, anche se mi diverto meno quando ci vado.
2. La sentenza della giuria non fu di omicidio colposo, *bensì/cosicché/mentre* premeditato.
3. Guardando fuori dalla finestra videro che aveva cominciato a nevicare, *pure/bensì/ciononostante* dovettero mettersi in viaggio.
4. Pensavo che i bambini si sarebbero annoiati al museo, *mentre/pertanto/comunque* si divertirono molto.
5. Il medico non capiva l'origine del dolore, *pertanto/pure/mentre* decise di fare delle analisi più approfondite.
6. Sai che detesto aspettarti, *ciononostante/per cui/mentre* ti prego di essere puntuale.
7. La mia proposta non l'ha convinto, *per questo/al punto da/comunque* non l'ha appoggiata.
8. Il cielo era molto limpido, *pure/cosicché/bensì* si potevano scorgere in lontananza le Alpi.
9. Mi fido di Giulia *al punto/per cui/pertanto* da confidarle ogni mio segreto.

2 • **Completa le frasi con i connettivi indicati. Puoi utilizzarli più volte.**

non solo ... ma anche • da un lato ... dall'altro • talmente (così, tanto) ... da • troppo ... per • abbastanza ... per

1. Per condurre una vita sana occorre _____ curare l'alimentazione _____ fare attività fisica.
2. _____ le vorrei credere _____ non mi convince per niente la sua versione dei fatti.
3. Dopo aver sostenuto il colloquio con la commissione, il candidato fu scartato perché non era _____ qualificato _____ quell'impiego.
4. Dopo aver assistito a quella scena era _____ agitato _____ non riuscire a dormire.
5. In quegli anni eri _____ giovane e immaturo _____ capire le conseguenze delle tue azioni.
6. L'estate prossima _____ andremo al mare _____ a fare un trekking in montagna.
7. Analizzando i dati a nostra disposizione abbiamo rilevato _____ una riduzione dei consumi e _____ un aumento del ricorso a fonti alternative di energia.
8. Alla fine della serata mia moglie mi disse che si era _____ annoiata _____ desiderare di tornare a casa.

3 •• **Correggi l'errore dov'è necessario.**

1. Ti aspetto a casa per le otto, bensì va bene anche se arrivi con un po' di ritardo.

2. Franco da un lato conosce l'inglese alla perfezione dall'altro il tedesco.

3. Non ho studiato abbastanza comunque non ho superato l'esame di filosofia.

4. Oggi non mi sento affatto bene mentre andrò lo stesso a lavorare.

5. Mio padre è italiano pure mia madre è tedesca.

6. Il mio amico Leonardo è ricco cosicché da non dover lavorare.

7. Dopo aver ricevuto la notizia Gaia era talmente sorpresa da parlare.

8. I rifiuti non vanno dispersi nell'ambiente mentre gettati negli appositi contenitori.

9. Rossella è molto intonata; mentre sua sorella Margherita canta molto bene.

4 • Completa le frasi con i connettivi indicati. Puoi utilizzarli più volte.

visto che • sebbene (benché, nonostante, malgrado, per quanto) • pur • affinché (perché) • allo scopo di • per paura di/che • a meno che (salvo che) • tranne che (eccetto che) • senza che • se • a condizione che (a patto che, purché) • nell'ipotesi che

1. Ti ho evidenziato in giallo i punti più importanti da sviluppare, _____ tu possa essere facilitata nella scrittura della tua relazione.
2. _____ te l'abbia più volte ricordato, ti sei dimenticato di telefonare al falegname per quel problema alla porta.
3. _____ non ci siano dei rallentamenti in tangenziale saremo a Milano in tempo per il concerto.
4. _____ fosse stato più attento non avrebbe tamponato quell'auto ferma al semaforo.
5. _____ la temperatura è mite, possiamo andare a fare un'escursione in montagna.
6. _____ conoscendo bene la grammatica, Sofia ha difficoltà a tenere una conversazione in tedesco perché ha poche occasioni di parlarlo.
7. La polizia mise delle transenne _____ non permettere a nessuno di inquinare la scena del crimine.
8. _____ Andrea e Laura arrivino in anticipo, è tutto pronto per accoglierli.
9. Secondo me Aldo è depresso: pare che non gli interessi nulla, _____ guardare la televisione.
10. Ora capisco che non mi avete detto la verità _____ non essere creduti.
11. Vorrei finire il mio discorso, per favore, _____ tu mi interrompa.
12. Ti possiamo prestare l'auto e lo facciamo volentieri, _____ ce la riporti entro domenica sera.
13. _____ vivano in Italia ormai da parecchi anni, sentono ancora nostalgia della piccola isola greca in cui sono nati.
14. L'insegnante assegnò agli studenti dei compiti a casa _____ potessero approfondire meglio l'argomento.
15. Rosa mangia qualunque tipo di pesce _____ sia ben cotto.

5 •• Abbina le due colonne con i connettivi indicati e forma delle frasi. Attenzione: ci sono due connettivi in più.

visto che • sebbene (benché, nonostante, malgrado, per quanto) • pur • affinché (perché) • allo scopo di • per paura di/che • a meno che (salvo che) • tranne che (eccetto che) • senza che • se • a condizione che (a patto che, purché) • nell'ipotesi che

1. _____ stasera non ho voglia di leggere un libro,
2. Stasera verrò a cena con voi,
3. Arriveremo per l'ora di cena,
4. _____ abbia compiuto sessant'anni,
5. _____ lui decida di tornare prima
6. Finita la cerimonia uscimmo dalla sala
7. _____ possiate capire meglio la situazione
8. _____ mi sbrigo con questo lavoro,
9. _____ mangiando in continuazione,
10. Sto risparmiando del denaro

a. _____ non vi avvisiamo per telefono di un eventuale ritardo.
b. _____ fare un viaggio in Cina.
c. guardo se c'è un bel film alla televisione.
d. _____ nessuno dicesse una parola.
e. posso andare a correre nel parco.
f. vi mostrerò alcuni grafici.
g. _____ torniamo a casa entro mezzanotte.
h. Luca non ingrassa di un chilo.
i. Giancarlo è in ottima forma.
j. resterò a casa ad aspettarlo.

6 •• Completa le frasi con un connettivo scelto tra quelli indicati negli esercizi precedenti.

1. Suo marito ha preferito prendere il treno, _____ lei avrebbe voluto fare il viaggio in auto.
2. Non riesco più a trovare la mia carta d'identità, _____ dovrò fare una denuncia di smarrimento e chiedere un duplicato.
3. _____ decideste di raggiungerci alla festa di Silvia, noi non saremo là prima delle nove.
4. È impossibile trovare un tavolo in quel ristorante, _____ non si prenoti con molti mesi di anticipo.
5. Se volete ottenere buoni voti, dovete _____ stare attenti alle lezioni in classe _____ studiare con regolarità a casa.

6. Mio nipote è ancora _____ giovane _____ avere la patente: ha appena compiuto diciassette anni.
7. _____ non trovare un posto per parcheggiare la macchina, ho deciso di venire con l'autobus.
8. Dopo la sua partenza Giovanna ha attraversato un periodo difficile, _____ è riuscita a superarlo e ora è di nuovo serena.
9. _____ sapendo che non potevamo farcela, ci siamo impegnati al massimo delle nostre capacità.
10. Dopo quel pomeriggio trascorso a correre nei prati, i bambini erano _____ stanchi _____ addormentarsi appena saliti in macchina.

7 ●● **Forma delle frasi e uniscile con un connettivo, come nell'esempio.**

Es. trascorso / Londra / splendida / una / ho / a / settimana _____ con / avendo / lingua / difficoltà / inglese / la
Ho trascorso una splendida settimana a Londra pur avendo difficoltà con la lingua inglese.

1. ho / questi / portato / libri / ti _____ possa / degli / tua / spunti / per / tu / trovare / tesi / la / interessanti

2. Giuseppe / essere / ottimi / a / sono / Marco / tornati / amici / e _____ abbiano / passato / dei / in / avuto / problemi

3. darmi / passaggio / un / potresti _____ nella / andiamo / direzione / stessa / ?

4. fa / bisogna / acqua / quando / bere / caldo / molta _____ l' / idratato / mantenere / organismo

5. fuori / è / fino / Francesca / a / città / venerdì _____ potrà / alla / venire / libro / non / presentazione / del

6. che / ancora / Paola e Luigi / vacanza / pensavo / in / fossero _____ rientrati / parecchi / da / sono / già / giorni

7. nelle / capacità / noi / tue / crediamo _____ un / grande / affidarti / incarico / di / responsabilità

8. paziente / all' / dimesso / giorno / il / verrà / intervento / successivo _____ subentri / complicazione / qualche / non

8 ● **Completa le frasi.**

1. Ieri notte non siamo riusciti a dormire, sebbene _____ .
2. Il direttore oggi non può riceverla, a meno che _____ .
3. Ti lascio le chiavi della mia macchina, nell'ipotesi che _____ .
4. La nostra azienda ha investito molto in questo settore allo scopo di _____ .
5. In Italia si può votare per il Senato a condizione che _____ .
6. Hanno montato dei pannelli fotovoltaici affinché _____ .
7. Hai deciso di interrompere gli studi, pur _____ .
8. Abbiamo deciso di comprare un nuovo computer, visto che _____ .
9. Finito di parlare lasciò la sala, senza che _____ .
10. Avete fatto di tutto, tranne che _____ .

9 ● **Completa le frasi.**

1. _____ tranne che lavorare.
2. _____ pur essendo partito in orario.
3. _____ affinché potessero vedere meglio.
4. _____ allo scopo di conoscere nuovi amici.
5. _____ a meno che non nevichi.
6. _____ a condizione che tu sia promosso.

7. _____ sebbene l'attesa fosse lunga.
8. _____ visto che ormai è troppo tardi.
9. _____ per paura di non svegliarsi in tempo.
10. _____ nell'ipotesi che ci sia ancora posto.

10 • **Completa le frasi pensando a te stesso/a, usando un connettivo.**

1. Oggi ho deciso di mangiare solo frutta e verdura, _____ .
2. Mi piace alzarmi presto la mattina, _____ .
3. Per spostarmi uso spesso la bicicletta, _____ .
4. Vado ogni sera a correre nel parco, _____ .
5. Mi piace guardare il calcio in tv, _____ .
6. Il mio appartamento è molto spazioso, _____ .
7. Vorrei cambiare lavoro _____ .
8. Pensavo di avere studiato abbastanza, _____ .
9. Ho cercato di spiegarle la situazione, _____ .
10. Le ho prestato il mio libro di italiano, _____ .

11 •• **Scegli il connettivo corretto.**

Nasce in Antartide l'area marina protetta più grande al mondo, con un'estensione di 1,55 milioni di chilometri quadrati, **a.** *in altre parole/tuttavia/come se* un'area marina più grande di Italia, Francia e Spagna messe assieme, nata dall'accordo di 24 Paesi oltre all'Europa. L'ambiente è quello del Mare di Ross, in Antartide. **b.** *Sebbene/Pure/Purtroppo* ci sono voluti ben cinque anni e parecchie negoziazioni fallite, ma alla fine la "Commissione per la conservazione" delle risorse marine viventi dell'Antartide garantirà la protezione del Mare di Ross per i prossimi 35 anni. **c.** *Malgrado/A dire la verità/In ultimo* bisognerà aspettare ancora un po' di tempo, perché solo a partire dal primo dicembre 2017 l'area diventerà una "no-take zone", cioè una zona da cui non sarà possibile prelevare nessuna risorsa. Sarà **d.** *bensì/pertanto/malgrado* anche categoricamente vietata ogni attività di pesca. **e.** *Relativamente a/Pertanto/In realtà* alcune aree del parco faranno eccezione, ma la pesca lì sarà ammessa esclusivamente a scopo di ricerca: in quelle zone gli scienziati potranno monitorare la salute dell'ecosistema e effettuare confronti con le zone al di fuori della riserva, dove la pesca è invece consentita. La riserva sarà **f.** *pertanto/tuttavia/bensì* un vero e proprio laboratorio a cielo aperto per studiare anche l'effetto dei cambiamenti climatici. **g.** *Anche se/Pur/Sebbene* si trovi in un luogo tanto remoto, il Mare di Ross ha un ruolo ecologico cruciale per l'equilibrio del pianeta. Tre quarti dei nutrienti che sostengono la vita negli oceani provengono infatti proprio da qui. **h.** *Per quanto riguarda/Tuttavia/A mio avviso* la vita animale questa regione ospita più di 16 000 specie. Si contano 32 000 esemplari di foche di Weddell, 155 000 pinguini imperatore e più di 2,5 milioni di pinguini di Adelia, il 38% della popolazione mondiale. E **i.** *comunque/per cui/in ultimo* le balene: il Mare di Ross è uno degli habitat del berardio australe e della balenottera minore.

Oggi questo ecosistema è minacciato dalla pesca commerciale. Il tesoro più ambito è il krill, piccolissimi crostacei pescati per nutrire i salmoni d'allevamento e per produrre olio per i cosmetici e per gli integratori alimentari: **l.** *in altre parole/purtroppo/sebbene* ne viene pescato troppo e troppo in fretta. Sul krill si regge buona parte della catena alimentare antartica: è infatti nutrimento per balene, foche, pinguini e uccelli di mare, **m.** *sicché/tuttavia/bensì* con l'enorme e indiscriminato prelievo di krill si mettono in pericolo molte specie. La riserva non fermerà la pesca nell'Antartico, **n.** *da un lato/mentre/tuttavia* terrà le navi lontane dai luoghi ecologicamente più sensibili. La fondazione del parco è un esempio senza precedenti di cooperazione internazionale per la protezione del mare.

[focus.it]

12 ●● Commenta alcuni di questi aforismi usando i connettivi indicati.

per quanto riguarda (*e simili*) • a mio avviso (per quanto mi riguarda) • in ultimo (da ultimo) • sebbene (*e simili*) • pertanto (*e simili*) • tuttavia • mentre • purtroppo • in generale (*e simili*) • in realtà (a dire la verità) • in altre parole

1. L'italiano non lavora, fatica. (Leo Longanesi)
2. L'italiano ha un solo vero nemico: l'arbitro di calcio, perché emette un giudizio. (Ennio Flaiano)
3. Nessuno, come gli italiani, sa organizzare così bene le tempeste dentro ai bicchieri d'acqua. (Paolo Sorrentino)
4. L'italiano è un popolo straordinario. Mi piacerebbe tanto che fosse un popolo normale. (Altan)
5. Gli italiani hanno solo due cose per la testa: l'altra sono gli spaghetti. (Catherine Deneuve)
6. Italiani: un grande popolo costretto a tutt'oggi a vivere in Italia. (Corrado Guzzanti)
7. Il coraggio intellettuale della verità e la pratica politica sono due cose inconciliabili in Italia. (Pier Paolo Pasolini)

13 ●● Osserva le immagini e scrivi una storia per descriverle. Usa almeno 15 connettivi.

14 Completa il testo con i connettivi indicati. Attenzione: ce ne sono cinque in più del necessario.

senza che • pertanto • se • allo scopo di • pur • a mio avviso • invece • in altre parole • tuttavia • purtroppo • sebbene • relativamente • in ultimo • affinché • mentre • così da • bensì • nell'ipotesi che • come se

PERCHÉ UNA BUGIA TIRA L'ALTRA

A forza di mentire, il cervello diventa sempre meno sensibile alla disonestà. Più ne diciamo, più ne diremmo. Le bugie sono un po' come le valanghe: partono piccole e poi diventano una massa inarrestabile. Un gruppo di ricercatori le ha studiate in laboratorio, trovando una spiegazione biologica plausibile alla escalation del comportamento disonesto: a forza di falsità, il cervello tende a diventare sempre meno sensibile, **a.** _____ trasformare quelle che all'inizio erano piccole bugie insignificanti in falsità assai più importanti.

La sorprendente e, **b.** _____ , scoraggiante conclusione viene da un esperimento così congegnato: a 80 volontari è stato mostrato un barattolo di vetro contenente delle monete. La persona doveva comunicare la stima di quanti erano gli spiccioli a un partner nell'altra stanza, **c.** _____ lui fosse in grado di vedere un'immagine nitida del barattolo. **d.** _____ indovinava, alcune volte c'era una ricompensa sia per il volontario che aveva dato l'informazione sia per il partner. In altri casi, alla persona veniva detto che **e.** _____ il compagno avesse sbagliato, ci sarebbe stata una ricompensa più alta per lui e più bassa per l'altro, e la cifra di denaro sarebbe stata maggiore quanto più la stima era sbagliata. In altri ancora, la risposta sbagliata avrebbe dato un premio solo al compagno.

Il primo risultato è stato che ai volontari non dispiaceva dire una piccola bugia, ovvero fornire la stima sbagliata, **f.** _____ far ottenere un beneficio al partner.

In questi casi, la maggior parte dei volontari ha mentito **g.** _____ mantenendosi sempre nello stesso range di "scorrettezza". **h.** _____ quando si è trattato di dire bugie per il vantaggio personale, i ricercatori hanno osservato un fenomeno curioso: ogni bugia era più grande della precedente. Per esempio, un volontario partiva con una bugia che gli faceva guadagnare una sterlina, e finiva con una che gliene faceva vincere otto. **i.** _____ la disonestà delle persone cresceva nel tempo.

Lo studio è stato condotto su 80 volontari, di età tra i 18 e i 65 anni. Un gruppo di loro è stato sottoposto allo stesso esperimento all'interno di una macchina per la risonanza magnetica funzionale, per misurare l'attività del cervello mentre la persona si comportava in modo disonesto. I ricercatori hanno osservato che l'amigdala, una regione del cervello in cui sono regolate le emozioni, si attivava sempre meno via via che le persone dicevano bugie nel proprio interesse, **l.** _____ l'attività dell'amigdala era sempre la stessa quando le bugie venivano dette a favore degli altri.

L'interpretazione degli autori dell'esperimento, un gruppo di neuroscienziati dello University College di Londra, è che questo spieghi l'esperienza raccontata anche da molti grandi bugiardi: la prima volta che uno racconta una bugia si sente in colpa, **m.** _____ con il passare del tempo mentire diventa, **n.** _____ , sempre più facile. I ricercatori l'hanno paragonato all'annusare un profumo: la prima volta lo si percepisce molto forte, poi l'olfatto si abitua e lo si sente meno. «Questo ci dice anche del pericolo di compiere piccoli atti disonesti» ha detto Tali Sharot, uno degli autori dello studio, **o.** _____ alle conclusioni risultanti dall'esperimento. Si può dunque affermare, **p.** _____ , che diventa più facile infilarsi in una situazione di cui non si ha più il controllo.

[focus.it]

59 LA FORMAZIONE DELLE PAROLE (1)

1 • Cerchia dodici parole con il prefisso.

A	N	T	I	A	C	Q	U	A	T	S	Q
N	R	C	G	N	H	P	Z	V	F	T	D
T	P	O	S	T	I	C	I	P	A	R	E
E	G	M	W	I	K	O	J	F	N	A	F
C	U	P	O	C	O	N	D	O	A	C	O
E	H	O	M	I	R	T	O	F	L	O	B
D	X	R	I	P	R	E	S	A	G	T	N
E	D	R	B	A	F	S	K	X	E	T	Q
N	Q	E	D	R	G	T	L	V	S	O	F
T	Z	I	P	E	R	O	S	S	I	D	O
E	P	R	E	M	E	S	S	A	C	G	A
G	X	B	I	S	C	O	T	T	O	N	M

2 • Scegli il prefisso corretto.

1. Per capire questa storia dobbiamo partire *dal prefatto/dall'antefatto/dal subfatto*.
2. Questa sera in tv c'è la *superfinale/semifinale/interfinale* dei 100 metri.
3. Per dimagrire occorre seguire una dieta *ipocalorica/ipercalorica/semicalorica*.
4. Il dottore mi ha vietato il sale perché sono *ipoteso/superteso/iperteso*, cioè ho la pressione alta.
5. Con i miei colleghi di università abbiamo affittato un appartamento e vogliamo *sottoaffittare/subaffittare/ipoaffittare* una stanza a un altro studente.
6. L'acqua per lavare i vetri della macchina è ghiacciata. Occorre mettere un po' di *controgelo/disgelo/antigelo*.
7. Perché non leggi qualche giornale? Sei sempre così *subinformato/disinformato/ipoinformato*.
8. A causa di un imprevisto abbiamo dovuto *posporre/preporre/interporre* la data della partenza.
9. La sua patente è scaduta. La deve *disinnovare/reinnovare/rinnovare* al più presto.
10. Mio fratello ha la tendenza a *iperdimensionare/extradimensionare/sovradimensionare* i problemi.

3 • Abbina i prefissi alla seconda parte della parola e crea una frase con ciascuna di esse.

1. sotto   a. mercato
2. ultra   b. mestre
3. super   c. leggere
4. bi   d. giudizio
5. inter   e. lineare
6. ipo   f. acqueo
7. ri   g. violetti
8. con   h. vallo
9. pre   i. cittadino
10. sub   j. vedente

4 • Trova i contrari degli aggettivi indicati.

1. civile
2. attento
3. ordinato
4. carica
5. comprensibile
6. normali

7. fortunata
8. abilitato
9. possibile
10. antipatica

5 ● Completa le frasi con gli aggettivi dell'esercizio 4.

1. Il professore mi ha detto che nostro figlio in classe è sempre troppo _____.
2. Mi stupisce il fatto che oggi tu abbia avuto un comportamento così _____ con noi.
3. Ci piace trascorrere le serate con Andrea, perché è una persona molto _____.
4. Sono troppo _____, per cui non riesco mai a trovare le cose quando mi servono.
5. Ovviamente rispetto la sua decisione, anche se per me è _____.
6. Ho provato a chiamare il numero telefonico che mi hai dato, ma mi hanno detto che è stato _____.
7. Il clima del pianeta in questi ultimi anni presenta caratteristiche sempre più _____.
8. Franca è davvero _____: è partita per le vacanze e il primo giorno si è ammalata.
9. Non ho potuto richiamarti perché la batteria del mio telefono era _____.
10. È _____ per me partecipare all'inaugurazione perché sarò in viaggio di lavoro tutta la settimana.

6 ● Abbina i suffissi alla prima parte della parola, poi scrivi le parole vicino alla loro definizione.

1. forn
2. moltit
3. comun
4. settiman
5. pigr
6. protestant
7. ingl
8. moto
9. felic
10. commerci

a. cicletta
b. ale
c. izia
d. esimo
e. ese
f. aio
g. ità
h. udine
i. ante
j. ismo

1. Dottrina politica che si basa sulle idee di Marx e Engels: _____
2. La religione nata dalle idee di Martin Luther: _____
3. Il proprietario di un negozio: _____
4. Giornale o rivista che esce una volta alla settimana: _____
5. La persona che produce il pane: _____
6. La caratteristica di chi ha poca voglia di fare le cose: _____
7. La stato d'animo di chi è molto contento: _____
8. La lingua parlata a Londra: _____
9. Un grande numero di persone, cose o animali: _____
10. La parola "moto" è la sua abbreviazione: _____

7 ● Scrivi le parole composte indicate vicino alla loro definizione.

pastasciutta • portalettere • grattacielo • capodanno • arcobaleno • guardaroba • dormiveglia • spazzaneve • girotondo • agrodolce

1. È un altro modo di chiamare il postino: _____
2. È un sapore tipico della cucina cinese: _____
3. È un gioco che fanno i bambini tenendosi per mano: _____
4. È un primo piatto molto consumato in tutta l'Italia: _____
5. È un mezzo che si usa per pulire le strade dopo una nevicata: _____
6. È una condizione in cui non si è né svegli né addormentati: _____
7. Si forma in cielo dopo i temporali: _____
8. È il primo giorno dell'anno: _____
9. È un edificio molto alto, diffuso nelle grandi città: _____
10. Vi si depositano vestiti, cappotti e borse: _____

59 LA FORMAZIONE DELLE PAROLE (1)

8 • **Completa le parole in corsivo con un prefisso, un suffisso o un elemento simile.**

1. Chi mangia ogni cosa viene chiamato _____ *voro*, mentre chi non mangia né carne né pesce è un *vegetari* _____.
2. Il massiccio sfruttamento del _____ *suolo* per estrarre materie prime sta già causando danni ambientali.
3. È bene tenere presente che anche i farmaci naturali possono avere _____ *indicazioni*, quindi è consigliabile sentire il parere di un medico prima di assumerli.
4. Nelle città si ricorre spesso al blocco del traffico come misura _____ *inquinamento*.
5. Sul _____ *ale* della facciata della chiesa potete ammirare _____ *rilievi* in marmo raffiguranti il Battesimo.
6. Con i fondi ricevuti hanno potuto potenziare il laboratorio _____ *mediale* della scuola e realizzare un interessante progetto.
7. Per conoscere meglio l'argomento mi sono iscritta a un seminario _____ *tematico* di approfondimento.
8. Per godere appieno della visione _____ *dimensionale* è necessario indossare gli *occhi* _____ forniti all'ingresso del cinema.
9. Il _____ *iere* ha parato il rigore e in questo modo ha fatto vincere la partita alla sua squadra.
10. Mara mi ha parlato di una grande novità, ma non mi ha voluto _____ *cipare* niente al telefono.

9 •• **Correggi l'errore dov'è necessario.**

1. Enrico studia Scienze Politiche perché vorrebbe diventare un giornaliere.
2. Tutti i nostri giocattoli sono prodotti con materiali stratossici.
3. La conosco bene perché è stata una mia interinquilina.
4. Hanno fatto installare un controfurto perché abitano in una zona isolata.
5. Fu condannato per avere fatto una dichiarazione falsa sotto giuramento.
6. Ha molte qualità e quella che apprezzo di più è la sua perseveraggine.
7. Il Corso di laurea in Informatica ha durata multiennale.
8. Non mi piace cucinare per Andrea perché è sempre sovracritico nei giudizi.

10 •• **Scrivi una breve definizione delle seguenti parole, come nell'esempio.**

Es. Vagone letto: *è il vagone del treno nel quale ci sono le cuccette per dormire.*

1. Romanzo fiume: _____
2. Centro benessere: _____
3. Sala giochi: _____
4. Strada maestra: _____
5. Ape regina: _____
6. Porta finestra: _____
7. Albero maestro: _____
8. Donna cannone: _____
9. Polizza vita: _____

11 •• **Completa il testo con le parole indicate.**

evidenza • velocità • irregolari • frequenza • stragrande • iperdistanti • coinvolto • immutabili • appartenenza • americana • straconosciuto • ortografia • inglese • impermeabili • morfologia • variabile • probabilità • prevedere • ricercatore

LE PAROLE CAMBIANO QUANDO LE USI POCO

Un nuovo studio nell'ambito della linguistica ha mostrato come l'utilizzo frequente delle parole che indicano concetti o oggetti comuni, tende a congelarle, impedendone l'evoluzione in forme differenti sia all'interno della stessa lingua di **a.** _____ sia nella loro "esportazione" in altre lingue o culture. Al contrario di quanto comunemente si pensa, sono invece le parole meno usate quelle più soggette a cambiare. Che le lingue evolvano è fatto **b.** _____ e che molte parole si trasformino o modifichino il loro significato nel corso dei secoli è un' **c.** _____.

172 GP | Grammatica pratica della lingua italiana | Esercizi supplementari

Oggi però si è dimostrato che esiste una **d.** _____ legata alla **e.** _____ con cui sostantivi, aggettivi, verbi e tutte le altre parti del discorso mutano **f.** _____, pronuncia e addirittura significato: è la **g.** _____ d'uso. Uno studio condotto da Mark Pagel (Università di Reading, Regno Unito) ha mostrato come l'utilizzo frequente di alcune parole - quelle che indicano concetti o oggetti comuni - tende a congelarle, impedendone l'evoluzione, mentre quelle meno usate sono quelle che hanno le maggiori **h.** _____ di cambiare rapidamente.

DIECIMILA ANNI DI PAROLE

Per dimostrarlo il **i.** _____ e i suoi colleghi hanno preso a campione 200 significati in 87 lingue indoeuropee. Da un'analisi incrociata è emerso come lo stesso concetto viene talvolta espresso nelle varie lingue da parole apparentemente senza legami tra loro. Una dimostrazione, questa, dei grandi cambiamenti che hanno **l.** _____ le lingue indoeuropee tra 10 e 6 mila anni fa. Ma lo studio non si è concluso qui. Gli scienziati hanno analizzato anche la frequenza con cui questi concetti ricorrono nelle lingue indoeuropee prendendo a campione quattro lingue moderne: **m.** _____, russo, spagnolo e greco.

PAROLE CON LA DATA DI SCADENZA

Incrociando i risultati, i ricercatori hanno potuto dimostrare che l'enorme evoluzione delle lingue indoeuropee nel corso dei millenni ha riguardato soprattutto le parole meno usate. Le parole più usate, come i nomi dei numeri o i termini che esprimono concetti importanti e universali, sono invece rimasti pressoché invariati nel corso dei millenni nella **n.** _____ maggioranza delle lingue indoeuropee, tanto da aver mantenuto perfino una somiglianza trasversale a lingue **o.** _____ tra loro. Ad esempio, il numero "due" si dice "dos" in spagnolo, "deux" in francese, "two" in inglese, "dva" in russo (tutte parole caratterizzate dai suoni /d/ oppure /t/). Allo stesso modo i termini per indicare la mamma e i concetti collegati sono caratterizzati nella stragrande maggioranza delle lingue indoeuropee dal fonema /m/ ("madre" in italiano, "mother" in inglese, "mutter" in tedesco, "mère" in francese, "moeder" in olandese, "mat'" in russo). Così, se nell'inglese del XVI secolo "dormire" si diceva "to sleep", proprio come oggi (parola d'uso corrente), il meno usato avverbio "sithen" ("da quel momento") si è evoluto diventando l'attuale "since". In base ai risultati statistici raccolti, Pagel e colleghi sono stati in grado di **p.** _____ la durata di molte parole: secondo il ricercatore, quelle più stabili e legate a concetti **q.** _____ "vivranno" ancora 10 mila anni.

VERBI CHE NON SI REGOLARIZZANO

Risultati analoghi ha dato anche una ricerca **r.** _____ indipendente da quella inglese. Secondo Erez Lieberman della Harvard University, infatti, la frequenza d'uso non spiega solo il mutamento delle parole, ma anche i processi che portano i verbi **s.** _____ (cioè che non seguono regole standard nelle declinazioni) a diventare regolari oppure a mantenere una coniugazione "arcaica". Un esempio viene proprio dai verbi irregolari inglesi, quelli cioè che formano il passato e il participio passato secondo una **t.** _____ arcaica e non semplicemente aggiungendo il suffisso "-ed". Secondo Lieberman è proprio l'elevata frequenza d'uso a mantenere forme di coniugazione arcaiche: i verbi irregolari sono quelli che indicano azioni basilari, come "andare" (to go), "venire" (to come), "dormire" (to sleep) o "mangiare" (to eat). Tutte parole usate nel linguaggio quotidiano e pertanto **u.** _____ ai mutamenti della lingua e ai processi di regolarizzazione.

[focus.it]

59 LA FORMAZIONE DELLE PAROLE (1)

12 •• Crea delle famiglie di parole.

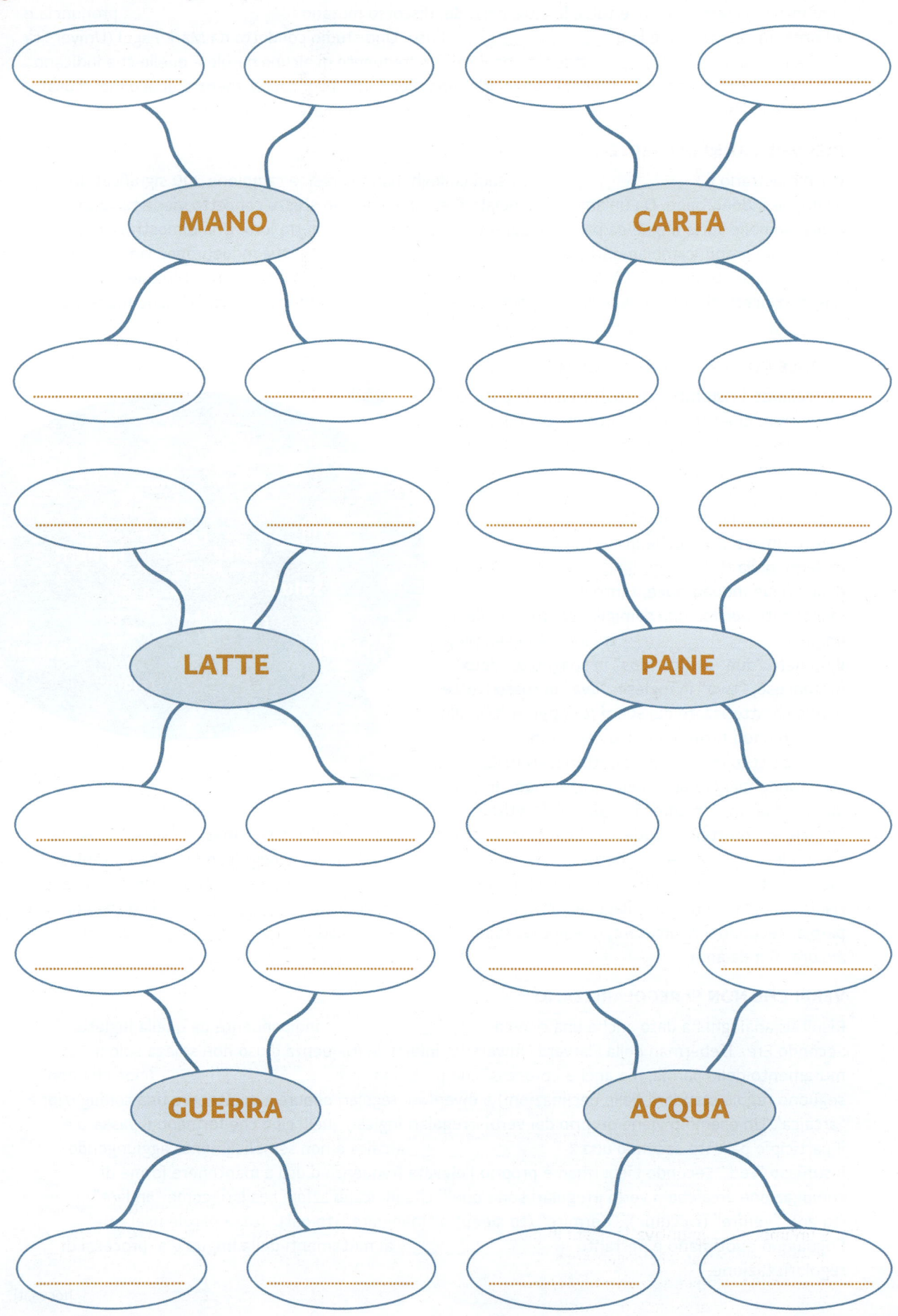

MANO

CARTA

LATTE

PANE

GUERRA

ACQUA

13 •• **Le parole crociate.**

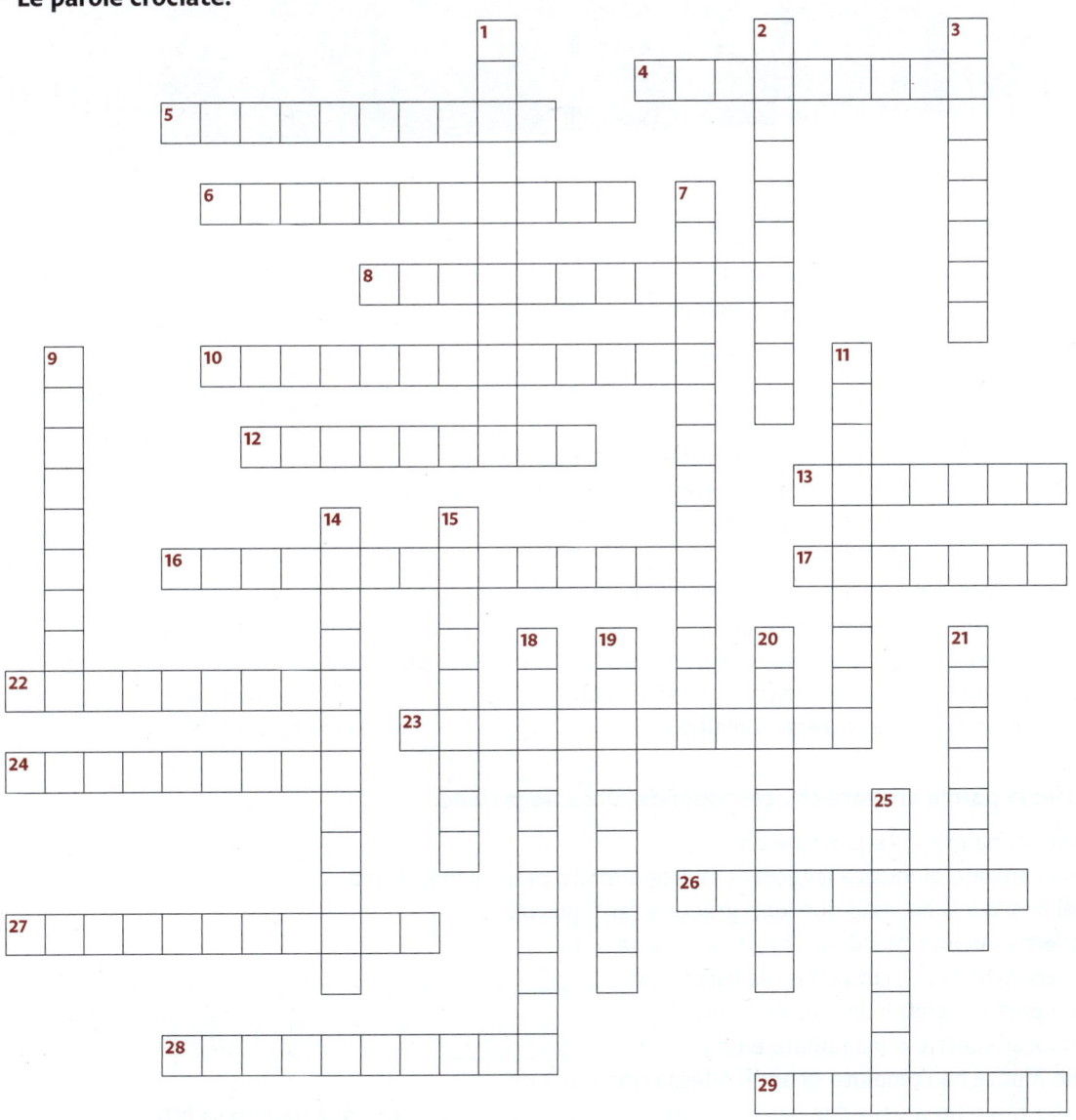

ORIZZONTALI

4. Si serve prima delle altre portate per stuzzicare l'appetito.
5. È un'ipotesi su ciò che accadrà in futuro.
6. Una camminata fatta per svago o passatempo.
8. Si incolla sulle lettere da spedire.
10. Si usa per rompere il guscio della frutta secca.
12. Si parla così per non farsi sentire.
13. Per lavorare usa pennelli e colori.
16. Il movimento pittorico di Monet e Renoir.
17. Lo è un bambino nato da poco.
22. Gradevole sensazione di buona salute e felicità.
23. Vi si esibiscono artisti, attori e musicisti.
24. Gonna femminile molto corta diventata popolare negli anni Sessanta.
26. Indica un periodo di tre mesi.
27. È un'imposta aggiuntiva prevista in caso di mancato o ritardato pagamento.
28. Lo è un luogo dove non vive nessuno.
29. Si adopera per amplificare la voce.

VERTICALI

1. Il modo verbale che si usa per esprimere dubbio o possibilità.
2. Lo strumento musicale suonato da Mozart e Beethoven.
3. Scena recitata da un solo attore.
7. Lo è un'azienda che opera in diversi Stati.
9. È conosciuto anche come squalo.
11. Sa scrivere con entrambe le mani.
14. Gli abitanti della Nuova Zelanda.
15. Narra la vita di una persona.
18. Permette di vedere ciò che non è visibile a occhio nudo.
19. Ci si va per ballare e la musica è spesso assordante.
20. Si trovano nelle regioni montane e polari.
21. Quella italiana ha i colori verde, bianco e rosso.
25. Lo è la madre di un nonno o di una nonna.

60 LA FORMAZIONE DELLE PAROLE (2)

1 • **Completa le frasi con le parole indicate.**

scatoloni • nottataccia • lampadina • coniglietti • tavolino • bustina • macchinine • venticello • bomboletta • tempaccio • asinello

1. Quando ero piccolo mi piaceva molto giocare con le _____ .
2. Abbiamo passato tutta la notte senza dormire perché i vicini hanno festeggiato un compleanno. È stata una _____ .
3. Mia moglie ha verniciato i termosifoni di nero usando una _____ spray.
4. L'abat-jour del comodino non si accende più. Occorre cambiare la _____ .
5. Quando sono stata in vacanza a Londra ho trovato un _____ terribile. Ha piovuto tutti i giorni!
6. Per arredare il mio salone ho acquistato un bellissimo _____ in vetro.
7. Per il trasloco ci serviranno degli _____ e della carta da imballaggio.
8. A Creta l'estate scorsa era molto caldo, ma c'era sempre un piacevole _____ .
9. Nel parco dove vado a passeggiare ci sono molti _____ e anche un _____ .
10. Mi potrebbe dare per cortesia un'altra _____ di zucchero per la tisana?

2 • **Scrivi la parola alterata che corrisponde alla spiegazione.**

1. Una donna grande e grossa è un _____ .
2. Una canzone di musica leggera semplice e molto orecchiabile è una _____ .
3. Nel bosco ieri ho visto due lepri grandi e tanti piccoli _____ .
4. Un'erba infestante e dannosa per le colture è un' _____ .
5. Un contenitore in cui gettare la carta è un _____ .
6. Una porta di grandi dimensioni è un _____ .
7. Un locale brutto e malfamato è un _____ .
8. Mio nipote ha compiuto 18 anni. Adesso non è più un _____ .
9. Nello zaino ho messo due panini e una _____ d'acqua da mezzo litro.
10. Un bel libro di Sepulveda si intitola "La _____ e il gatto che le insegnò a volare".

3 • **Completa la filastrocca con le parole indicate.**

abbaino • mela • mulo • botte • abbaia • melone • bottone • mulino

Filastrocca
corta e gaia,
l' _____
non _____ ,
la _____ più grossa
non è un _____ ,
la _____ più rossa
non è un _____
ed il _____
più piccino
non sarà mai un _____

[G. Rodari, *Filastrocche lunghe e corte*, Editori Riuniti, Roma 2001]

4 Completa le frasi con i verbi indicati.

scoppiare • scoppiettare • fischiare • fischiettare • parlare • parlottare • dormire • dormicchiare • leggere • leggiucchiare

1. In classe ci sono due studenti che non stanno mai attenti e continuano a _____ a bassa voce, disturbando tutti.
2. Ieri sera ho guardato un film alla televisione, ma ne ho perso dei pezzi perché ogni tanto _____ .
3. Quando l'arbitro _____ la fine della partita tutti i giocatori hanno cominciato a festeggiare con entusiasmo.
4. Stamattina quando ho provato a mettere in moto la mia auto il motore ha cominciato a _____ rumorosamente.
5. Sul treno tornando da Roma _____ un libro molto divertente che ho comprato nella libreria della stazione.
6. Sento spesso il mio vicino di casa _____ vecchie canzoni italiane.
7. Quando Andrea si presentò alla festa vestito in quel modo tutti _____ a ridere.
8. Ieri _____ con il nostro avvocato che ci ha detto che ci sono poche possibilità di vincere la causa.
9. Mi piacerebbe _____ di più la mattina e non dovermi alzare sempre così presto.
10. _____ distrattamente il giornale ho trovato questa notizia curiosa.

5 I falsi alterati. Completa la parole crociate.

ORIZZONTALI
4. Il piccolo della gallina da poco uscito dall'uovo.
5. È una grossa e alta onda marina.
7. È un indumento che è detto anche pantalone.
9. Uccello rapace di grandi dimensioni.
11. È simile a un fiammifero, ma è più piccolo e ricoperto di cera.
12. Il dente vicino all'incisivo.
14. Piccolo insetto che salta.
15. Violento ciclone tropicale.
16. L'animale domestico che abbaia.
17. Lo fanno i tifosi allo stadio.

VERTICALI
1. È un giocattolo che con il vento si alza in volo.
2. Il Bianco è il più alto d'Europa.
3. È una radice commestibile simile al ravanello, ma più dolce.
6. Il maschio della pecora.
7. Il quadrupede con la criniera, gli zoccoli e la lunga coda.
8. È una grossa candela di cera che si usa soprattutto nelle chiese.
10. La larva del rospo e della rana.
12. È un indumento per la gamba e il piede.
13. Rotazione, movimento circolare.

SOLUZIONI

1 Essere e avere: presente indicativo

es. 1
1. sono; 2. è; 3. sei, sono; 4. siete, siete, sono, sono, è, è; 5. siamo.

es. 2
1. ha; 2. hai, ho; 3. hanno; 4. avete; 5. abbiamo; 6. ha; 7. ho.

es. 3
1. sei; 2. avete; 3. sono, è, è; 4. ha, è; 5. è, sono, ho, sono; 6. hai; 7. siete, siamo; 8. abbiamo, hanno.

es. 4
Produzione autonoma.

es. 5
1. hai, con e. ho; 2. sono, con d. sono; 3. avete, con a. abbiamo; 4. ha, con b. ho; 5. c'è con c. ci sono.

es. 6
1. Io sono Michelle e sono francese, di Parigi; 2. Tina e Francesca hanno freddo; 3. Pietro ha 17 anni ed è croato; 4. Com'è il tuo libro di italiano?; 5. Sul banco ci sono tre penne.

es. 7
Diverse soluzioni possibili, ad esempio:
1. Io sono Monica e sono argentina, di Buenos Aires. 2. Io sono Angela e sono italiana, di Roma. 3. Noi siamo Paul e Mary e siamo americani, di New York. 4. Io sono Xiao e sono cinese, di Pechino.

es. 8
a. è; b. ci sono; c. c'è; d. ha; e. hanno; f. è; g. sono; h. siamo; i. è; l. ha; m. sono.

es. 9
Diverse soluzioni possibili, ad esempio:
1. Quanti anni ha?; 2. Di dove siete?; 3. Hai/Avete sete/caldo?; 4. Hai una penna?; 5. Com'è il corso di italiano?; 6. Che cosa c'è sul banco/sulla cattedra/ecc.?

es. 10
Produzione autonoma.

2 La forma interrogativa e la forma negativa

es. 1
1. affermativa; 2. negativa; 3. affermativa; 4. negativa; 5. interrogativa; 6. affermativa; 7. interrogativa.

es. 2
1. Ahmed non è tunisino; 2. Io non sono di Milano; 3. La penna non è rossa. 4. La matita non è sul quaderno. 5. Il libro di italiano non è divertente. 6. La gomma di Paul non è sotto il banco. 7. Le sedie della classe non sono marroni.

es. 3
a. ?; b. ?; c. non; d. no; e. sei; f. no; g. tu; h. non.

es. 4
1. La matita non è sul banco; 2. Anna e Pino sono italiani; 3. Di dove siete (voi)?; 4. Mohamed non è tunisino, è marocchino; 5. -; 6. Tu non sei spagnolo, vero?; 7. La penna non è rossa, è blu; 8. -.

es. 5
1. Satvan è uno studente indiano; 2. Di dove sono Khadim e Modou?; 3. Olga non è russa, è ucraina/Olga non è russa, è ucraina/Olga non è russa, è russa; 4. Siete moldavi o rumeni?; 5. Dove sono i libri e i quaderni?; 6. Tu non hai il libro, vero?

es. 6
5, 2, 7, 1, 3, 6, 4.

es. 7
a. -; b. -; c. ?; d. -; e. no; f. non; g. non; h. ?; i. -; l. -; m. -; n. ?; o. -; p. no; q. non; r. -; s. ?; t. -; u. -; v. ?; z. no; aa. -.

es. 8
Produzione autonoma.

es. 9
Diverse soluzioni possibili, ad esempio:
1. Di dov'è/ Da dove viene Sven?; 2. Hai una matita/gomma?; 3. Quanti anni ha Alina?; 4. Dov'è il libro?

3 Il presente dei verbi regolari

es. 1
1. ascolta; 2. usa, scrive; 3. legge; 4. guarda; 5. senti; 6. finiamo; 7. mangiate; 8. capisco, parlo.

es. 2
1. rispondono; 2. lavora; 3. conosco; 4. preferiamo; 5. paghi; 6. pulisce; 7. trascorrono; 8. dormite.

es. 3
1. suona; 2. giocano; 3. apri; 4. parte; 5. spendi; 6. conosco; 7. dormite; 8. scriviamo.

es. 4
1. spendiamo; 2. torno; 3. mangi; 4. leggono; 5. -; 6. -; 7. chiede; 8. rispondete.

es. 5
1. io lavoro in questa scuola da 25 anni; 2. I miei studenti studiano la lingua italiana con molto interesse; 3. Loredana pensa di andare in vacanza in Corsica; 4. Voi abitate in una casa a Milano; 5. Al sabato sera i miei figli ballano in discoteca fino alle 3; 6. Noi prendiamo l'autobus tutte le mattine per andare a lavorare; 7. Alessandro spedisce ogni giorno un'e-mail alla sua ragazza.

es. 6
a. scrivo; b. vivo/abito; c. è; d. c'è; e. studiano; f. frequento; g. abitiamo/viviamo; h. prendiamo; i. camminiamo; l. lavoriamo; m. decidete; n. aspetta; o. abbraccio.

es. 7
1. cucina; 2. veste/indossa/mette; 3. unisce/collega; 4. sono, scendo; 5. aprono; 6. usate/prendete; 7. iniziamo/cominciamo/frequentiamo; 8. leggono.

es. 8
Produzione autonoma.

es. 9
Produzione autonoma.

4 Il presente dei verbi irregolari

es. 1
1. ha, può; 2. devi, vuoi; 3. dicono, piace; 4. sapete, sappiamo; 5. voglio; 6. stanno, vengono; 7. fai, devo; 8. esce.

es. 2
1. hanno, possono; 2. dovete, volete; 3. dice, piace; 4. sai, so; 5. vogliamo; 6. sta, viene; 7. fate, dobbiamo; 8. escono.

es. 3
1. sa; 2. manchi; 3. paghiamo; 4. vincono; 5. rimango; 6. vanno; 7. cerchi; 8. può.

es. 4
1. vieni, d. puoi; 2. volete, f. state; 3. diamo, a. andiamo; 4. fa, b. va; 5. devono, c. escono; 6. so, e. faccio.

es. 5
1. piacciono; 2. leggono; 3. deve; 4. valgono; 5. fai, traduci; 6. contiene; 7. faccio, dici; 8. dai.

es. 6
1. sanno; 2. fate; 3. vogliono; 4. -; 5. esce; 6. -; 7. puoi; 8. vanno.

es. 7
a. vogliono; b. avete; c. potete; d. piace; e. ci sono; f. amate; g. siete; h. dovete; i. arrivate; l. sai; m. traduci; n. va; o. cerchiamo; p. scrivi; q. vieni.

es. 8
Produzione autonoma.

5 I pronomi personali soggetto e la forma di cortesia

es. 1
1. noi; 2. lui; 3. voi; 4. loro; 5. lei; 6. loro; 7. voi; 8. loro.

es. 2
1. e.; 2. g. (o f.); 3. b.; 4. c.; 5. a.; 6. d.; 7. h.; 8. f. (o g.).

es. 3
1. Potete cancellare voi la lavagna?; 2. Io leggo un libro al mese; 3. Loro studiano italiano al CPIA; 4. Tu sei di Roma, vero?; 5. Lui/Lei non lavora da tre mesi; 6. Noi passiamo le vacanze sul Lago di Garda; 7. Loro non scrivono mai con la matita.

es. 4
1. io; 2. noi; 3. tu; 4. lei; 5. -; 6. loro; 7. -; 8. voi.

es. 5
1. tu; 2. Lei; 3. loro; 4. io; 5. noi; 6. voi; 7. lui.

es. 6
1. tu e Alberto/voi; 2. Lei; 3. Claudio e io/noi; 4. io, voi/tu e Alberto; 5. Daniele e Luisa; 6. lui; 7. Lei; 8. noi/Claudio e io.

es. 7
1. io, Lei; 2. noi; 3. loro; 4. tu; 5. voi; 6. lui, lei; 7. io, tu; 8. loro.

es. 8
1. Io cammino un'ora ogni giorno; 2. Loro lavorano in un ospedale del centro; 3. Noi non conosciamo tutti gli studenti del nostro corso; 4. Lui/Lei è rumeno o moldavo?; 5. Vieni anche tu stasera con noi a teatro?; 6. Siete voi i due studenti di Madrid, vero?; 7. Lui è il professor Verdi, dell'Università di Roma.

es. 9
a. ciao; b. ciao; c. stai; d. tu; e. desideri; f. hai; g. vuoi; h. paghi; i. puoi; l. sei; m. ciao.

6 L'articolo determinativo

es. 1
1. l'; 2. il; 3. lo; 4. la; 5. l'; 6. il; 7. la; 8. il; 9. il; 10. lo.

es. 2
1. le; 2. i; 3. gli; 4. le; 5. gli; 6. i; 7. le; 8. i; 9. i; 10. gli.

178 | GP | Grammatica pratica della lingua italiana | Esercizi supplementari

es. 3
1. la; 2. l'; 3. la; 4. la; 5. la; 6. l'; 7. lo; 8. l'; 9. il; 10. lo.
es. 4
1. le; 2. gli; 3. le; 4. le; 5. le; 6. le; 7. gli; 8. gli; 9. i; 10. gli.
es. 5
1. il; 2. la; 3. la; 4. il, lo; 5. il; 6. gli, l', il; 7. i, le; 8. lo, i, i.
es. 6
a. il; b. la; c. il; d. il; e. i; f. i; g. la; h. l'; i. l'; l. le; m. le; n. l'; o. il; p. il; q. gli; r. gli; s. gli; t. le; u. la; v. le; z. le; aa. i.
es. 7
1. I figli di Paolo sono al mare; 2. La nonna di Andrea ha 85 anni; 3. Gli zii di José partono per il Brasile; 4. Le case del mio quartiere sono alte; 5. Gli uomini e le donne di oggi viaggiano molto; 6. Lo psicologo di Silvia va in vacanza in agosto; 7. L'albero più bello del mio giardino è un ciliegio; 8. L'Africa è un continente affascinante.
es. 8
1. gli zaini; 2. il semaforo; 3. Parigi (*senza articolo*); 4. L'Italia; 5. –; 6. –; 7. La professoressa Malpeli; 8. ho caldo.
es. 9
1. il, il; 2. –; 3. –; 4. i; 5. gli, le; 6. la, il; 7. gli, i; 8. –.
es. 10
a. l'; b. le; c. il; d. la; e. il; f. le; g. le; h. i; i. i; l. il; m. –; n. –; o. –; p. i; q. la; r. le; s. i; t. i; u. l'; v. il; z. la; aa. la; ab. la; ac. il; ad. –; ae. –.

7 L'articolo indeterminativo
es. 1
1. un'; 2. un; 3. uno; 4. una; 5. un'; 6. un; 7. un; 8. una; 9. una; 10. uno.
es. 2
1. delle; 2. degli; 3. degli; 4. delle; 5. delle; 6. dei; 7. dei; 8. delle; 9. delle; 10. degli.
es. 3
1. uno; 2. uno; 3. una; 4. una; 5. una; 6. un'; 7. un; 8. un; 9. un; 10. una.
es. 4
1. degli; 2. degli; 3. delle; 4. delle; 5. delle; 6. delle; 7. degli; 8. dei; 9. dei; 10. delle.
es. 5
1. un; 2. un'; 3. una; 4. degli, un; 5. delle, un; 6. degli; 7. un, dei; 8. un.
es. 6
1. degli attori; 2. un dizionario; 3. un operaio; 4. –; 5. un'isola; 6. –; 7. delle; 8. –.
es. 7
1. un; 2. l', un; 3. la; 4. dei, le; 5. una, il; 6. delle, la, l'; 7. un', la; 8. uno, i, la.
es. 8
1. l', d. una; 2. una, f. dei; 3. un, h. i, le; 4. la, una, a. delle; 5. le, g. un; 6. gli, b. dei; 7. l', e. le; 8. il, c. i.
es. 9
1. –, la; 2. –, un; 3. la, un'; 4. –, degli; 5. –, un; 6. le, i, delle; 7. gli, –; 8. l', delle/le.
es. 10
a. –; b. i; c. delle; d. i; e. delle; f. delle; g. i; h. dei; i. le; l. gli/degli; m. le/delle; n. gli; o. i; p. una; q. un; r. uno; s. un'; t. una; u. la; v. la; z. un; aa. un'; ab. un'.

8 I nomi: il genere femminile e maschile
es. 1
1. il; 2. il; 3. la; 4. la; 5. la; 6. l'; 7. la; 8. il; 9. la; 10. l'.

es. 2
1. il, -o; 2. il, -a; 3. l', -i; 4. il, -a, / la, -a; 5. il, -e; 6. la, -o; 7. il, -o; 8. la, -a; 9. la, -e; 10. la, -a.
es. 3
1. il professore, la professoressa; 2. lo studente, la studentessa; 3. il giornalista, la giornalista; 4. l'infermiere, l'infermiera; 5. il cantante, la cantante; 6. il direttore, la direttrice; 7. il dottore, la dottoressa; 8. l'attore, l'attrice.
es. 4
1. -a, -a; 2. -a, -a; 3. -o, -i; 4. -ù; 5. -e, -o; 6. -e, -o; 7. -e, -a; 8. -e, -e, -e.
es. 5
1. il Monte; 2. il programma; 3. il Mare; 4. –; 5. –; 6. Roma; 7. –; 8. la televisione.
es. 6
1. la direzione; 2. il primo giovedì, la pizzeria; 3. il venditore, la verità; 4. il mare, il mio luogo; 5. il cane, il gatto; 6. la parola, l'abbreviazione; 7. la separazione, il divorzio; 8. la pazienza, virtù.
es. 7
1. un, -e; 2. il padre, un, -e; 3. il giornale, una, -a; 4. il martedì, il mercoledì, la segreteria; 5. L'appartamento, un salone; 6. una, -e; 7. il giorno, la domenica; 8. il parrucchiere, -e.
es. 8
a. un, -o; b. un, -o; c. una; d. -a; e. -un, -o; f. un, -a; g. la, -a; h. un, -o; i. la, -a; l. un, -o; m. la, -a; n. un, -o; o. la, -à; p. la, -a; q. -o; r. l', -o; s. una, -a; t. il, -e; u. il, -a; v. un; z. il, -o; aa. la, -a.

9 Il plurale dei nomi
es. 1
1a. il tema; 1b. i temi; 2a. l'avvocato; 2b. gli avvocati; 3a. il fuoco; 3b. i fuochi; 4a. la pescheria; 4b. le pescherie; 5a. il supermercato; 5b. i supermercati; 6a. la foto; 6b. le foto; 7a. l'archeologo; 7b. gli archeologi; 8a. l'ospedale; 8b. gli ospedali; 9a. la ciliegia; 9b. le ciliegie; 10a. il parco; 10b. i parchi; 11a. l'ufficio; 11b. gli uffici; 12a. l'albergo; 12b. gli alberghi; 13a. il segretario/la segretaria; 13b. i segretari/le segretarie; 14a. la sintesi; 14b. le sintesi; 15a. la città; 15b. le città; 16a. lo sport; 16b. gli sport; 17a. la lezione; 17b. le lezioni; 18a. il commesso/la commessa; 18b. i commessi/le commesse; 19a. l'arte; 19b. le arti; 20a. la scuola; 20b. le scuole.
es. 2
1. I libri, d.; 2. Le mense, f.; 3. I macellai, h.; 4. I meccanici, e.; 5. Gli zii/Le zie, a.; 6. i professori, b.; 7. Le fotografie, c.; 8. Le stazioni, g.
es. 3
1. I campi vicino a casa mia hanno; 2. I dottori ricevono; 3. Le cassiere, salutano; 4. Gli idraulici riparano; 5. Le pescherie, aprono; 6. I camerieri, offrono; 7. Gli ambulatori, chiudono; 8. Le città sono.
es. 4
1. La crisi crea difficoltà economiche agli italiani; 2. Il poliziotto controlla il documento dei passeggeri dell'aereo; 3. Lo studente frequenta la lezione di matematica; 4. L'autista dell'autobus guida con prudenza; 5. Il contadino lavora la terra in autunno; 6. L'avvocatessa discute la causa in tribunale.
es. 5
1. Le crisi creano difficoltà economiche agli italiani; 2. I poliziotti controllano i documenti

dei passeggeri dell'aereo; 3. Gli studenti frequentano le lezioni di matematica; 4. Gli autisti/Le autiste dell'autobus guidano con prudenza; 5. I contadini lavorano la terra in autunno; 6. Le avvocatesse discutono le cause in tribunale.
es. 6
1. farmacie; 2. province; 3. ciliegie; 4. –; 5. –; 6. figli; 7. chirurghi; 8. cinema.
es. 7
1. i medici; 2. gli psicologi; 3. le profumerie; 4. le piogge; 5. le valigie; 6. i cuochi; 7 i calzolai; 8. gli uffici.
es. 8
1. I piloti; 2. Gli operai/Le operaie; 3. I giornalisti/Le giornaliste; 4. I parrucchieri/Le parrucchiere; 5. gli attori; 6. I cassieri/Le cassiere.

10 Il plurale irregolare dei nomi
es. 1
1. il ginocchio; 2. il braccio; 3. l'osso; 4. la frutta; 5. il labbro; 6. la gente; 7. il sopracciglio; 8. la fame; 9. il dito; 10. la sete; 11. l'uomo; 12. l'uovo.
es. 2
1. le ginocchia; 2. le braccia; 3. le ossa; 4. *non cambia*; 5. le labbra; 6. *non cambia*; 7. le sopracciglia; 8. *non cambia*; 9 il dito; 10. non cambia; 11. gli uomini; 12. le uova.
es. 3
1. gli uomini; 2. il giornalista; 3. –; 4. la frutta; 5. direttrice; 6. –; 7. poetessa; 8. professoresse.
es. 4
1. gli alberghi, c. camere silenziose e pulite; 2. le bici, e. le auto; 3. le dottoresse, g. i pazienti; 4. i grandi supermercati, b. giorni festivi; 5. controllori, h. passeggeri; 6. le tesi, f. suoi studenti; 7. molte persone, d. droghe leggere; 8. le arance, a. rosse e succose.
es. 5
1. il dio; 2. i pantaloni, le camicie; 3. la gente; 4. gli uomini; 5. le città; 6. le mani; 7. gli autisti; 8. i direttori.
es. 6
1. Non trovo la soluzione per questo problema; 2. La parrucchiera di Gianna è sempre chiusa il lunedì; 3 Non capisco il sistema di scrittura di questo programma; 4. Al mattino leggo il giornale e ascolto la radio mentre faccio colazione; 5. Alessio, da grande, vuole fare il chirurgo; 6. Alla Mostra del Cinema presentano il/un film con la mia attrice preferita; 7. Il cugino di mia moglie fa l'autista di autobus; 8. Il direttore della scuola oggi è ammalato.
es. 7
1. Non trovo le soluzioni per questi problemi; 2. Le parrucchiere di Gianna sono sempre chiuse il lunedì; 3. Non capisco i sistemi di scrittura di questi programmi; 4. Al mattino leggo i giornali e ascolto le radio mentre faccio colazione; 5. Alessio e Nicola, da grandi, vogliono fare i chirurghi; 6. Alla Mostra del Cinema presentano i/dei film con le mie attrici preferite; 7. I cugini di mia moglie fanno gli autisti di autobus; 8. I direttori delle scuole oggi sono ammalati.
es. 8
Produzione autonoma.

11 Gli aggettivi
es. 1
1. marrone; 2. nuovi; 3. verde; 4. piccolo; 5. lungo; 6. inglesi; 7. divertenti; 8. viola.

SOLUZIONI

es. 2
1. carine; 2. bianche; 3. antichi; 4. buoni, giovani; 5. francesi; 6. pesanti.

es. 3
1. bel, bello; 2. bella; 3. begli; 4. bell'; 5. bella; 6. bei; 7. belli; 8. bello.

es. 4
1. buono, buono; 2. buon, buon; 3. buone; 4. buon'; 5. buoni; 6. buoni.

es. 5
1. allegro; 2. lunghe; 3. va bene; 4. giovane; 5. intelligente; 6. -; 7. grande; 8. cinesi.

es. 6
1. nuova, marroni; 2. blu, bianchi, arancioni; 3. basso, grasso, alta, magra; 4. rosa, viola; 5. vecchi, scomodi; 6. alte, bionde, azzurri; 7. naturali, ecologici; 8. quel, primo, svedese.

es. 7
1. Quel/Quella giornalista scrive articoli molto interessanti; 2. I nuovi studenti del corso di italiano sono molto simpatici; 3. Eva è una buon'amica tedesca; 4. Le cassiere del supermercato sono persone gentili e oneste; 5. Non mi piace vivere nelle città grandi e rumorose; 6. Pietro è un ragazzo con le gambe lunghe e le spalle larghe.

es. 8
1. rosso; 2. giovani, carine; 3. italiane, neri; 4. vecchio, bianchi; 5. lunghi, 6. verdi; 7. buona; 8. fresco.

es. 9
1. lunghe vacanze; 2. lingua straniera; 3. aria fresca; 4. studenti indiani; 5. grande problema; 6. bel libro; 7. naso rosso; 8. occhiali nuovi.

12 Aggettivi e pronomi dimostrativi

es. 1
1. Quel disco rigido ha molta memoria; 2. Queste cuffie mi fanno male agli orecchi; 3. Quest'allegato è in formato PDF; 4. Questi documenti sono molto riservati; 5. In questa cartella ci sono documenti molto importanti; 6. Quella ragazza alla finestra è mia cugina; 7. In quegli ospedali lavorano medici molto preparati.

es. 2
1. quella; 2. queste; 3. quest'; 4. quello; 5. questi; 6. quest'; 7. questa; 8. quelle.

es. 3
1. questo, questi nuovi programmi; 2. questa, queste librerie chiudono; 3. quest', questi indirizzi sono sbagliati; 4. quest', queste attrici sono proprio brave; 5. questo, questi strumenti musicali sono chitarre o bassi?; 6. questo, questi dottori sono molto attenti.

es. 4
1. quella, come sono belle quelle montagne; 2. quello, costano quegli schermi; 3. quell'; 4. quelle amiche francesi, tornano, 5. quello, sono quegli zii; 6. quell', quegli alberi; 7. quel, quei documenti.

es. 5
1. Questo, No, questo viene dalla Slovenia, invece quello viene dalla Croazia; 2. Questo, No, questo è vecchio, invece quello è di ultima generazione; 3. Quest', No, questo ha le finestre piccole, invece quello ha le finestre grandi; 4. Quest', No, questa è una Lamborghini, invece quella è una Ferrari; 5. Questo, No, questo è il report di Franco, invece quello è il report di Luigi.

es. 6
1. Questi studenti vengono dalla Croazia? No, questi vengono dalla Slovenia, invece quelli vengono dalla Croazia; 2. Questi schermi sono di ultima generazione? No, questi sono vecchi, invece quelli sono di ultima generazione; 3. Questi uffici hanno le finestre grandi? No, questi hanno le finestre piccole, invece quelli hanno le finestre grandi; 4. Queste auto sono (delle) Ferrari? No, queste sono (delle) Lamborghini, invece quelle sono (delle) Ferrari; 5. Questi documenti sono i report di Luigi? Non, questi sono i report di Franco, invece quelli sono i report di Luigi.

es. 7
1. quelli; 2. quel; 3. queste, quelle; 4. questo, questo, quelli; 5. quegli, quelli; 6. questa, quello; 7. quest', quelle.

es. 8
1. Questo computer non ha Power Point, quello invece sì; 2. Di chi sono quelle cuffie sul mio tavolo? Sono di Giovanni; 3. Questo schermo è economico. Quello invece è caro (o viceversa); 4. Questo programma informatico si chiama antivirus; 5. Preferisci questa tastiera o quella? Preferisco questa, è più bella; 6. Faccio sempre quello che voglio.

13 Aggettivi e pronomi possessivi

es. 1
1. il tuo cane, le tue tastiere, la tua classe; 2. la sua matita, le sue cugine, i suoi quaderni; 3. la sua scuola, le sue mani, il suo schermo; 4. i nostri genitori, la nostra gomma, le nostre gambe; 5. vostra sorella, i vostri uffici, vostro cugino; 6. i loro banchi, il loro zio, le loro nonne.

es. 2
1. i tuoi cani, la tua tastiera, le tue classi; 2. le sue matite, la sua cugina, il suo quaderno; 3. le sue scuole, la sua mano, i suoi schermi; 4. il nostro genitore, le nostre gomme, la nostra gamba; 5. le vostre sorelle, il vostro ufficio, i vostri cugini; 6. il suo banco, i loro zii, la loro nonna.

es. 3
1. i nostri computer; 2. i loro occhi; 3. le nostre cugine; 4. i vostri amici; 5. sua sorella; 6. sua madre; 7. la vostra casella.

es. 4
1. le loro famiglie; 2. sua sorella; 3. nella tua mano; 4. -; 5. i suoi genitori; 6. il suo fidanzato; 7. il mio programma; 8. -.

es. 5
1. mio, mia; 2. sua, suo; 3. i loro; 4. il suo/la sua; 5. tua, la vostra; 6. i miei, le nostre/le mie; 7. le tue; 8. i suoi; 9. le sue; 10. i nostri.

es. 6
1. I genitori di Anna e Antonio sono ricchi e/ma i loro nonni sono poveri; 2. I vostri libri sono sulla cattedra in classe. I nostri (libri) sono nel laboratorio di informatica; 3. Milano è una grande città italiana e i suoi abitanti si chiamano milanesi; 4. Queste sono le nostre penne. Le vostre (penne) sono dentro lo zaino; 5. La mia regione è l'Emilia Romagna. La sua (regione) è la Lombardia; 6. Devo mandare un e-mail al mio professore ma non conosco il suo indirizzo mail; 7. Lorenzo è ingegnere e suo fratello è laureato in economia.

es. 7
a. il mio; b. la mia; c. il mio; d. i miei; e. i miei; f. i nostri; g. nostro; h. mia; i. la mia; l. la mia; m. i loro; n. le loro; o. le mie; p. i miei.

es. 8
Oggi finisce il suo primo mese di lavoro ed è molto contento di quello che fa. La sua esperienza finora è stata molto positiva. Il suo lavoro è duro, ma per fortuna i suoi colleghi collaborano e lo aiutano sempre, anche perché conoscono bene i suoi problemi con la lingua italiana. Lavorano bene insieme e i loro pazienti sembrano contenti del loro lavoro. Quando finisce il turno in ospedale, alla sera, è abbastanza stanco e spesso va a casa: telefona a casa sua; parla con la sua famiglia e rimane a lungo in chat con la sua fidanzata. Qualche volta esce con i colleghi e con i loro amici o le loro famiglie e vanno al ristorante o in pizzeria. Insomma, anche se le sue abitudini sono cambiate e i suoi affetti sono lontani, non si può lamentare.

14 Vorrei e potrei

es. 1
1. potrebbe; 2. potrebbero; 3. potresti; 4. potremmo; 5. potreste; 6. potrei; 7. potrebbe.

es. 2
1. vorremmo; 2. vorrebbe; 3. vorreste; 4. vorrebbe; 5. vorrebbero; 6. vorresti; 7. vorrei.

es. 3
1. potrebbe; 2. vorrebbe; 3. vorrei, vorresti; 4. vorrebbero; 5. potresti; 6. potreste; 7. potrei; 8. vorremmo.

es. 4
1. potresti cantare; 2. vorrei bere; 3. vorrebbe insegnare; 4. potreste prestare; 5. vorremmo comprare; 6. saprebbe dire; 7. vorrebbero trascorrere; 8. vorreste ordinare.

es. 5
1. vorrei, b.; 2. potresti, d.; 3. potreste, e.; 4. vorresti, a.; 5. potrei, c.

es. 6
a. vorremmo mangiare; b. vorreste sedere; c. vorresti stare; d. vorreste vedere; e. potrebbe consigliare; f. vorrei mangiare; g. potrei avere; h. vorreste; i. vorrei provare; l. potrei prendere.

es. 7
Produzione autonoma.

es. 8
1. Che cosa vorreste mangiare?; 2. Vorrei mezzo chilo di pane integrale; 3. Potrei telefonare a casa, per favore?; 4. Vorreste venire a cena stasera.

es. 9
Produzione autonoma.

15 Gli interrogativi: Chi? Che cosa? Come?... e gli esclamativi

es. 1
1. f.; 2. d.; 3. h.; 4. a.; 5. b.; 6. g.; 7. c.; 8. e.

es. 2
1. quanto; 2. da dove; 3. quali; 4. che/quale; 5. -; 6. -; 7. di dov'è; 8. -.

es. 3
1. da dove; 2. perché; 3. dove; 4. quanti; 5. che cosa; 6. qual; 7. quando; 8. come.

es. 4
1. da dove, f.; 2. quante, c.; 3. che cosa, g.; 4. perché, a.; 5. come, b.; 6. qual, d.; 7. quando, h.; 8. dove, e.

es. 5
1. quanti; 2. quale; 3. quali; 4. quanto; 5. quanta; 6. quale; 7. quante; 8. qual.

es. 6
1. Che/Come sei forte!; 2. Che fortunate/Come sono fortunate!; 3. Che/Com'è intelligente!; 4. Che/Come sono ricchi!; 5. Che/Com'è maleducato!; 6. Che triste/Com'è triste!; 7. Che/Come siete abbronzati!.

es. 7
Produzione autonoma.

es. 8
1. Che cosa fai di solito al sabato sera?; 2. Perché mangiate solamente la frutta e la verdura?; 3. Quando fai la festa per il tuo compleanno?; 4. Dove andiamo a fare la spesa sabato mattina?; 5. Come puoi pensare questo di me?; 6. Quale professore fa lezione di italiano oggi alle 14.00?.

es. 9
Produzione autonoma.

es. 10
Produzione autonoma.

16 Stare + gerundio e stare per + infinito

es. 1
Diverse soluzioni possibili, ad esempio:
1. Anna sta studiando/leggendo in biblioteca; 2. Maurizio sta cucinando/preparando o tagliando la verdura; 3. Aldo sta lavando/pulendo il pavimento in la cucina.

es. 2
Diverse soluzioni possibili, ad esempio:
1. Sabrina sta per entrare in casa; 2. Gli atleti stanno per partire/per iniziare la gara; 3. Gianni e Luisa stanno per mangiare la pizza.

es. 3
a. sta partendo; b. sta già parlando; c. stai facendo; d. sto telefonando; e. sta ancora lavorando; f. sta facendo; g. stai già lavorando; h. stai andando; i. sta per cominciare; l. sta arrivando.

es. 4
1. sto mangiando; 2. non posso venire; 3. –; 4. sta nevicando; 5. –; 6. sto per arrivare; 7. stanno giocando; 8. –.

es. 5
1. sta per succedere; 2. sta per nevicare; 3. stanno per divorziare; 4. sta per cominciare; 5. stanno per laurearsi; 6. sta invitando, stiamo per mangiare; 7. sto per guarire; 8. stai per prendere.

es. 6
1. sta lavando; 2. stiamo facendo; 3. stanno per partire; 4. sta per chiudere; 5. sta nuotando, sta per finire; 6. sto per ammalare; 7. state traslocando; 8. sta per tornare.

es. 7
Produzione autonoma.

es. 8
Produzione autonoma.

17 I numeri cardinali e ordinali

es. 1
1. 38; 2. 2720; 3. 6/10; 4. 34°; 5. 1.228.000; 6. 2.131.000.000; 7. 13/15; 8. 9°.

es. 2
1. settantasei; 2. sei quattordicesimi; 3. cinquantasettesimo; 4. tremilasettecentoventuno; 5. quattrocentoventottomilaseicentodue; 6. settimo; 7. tre ottavi; 8. due milioni e seicentocinquantaquattromila.

es. 3
1. quattrocentotrenta meno duecentoventinove uguale duecentouno; 2. sei per otto uguale quarantotto; 3. centottantadue diviso quattordici uguale tredici; 4. cinquantadue per ventiquattro uguale duemiladuecentottantotto; 5. tremilasettecentosessantacinque più quattromilaseicentottantanove uguale ottomilaquattrocentocinquantaquattro; 6. cinquecentocinquantacinque diviso quindici uguale trentasette; 7. settecentocinquantanove meno seicentoquarantatre uguale centosedici.

es. 4
1. primo, secondo; 2. terza, quarta; 3. sesto, due; 4. quattro quinti; 5. sei, dodici; 6. un quarto; 7. sette, ventiquattro; 8. venticinquesima.

es. 5
1. –; 2. quattro; 3. settantotto; 4. ventuno; 5. diciassette.

es. 6
1. la terza strada a sinistra; 2. la quinta strada a destra; 3. la seconda strada a sinistra; 4. la quarta strada a sinistra; 5. la sesta strada a destra.

es. 7
1. quarta; 2. primo, terzo; 3. due, trenta; 4. tre quinti; 5. undici; 6. quattro milioni; 7. trenta percento; 8. secondo.

es. 8
1. trenta, ventotto, trentuno; 2. decimo; 3. miliardesimo; 4. duemila; 5. zeri; 6. un centinaio; 7. sesta; 8. due quinti

es. 9
Produzione autonoma.

18 L'ora

es. 1
1. Sono le 2.45/14.45; 2. Sono le 7.45/19.45; 3. Sono le 5.05/17.05; 4. Sono le 24; 5. 8.40/20.40; 6. 2.10/14.10.

es. 2
1a. Sono le sei meno un quarto/le cinque e tre quarti; 1b. Sono le diciassette e quarantacinque; 2a. e 2b. È l'una e venti; 3a. È mezzogiorno; 3b. Sono le dodici; 4a. e 4b. Sono le tre e venti; 5a. Sono le cinque meno dieci; 5b. Sono le sedici e cinquanta; 6a. Sono le sei e dieci; 6b. Sono le diciotto e dieci; 7a. Sono le due e un quarto; 7b. Sono le quattordici e quindici; 8a. Sono le sette e mezza; 8b. Sono le diciannove e trenta; 9a. Sono le nove meno cinque; 9b. Sono le venti e cinquantacinque.

es. 3
1. Anna fa colazione alle sette e mezza; 2. Anna prende l'autobus alle otto; 3. Anna inizia la lezione alle otto e mezza; 4. Anna finisce la lezione alle dodici e mezza; 5. Anna torna a casa all'una; 6. Anna pranza all'una e mezza; 7. Anna corregge i compiti alle quattro e un quarto; 8. Anna va in palestra alle sei e venti; 9. Anna cena alle otto e quaranta; 10. Anna guarda la tv alle nove e venticinque; 11. Anna va a letto alle undici.

es. 4
2. Il treno Frecciargento parte da Roma Termini alle diciassette e trenta e arriva a Napoli Centrale alle diciotto e trentasei. Il viaggio dura un'ora e sei minuti; 3. Il treno Regionale veloce parte da Torino Porta Nuova alle venti e cinquantaquattro e arriva a Milano Centrale alle ventidue e quarantasei. Il viaggio dura un'ora e cinquantadue minuti; 4. Il treno Frecciarossa parte da Venezia Santa Lucia alle diciotto e venticinque e arriva a Firenze S.M. Novella alle venti e trenta. Il viaggio dura due ore e cinque minuti; 5. Il treno Intercity parte da Bari Centrale alle cinque e cinquantacinque a arriva a Firenze S.M. Novella alle tredici e cinquantanove. Il viaggio dura otto ore e quattro minuti; 6. Il treno Eurocity parte da Verona Porta Nuova alle nove e quattro e arriva a Trento alle nove e cinquantasette. Il viaggio dura cinquantatré minuti; 7. Il treno Regionale parte da Genova Nervi alle dieci e quarantasette e arriva a Livorno Centrale alle tredici e quarantotto. Il viaggio dura tre ore e un minuto.

es. 5
1. Gianni e Luisa fanno colazione alle otto; 2. Gianni e Luisa fanno la doccia alle otto e venti; 3. Gianni e Luisa si preparano alle otto e mezza; 4. Gianni e Luisa iniziano a lavorare alle nove; 5. Gianno e Luisa pranza no all'una; 6. Gianni e Luisa finiscono di lavorare alle sette e mezza; 7. Gianni e Luisa Cenano alle nove meno un quarto; 8. Gianni e Luisa vanno a letto a mezzanotte.

es. 6
Produzione autonoma.

es. 7
Produzione autonoma.

19 Le date, gli anni e i secoli

es. 1
1. quindici marzo millenovecentosettanta; 2. primo agosto millenovecentoquarantacinque; 3. diciotto ottobre duemilaquattordici; 4. ventitré luglio millecinquecentosessantasette; 5. quindici febbraio millesettecentottantanove; 6. ventinove settembre milleduecentotrentaquattro; 7. sedici maggio milleottocentosettantasei; 8. ventiquattro dicembre millenovecentonovanta.

es. 2
1. il 5 maggio 1821; 2. il 6 aprile; 3. –; 4. in settembre; 5. nel 2009; 6. –; 7. nel 1918; 8. –.

es. 3
1. Francesca è nata il 9 maggio 1973; 2. Antonio ha finito l'università negli anni Settanta; .3 Nel ventesimo secolo molti italiani sono emigrati in Sud America; 4. Nell'Ottocento in Italia molte persone erano analfabete; 5. L'anno scolastico inizia in settembre e finisce in giugno; 6. Rita vuole andare in pensione nel 2020.

es. 4
1. il; 2. nel; 3. in, il; 4 nel; 5. il; 6. nel, nel; 7. nel; 8. –; 9. il; 10. –.

es. 5
Produzione autonoma.

es. 6
1. il diciannovesimo/l'Ottocento; 2. il venticinque aprile; 3. il quindici agosto; 4. il quattro luglio millesettecentosettantasei; 5. il duemilasedici; 6. il diciottesimo/il Settecento.

es. 7
Produzione autonoma.

es. 8
Produzione autonoma.

20 Gli avverbi

es. 1
1. umilmente; 2. ufficialmente; 3. letteralmente, bene; 4. economicamente; 5. cordialmente; 6. particolarmente; 7. didatticamente; 8. inutilmente, costruttivamente.

SOLUZIONI

es. 2
1. male, correttamente; 2. musicalmente; 3. matematicamente; 4. legalmente; 5. leggermente; 6. elegantemente; 7. lentamente; 8. improvvisamente.

es. 3
1. fisicamente; 2. raramente; 3. velocemente; 4. tranquillamente; 5. gentilmente; 6. prossimamente; 7. stranamente; 8. felicemente.

es. 4
1. Daniela insegna bene; 2. Cristian mangia esageratamente; 3. Antonio gioca male; 4. Angelo corre velocemente; 5. Paola studia diligentemente; 6. Gabriella cammina costantemente; 7. Francesca guida pericolosamente.

es. 5
1. molto; 2. abbastanza; 3. molto; 4. troppo; 5. poco; 6. un po'; 7. poco; 8. tanto.

es. 6
Produzione autonoma.

es. 7
1. molto, abbastanza; 2. troppo/molto, un po'; 3. abbastanza; 4. un po', molto/tanto; 5. troppo/molto; 6. un po', troppo/molto.

es. 8
Produzione autonoma.

es. 9
Produzione autonoma.

es. 10
Produzione autonoma.

es. 11
1. qua, là; 2. vicino, lontano; 3. sopra, sotto; 4. dentro, fuori; 5. davanti, dietro.

es. 12
a. sì/certo/naturalmente; b. no; c. non; d. nemmeno/neanche/neppure; e. davvero; f. sì/certo/naturalmente ecc.; g. non; h. forse; i. non; l. non; m. magari.

es. 13
a. regionale; b. finalmente; c. agricola; d. ultimamente; e. didattica; f. tranquillamente; g. naturale; h. direttamente; i. liberamente; l. viva; m. forse; n. serena; o. magari.

es. 14
Produzione autonoma.

21 Le preposizioni (1)

es. 1
1. nell', negli armadi; 2. sulla, sulle sedie; 3. allo, agli specchi; 4. nel, nei lavandini; 5. al, ai cinema; 6. dal, dai dottori; 7. dallo, dagli psicologi; 8. dell', delle amiche; 9. sulla, sulle città; 10. dell', degli alberi.

es. 2
1. alle 9.00; 2. dall'India; 3. con l'amica; 4. nella doccia; 5. sul tappeto; 6. del cugino di Andrea; 7. ai miei genitori; 8. dal dentista; 9. tra il banco e la sedia.

es. 3
1. in; 2. nel; 3. in; 4. in, in; 5. nell'; 6. in, nel; 7. in, in, in; 8. nella.

es. 4
1. al cinema; 2. a Milano; 3. al mercato; 4. a destra; 5. a teatro; 6. al telefono; 7. allo stadio; 8. a casa.

es. 5
a. da; b. per; c. da; d. dal; e. dall'; f. dalla; g. sulla; h. per; i. tra; l. dal.

es. 6
1. accanto al; 2. da - a; 3. di fianco al; 4. attraverso; 5. lungo; 6. per; 7. tra; 8. fino alla.

es. 7
1. a Milano, in Lombardia; 2. al ristorante, della zia; 3. del garage, sul frigorifero, in cucina; 4. da Parigi, dalla capitale, della Francia; 5. in montagna; 6. nella libreria, del mio studio; 7. dal mercato, di mele; 8. nella mia scuola, di tutto il mondo; 9. all'idraulico, del bagno; 10. dal dentista, di denti.

es. 8
1. In primavera metto sempre i fiori sul balcone; 2. Domani pomeriggio andiamo a studiare dall'amico di Giulia; 3. Venerdì sera mangiamo il pesce al ristorante; 4. Per andare a scuola Luisa deve prendere due autobus; 5. In Sicilia c'è un mare molto bello; 6. A Giorgio piace molto studiare in camera da letto; 7. Voglio affittare un appartamento di fianco/accanto/vicino alla casa di Maria; 8. Francesca segue un corso di inglese all'università.

es. 9
1. dall'; 2. in, con, di; 3. in, della; 4. tra, all', di; 5. a, dall'; 6. negli, della; 7. sulle, della; 8. di, accanto allo, dall'.

es. 10
1. nei, del; 2. in, in, di; 3. ai, di, a; 4. sugli, per; 5. con, per; 6. da. a. con; 7. sui, delle, del; 8. dal, di.

es. 11
a. a; b. di; c. in; d. sul; e. nei; f. in; g. nella; h. da; i. sul; l. in; m. sugli; n. nella; o. su.

es. 12
Produzione autonoma.

es. 13
Produzione autonoma.

es. 14
1. La foto è sulla libreria. La foto è sul divano; 2. Il cuscino è sotto il letto. Il cuscino è dietro il divano; 3. La giacca è sulla sedia. La giacca è sul letto; 4. Lo zaino è vicino alla libreria. Lo zaino è accanto al tavolo; 5. La chitarra è dietro il divano. La chitarra è vicino alla finestra; 6. Il vaso è sul tavolo. Il vaso è fuori della finestra; 7. Il quaderno è sopra al tavolo. Il quaderno è sotto al tavolo.

es. 15
Produzione autonoma.

22 Le preposizioni (2)

es. 1
1. f.; 2. h.; 3. c.; 4. l.; 5. d.; 6. a.; 7. b.; 8. e.; 9. g.; 10. i.

es. 2
1. durante; 2. mentre; 3. mentre; 4. durante; 5. mentre; 6. durante; 7. mentre; 8. durante.

es. 3
1. in; 2. da; 3. mentre; 4. dal; 5. nel; 6. tra; 7. il; 8. niente; 9. durante; 10. fino alle.

es. 4
1. in; 2. fino al; 3. tra; 4. per; 5. dal; 6. nel; 7. fino all'; 8. nel; 9. dalle 9.00 alle 13.00; 10. dal 15 giugno al 21 luglio.

es. 5
1. di; 2. nel, il; 3. di; 4. in, da, a; 5. per; 6. alle, fino alle, di; 7. in; 8. il; 9. alle, tra; 10. dopo.

es. 6
1. fino alle; 2. in, fino a; 3. il, nel; 4. mentre; 5. -, alle; 6. il, dalle, alle; 7. mentre; 8. tra; 9. dal, fino a; 10. per, da, a.

es. 7
1. tra; 2. in; 3. al; 4. -; 5. -; 6. durante; 7. -; 8. nel; 9. alle; 10. prima di.

es. 8
1. il; 2. -; 3. il; 4. -; 5. -; 6. la; 7. -; 8. il.

es. 9
1. Questa sera il film inizia alle 20.30 e finisce alle 22.00; 2. Durante la pausa molti studenti bevono un caffè; 3. Marco inizia il suo nuovo lavoro tra due settimane; 4. Lisa ha finito di studiare all'università nel 2015; 5. Daniela insegna alla scuola elementare dal 2010; 6. Tra pochi minuti arriva mia moglie e io non ho ancora cucinato; 7. Tiberio ha insegnato italiano a Berlino per cinque anni; 8. Mi piace molto bere una tisana calda prima di andare a letto; 9. Mentre studiavamo in biblioteca; abbiamo conosciuto due ragazzi simpatici; 10. Andiamo al bar a bere qualcosa dopo la lezione di italiano?

es. 10
a. il; b. da; c. a; d. in; e. durante; f. fino alla; g. per; h. dalla; i. fino ai; l. mentre; m. durante; n. di; o. di; p. di; q. dopo; r. in; s. prima dell'; t. alle.

es. 11
Produzione autonoma.

es. 12
Produzione autonoma.

es. 13
Produzione autonoma.

es. 14
Produzione autonoma.

23 Le preposizioni (3)

es. 1
1. di; 2. di; 3. del; 4. di; 5. di; 6. del; 7. di; 8. della 9. di; 10. di

es. 2
1. da; 2. ai; 3. a; 4. da; 5. a; 6. al; 7. da; 8. da; 9. alle.

es. 3
1. di; 2. del; 3. alla; 4. di; 5. da; 6. ai; 7. a; 8. da; 9. di; 10. degli.

es. 4
1. per; 2. per, in; 3. con; 4. con; 5. per; 6. fra; 7. con; 8. sugli; 9. con; 10. per.

es. 5
1. di; 2. agli; 3. di; 4. a; 5. -; 6. di; 7. alla; 8. da; 9. -; 10. di.

es. 6
1. di, con; 2. a; 3. per; 4. della, degli; 5. per, a; 6. a, per, della; 7. per, da; 8. con, sull'; 9. alla, con, di; 10. per, di, da.

es. 7
1. da, e. sugli; 2. con, g. in; 3. di, i. di, per; 4. di, b. con, con, di; 5. da, a. di; 6. per, h. da; 7. di, c. sulla; 8. a, per, d. per, di; 9. tra, l. di; 10. di, f. al.

es. 8
Produzione autonoma.

24 I connettivi (1)

es. 1
1. o; 2. e; 3. ma; 4. anche; 5. o; 6. invece; 7. neanche; 8. inoltre.

es. 2
1. e; 2. o; 3. anche (pure); 4. -; 5. neanche (neppure, nemmeno); 6. ma (però, tuttavia); 7. -; 8. ma (però, tuttavia).

es. 3
1. e, d.; 2. infatti, f.; 3. ma (però, tuttavia), b.; 4. o, h.; 5. anche (pure), a.; 6. inoltre, c.; 7 invece (mentre), e.; 8. neanche (neppure, nemmeno), g.

es. 4
1. né...né; 2. cioè; 3. tuttavia; 4. oppure; 5. sia ... sia; 6. invece; 7. e; 8. nemmeno; 9. mentre; 10. o ... o.

es. 5
1. perciò; 2. siccome; 3. mentre; 4. finché; 5. per; 6. non appena; 7. quindi; 8. quando.
es. 6
1. o (oppure), f.; 2. invece (mentre), c.; 3. infatti, h.; 4. cioè, g.; 5. nemmeno (neanche, neppure), a.; 6. e, d.; 7. ma (però, tuttavia), b.; 8. inoltre, e.
es. 7
1. d. per; 2. f. anche se; 3. b. quando; 4. h. perciò; 5. a. poiché; 6. c. non appena; 7. e. prima di; 8. g. mentre.
es. 8
1. dato che (poiché; ecc.); 2. prima di; 3. va bene; 4. anche se; 5. va bene; 6. perciò (quindi; ecc.); 7. perché (poiché; ecc.); 8. né.
es. 9
I dolori di Andrea: 3, 6, 1, 5, 4, 2
Andrea e il suo cane: 3, 1, 2, 6, 5, 4
es. 10
1. c. nemmeno (neanche, neppure); 2. f. o (oppure); 3. a. prima di; 4. h. mentre; 5. g. dato che (siccome, perché); 6. b. come; 7. d. perciò (quindi); 8. e. cioè.
es. 11
Produzione autonoma.
es. 12
Produzione autonoma.
es. 13
Produzione autonoma.
es. 14
a. perciò (quindi, così ecc.); b. infatti; c. poiché (perché, dato che ecc.); d. e; e. anche se; f. tuttavia; g. prima di; h. e; i. inoltre; l. per; m. finché non; n. mentre; o. anche; p. così; q. cioè; r. ma; s. perciò (quindi ecc.); t. per; u. prima di.
es. 15
Produzione autonoma.

25 Il passato prossimo

es. 1
1. chiesto; 2. risolto; 3. aperto; 4. nato; 5. chiuso; 6. usato; 7. lavorato; 8. fatto; 9. potuto; 10. piaciuto; 11. scritto; 12. morto; 13. messo; 14. rimasto; 15. visto; 16. cambiato; 17. partito.
es. 2
1. venuti; 2. suonato; 3. detto; 4. ripetuto; 5. cominciato; 6. speso; 7. tornati; 8. giocato.
es. 3
1. è; 2. abbiamo; 3. sono; 4. avete; 5. siamo, abbiamo; 6. sono; 7. hanno, sei; 8. hai; 9. è, ha; 10. ho.
es. 4
1. è arrivata; 2. ho vissuto; 3. hai deciso; 4. hanno finito; 5. siete nati; 6. siamo usciti; 7. ha vinto; 8. si sono sposati, 9. mi sono svegliato.
es. 5
1. abbiamo fatto, abbiamo dormito; 2. avete prenotato, siete partiti; 3. è rimasta, ha studiato; 4. sono andato/a, ho letto, mi sono addormentato/a; 5. si sono alzate, hanno fatto, sono andate, hanno studiato; 6. sei andato/a, hai risolto, hai continuato; 7. ti è piaciuto, hai preferito; 8. ha lavorato, ha fatto, 9. sono venuti, si sono iscritti; 10. siamo usciti, siamo andati.
es. 6
1. ha lavato, d. ha messi; 2. è successo, f. c'è stato, sono morte; 3. è cominciato, a. ha cominciato; 4. avete affittato, b. l'abbiamo comprata; 5. hai cambiato, h. sono caduti, si sono rotti; 6. hai visto, sono cresciuti, c. li ho incontrati; 7. sono nate, e. hai già mangiate; 8. ha nascosto, g. sono stati.
es. 7
1. siamo dovuti/e andare, si è rotta; 2. sei potuto/a partire; 3. ha voluto comprare; 4. hanno potuto cominciare; 5. mi sono bagnato, mi sono dovuto cambiare/ho dovuto cambiarmi; 6. ho potuto accettare.
es. 8
1. è iniziata; 2. ha iniziato; 3. ha continuato, è cominciato; 4. è continuata, ha cominciato; 5. è aumentato; 6. abbiamo aumentato.
es. 9
1. siamo andati; 2. hanno mangiato; 3. –; 4. è finito; 5. ha cominciato; 6. è successo; 7. –; 8. sono bastati.
es. 10
1. Stamattina avevo sonno e mi sono alzato alle dieci; 2. Ieri Maria ha scritto una lunga lettera a Paolo; 3. Ieri sera Andrea è arrivato a casa nostra alle nove; 4. Rita era stanca ma ha continuato a lavorare ancora per tre ore; 5. Francesca ha tradotto un libro molto interessante dall'inglese all'italiano; 6. La lezione è cominciata con circa dieci minuti di ritardo; 7. Il tecnico è salito adesso sul tetto per riparare l'antenna della tv; 8. Pietro si è lavato i capelli con l'acqua fredda.
es. 11
a. scrivo; b. ho scelto; c. voglio; d. sono arrivata; e. ho trovato; f. ho; g. hanno aiutata; h. ho iniziato; i. è; l. spero; m. ho ancora trovato; n. hanno promesso; o. riesco; p. ho portato; q. finiscono.
es. 12
Produzione autonoma.
es. 13
Produzione autonoma.
es. 14
Produzione autonoma.

26 L'imperfetto

es. 1
1. finivamo, andavamo; 2. diceva, era; 3. parlavano, prendevano; 4 bevevi, mangiavi; 5. avevo, traducevo; 6. stavate facendo, continuavamo.
es. 2
1. avevamo, facevamo; 2. studiava, frequentava; 3. ero, capivo; 4. parlavi, guidavi; 5. andavano, perdevano, arrivavano; 6. avevate, era; 7. aspettava, leggeva; 8. pulivo, guardava.
es. 3
1. Il tempo passava e tu diventavi sempre più grande; 2. I miei cugini avevano una villa al mare e io trascorrevo con loro le vacanze; 3. Marta telefonava sempre a Alberto, ma lui non rispondeva mai; 4. Quando Franco studiava, ascoltava sempre la musica; 4. Giovanni salutava tutte le persone che incontrava al mercato; 5. Quando lavorava a Bologna, Lorenzo prendeva sempre il treno; 6. Mente tagliavamo l'erba del giardino, è uscito il sole.
es. 4
1. uscivo, c. incontravo, passeggiava; 2. dicevano, g. era; 3. trascorreva, a. faceva, mangiava; 4. abitava, f. andava; 5. riuscivate, d. tenevano; 6. speravamo, b. erano; 7. piaceva, h. mangiava; 8. stavo, e. lavoravo.
es. 5
a. stavo; b. eri; c. parlavi; d. c'erano; e. aspettavo; f. pensavo; g. continuavo; h. volevi; i. dormivi; l. sembravi; m. eri; n. aveva; o. visitava; p. diceva.
es. 6
Produzione autonoma.
es. 7
Produzione autonoma.

27 Il futuro semplice

es. 1
1. canteranno; 2. sentirò; 3. giocherà; 4. saprete; 5. penserà; 6. finiremo; 7. verrai; 8. mangeremo.
es. 2
1. faranno; 2. potrò; 3. comincerà; 4. –; 5. –; 6. vedrà; 7. dimenticherà; 8. –.
es. 3
1. andrà; 2. starai; 3. pagherà; 4. prenderanno; 5. finirete; 6. daranno; 7. vorrò; 8. leggerà.
es. 4
Cancro: a. avranno; b. potranno; c. faranno; d. sarà; e. porterà; f. continuerà; g. nascerà;
Bilancia: a. tornerà; b. ascolterete; c. darà; d. lascerà; e. potrete; f. spenderete;
Acquario: a. troverai; b. dovrai; c. starai; d. riuscirai; e. prenderai; f. raggiungerai; g. comincerai.
es. 5
Diverse soluzioni possibili, ad esempio:
1. Martedì 27 aprile alle 7.30 farà gli esami del sangue; 2. Mercoledì 28 aprile alle 18.00 si allenerà in palestra; 3. Giovedì 29 aprile si vedrà/incontrerà Antonio; 4. Venerdì 30 aprile scriverà un'e-mail ai nonni; 5. Sabato primo maggio pranzerà con gli amici per la Festa del Primo Maggio.
es. 6
Diverse soluzioni possibili, ad esempio:
1. camminerete molto; 2. mangeranno bene; 3. vedrà tanti film; 4. parlerà bene lo spagnolo; 5. spenderete tanti soldi/comprerete tante cose belle; 6. avrai fame; 7. dovremo fare benzina presto.
es. 7
Produzione autonoma.

28 I pronomi personali complemento

es. 1
1. la; 2. lo, lo; 3. le; 4. ci, ci; 5. vi; 6. li; 7. ti; 8. mi; 9. li; 10. vi.
es. 2
1. le; 2. ci; 3. gli; 4. gli, mi; 5. ti; 6. vi; 7. ci; 8. loro; 9. vi; 10. mi.
es. 3
1. I; 2. I; 3. D; 4. D; 5. D; 6. D; 7. I; 8. D.
es. 4
1. me; 2. se; 3. lui; 4. voi; 5. noi; 6. me; 7. lei; 8. te; 9. lui; 10. te.
es. 5
1. mi; 2. ti, lo; 3. ci, gli; 4. vi, lo, li; 5. lei; 6. mi, li; 7. le; 8. loro, lui; 9. vi, vi; 10. le, l'.
es. 6
1. le; 2. –; 3. me; 4. gli; 5. vi; 6. –; 7. lo; 8. le.
es. 7
1. vi, Sì, ci piacciono, li proviamo dopo/li vogliamo provare dopo/vogliamo provarli dopo; 2. le, Sì, mi piacciono, le mangio a cena/le voglio mangiare a cena/voglio mangiarle a cena; 3. le, Sì, lo uso per gli spaghetti/lo devo usare per gli spaghetti/devo usarlo per gli spaghetti.
es. 8
1. vi, -o, li, -i; 2. le, -e; 3. li, -i; 4. mi, -o, gli, -o; 5. ci, -o, gli, -o; 6. ti, -a, mi, -o; 7. vi, -o, ci, -i/e; 8. l', -a, mi, -o.

SOLUZIONI

es. 9
a. gli; b. lui; c. li; d. loro; e. le; f. le; g. li; h. gli; i. lo; l. mi; m. mi.

es. 10
N: Buongiorno Signora, come va? Ha visto che belle pesche abbiamo oggi?; S: Sì, le ho viste prima, mi piacciono molto, ma oggi vorrei mangiare delle fragole.; N: Mi dispiace, ma le abbiamo finite. Cosa ne dice di quest'uva?; S: È bella, la prendo, anche se l'ho già mangiata la settimana scorsa. Ma l'uva non fa male!; N: Desidera altro?; S: Sì, vorrei un po' di pane: lo prendo però solo se è integrale; N: Ecco il pane integrale. Ci sono anche dei biscotti appena usciti dal forno; S: Eh lo so, sento il profumo, ma non li mangio perché mi fanno ingrassare; N: Ma è così magra!; S: La ringrazio, lei è molto gentile con me, ma devo dimagrire, me l'ha detto il dottore; N: Ma lasci stare i dottori. Lei è in perfetta forma; S: Grazie ancora. Mi fa il conto per favore?; N: Ecco, sono 6 euro e 30. Grazie e arrivederci; S: Arrivederci, la saluto anch'io.

es. 11
Produzione autonoma.

es. 12
Produzione autonoma.

es. 13
Diverse soluzioni possibili, ad esempio: 1. Professore, c'è uno studente che vuole parlare con Lei; 2. Ho parlato con Maria e le ho detto di stare tranquilla; 3. Per il compleanno di mio figlio gli regalerò un e-book; 4. Mia madre abita al secondo piano e mia zia abita sotto di lei; 5. Avete visto il dvd che vi ho prestato?; 6. Chi ti ha telefonato stanotte?; 7. Se vedi Antonio, gli puoi dire di telefonarmi?; 8. Dov'è il mio cellulare? Non lo so.

29 I verbi riflessivi

es. 1
1. si; 2. si; 3. mi; 4. si; 5. ci; 6. vi; 7. ti; 8. si.

es. 2
1. si ferma; 2. vi fidate; 3. si chiama; 4. si rompono; 5. ci mangiamo; 6. ti bagni; 7. mi tolgo; 8. ci arrabbiamo.

es. 3
1. si è lavata, si è pettinata; 2. vi siete guardati; 3. si sono innamorati, si sono sposati; 4. ci siamo incontrati, ci siamo abbracciati; 5. ti sei fermata; 6. si sono svegliate, si sono vestite; 7. si è seduto, si è riposato; 8. mi sono ricordato.

es. 4
1. Ieri ci siamo alzati alle sette del mattino per andare all'aeroporto; 2. I miei colleghi si sono arrabbiati con me perché non li ho avvisati della riunione; 3. Dopo una lunga giornata di lavoro vi siete riposati sul divano del soggiorno; 4. Antonella e Tiziana si sono incontrate alla fermata dell'autobus e si sono salutate con freddezza; 5. Quando ti incontro mi ricordo di tuo padre perché vi assomigliate molto.

es. 5
2. Paola si è lavata alle 7.15; 3. Paola ha fatto colazione alle 7.30; 4. Paola si è vestita alle 7.45; 5. Paola è uscita di casa alle 8.00; 6. Paola è arrivata davanti alla banca alle 8.15; 7. Paola si è seduta sulle scale della banca alle 8.30; 8. Paola ha telefonato e si è accorta che era domenica alle 9.00; 9. Paola è ritornata a casa; 10. Paola si è seduta sul divano a leggere un libro; 11. Paola si è addormentata sul divano; 12. Paola è andata a fare shopping.

es. 6
Produzione autonoma.

es. 7
1. ci siamo lavati; 2. si è arrabbiato; 3. ti fidi; 4. –; 5. vi riposate; 6. si sono fermati; 7. –; 8. riposarti.

30 Il *si* impersonale

es. 1
1. si beve; 2. si arriva; 3. si vede; 4. si viaggia; 5. si dorme; 6. si sta; 7. si incontra; 8. si va.

es. 2
1. si beveva/si è bevuto; 2. si è arrivati; 3. si è visto; 4. si viaggiava/si è viaggiato; 5. si dormiva/si è dormito; 6. si stava/si è stati; 7. si incontrava/si è incontrata; 8. si è andati.

es. 3
2. Quando si è tranquilli, si riesce meglio a studiare; 3. Quando si è affamati si trova buonissimo anche un pezzo di pane; 4. Quando si è grassi, si deve fare una dieta; 5. Quando si è ottimisti, si vede la vita positivamente; 6. Quando si è introversi, si parla poco di se stessi; 7. Quando si è maleducati, non si ha molto rispetto per gli altri; 8. Quando si è brutti, si possono avere complessi di inferiorità.

es. 4
1. si è detto; 2. si è più sani; 3. –; 4. si è parlato; 5. si mangia; 6. ci si è annoiati.

es. 5
a. ho lasciato; b. sono uscita; c. ho conosciuto; d. studia; e. ha detto; f. si sta; g. si va; h. ci si incontra; i. si ritorna; l. si può; m. si beve; n. si chiacchiera; o. si va; p. ci sono.

es. 6
Diverse soluzioni possibili, ad esempio: si può andare in/si può usufruire di tre saune, ci si può rilassare in una sala relax, si può ascoltare musica etnica, si può leggere, si può bere un succo di frutta, si può mangiare sano, si può bere un cocktail, si può parlare con persone simpatiche.

es. 7
Produzione autonoma.

31 I pronomi relativi

es. 1
1. cui; 2. che; 3. cui; 4. cui; 5. che; 6. cui, che; 7. cui; 8. cui.

es. 2
1. che; 2. in cui; 3. con cui; 4. che; 5. su cui; 6. chi; 7. che; 8. di cui; 9. da cui; 10. a cui.

es. 3
1. in cui; 2. di cui; 3. che; 4. che; 5. con cui/su cui; 6. che; 7. a cui; 8. che; 9. su cui/in cui; 10. che.

es. 4
1. nella quale; 2. del quale; 3. –; 4. le quali; 5. con la quale/sulla quale; 6. la quale; 7. ai quali; 8. il quale; 9. sui quali/nei quali; 10. il quale.

es. 5
1. il che; 2. di chi; 3. il che; 4. a chi/con chi; 5. il che; 6. da chi; 7. per chi; 8. il che.

es. 6
1. nelle cui; 2. il cui; 3. i cui; 4. dei cui; 5. sui cui; 6. la cui.

es. 7
Produzione autonoma.

es. 8
Produzione autonoma.

es. 9
Produzione autonoma.

32 Il condizionale semplice

es. 1
1. lavorerebbe; 2. apriresti; 3. mangerei; 4. verremmo; 5. potreste; 6. rimarrebbe; 7. vivrebbero; 8. dovrei.

es. 2
1. potrebbe/potresti; 2. sapresti; 3. vorrei; 4. capirebbero; 5. cercherei; 6. sarebbe; 7. vedremmo; 8. fareste.

es. 3
1. spiegherebbe; 2. vorrebbero; 3. saresti, vorrei; 4. comincerebbe; 5. potreste; 6. berremmo; 7. giocherebbe; 8. avremmo; 9. andrebbero; 10. scriverei.

es. 4
1. A Luigi piacerebbe studiare in un'università straniera; 2. Ragazzi, dovreste essere tutti in classe quando inizia la lezione; 3. Andrei volentieri a Roma per visitare i Musei Vaticani; 4. Secondo la televisione il caldo estivo comincerebbe tra una settimana; 5. A mio parere occorrerebbe aumentare le ore di educazione ambientale a scuola; 6. Alzeresti il volume della radio? C'è una canzone che mi piace.

es. 5
1. e.; 2. f.; 3. a.; 4. d.; 5. c.; 6. b.

es. 6
Diverse possibilità, ad esempio: 1. Mi daresti/presteresti una penna, per favore?; 2. Ciao, mi piacerebbe conoscerti; 3. Potrei pagare/avere il conto per favore?; 4. Scusi, mi saprebbe/potrebbe dire dov'è il Museo Egizio?; 5. Mi faresti/lasceresti provare la tua macchina?; 6. Mi passeresti/daresti il pane?; 7. Vorrei il pieno, per favore; 8. Potrei chiudere la finestra/abbassare l'aria condizionata/alzare la temperatura?

es. 7
Diverse possibilità, ad esempio: 1. dovrebbe andare/fare una denuncia alla polizia; 2. dovrebbe mangiare meno; 3. dovreste andare a letto prima; 4. dovresti/potresti studiare di più; 5. dovrebbe fare una visita da un ortopedico; 6. dovrebbe cambiare gli occhiali; 7. dovresti parlare seriamente con lui; 8. dovresti smettere di fumare.

es. 8
Diverse possibilità, ad esempio: 1. Mi daresti una sigaretta, per favore?; 2. Verresti al cinema con noi?; 3. Dove c'è quel parco noi costruiremmo due condomini; 4. Scusi, mi saprebbe dire dov'è la farmacia?; 5. Mi potrebbe dare il numero di telefono del prof. Verdi?; 6. Al posto tuo io seguirei una dieta; 7. Come cucineresti questa carne?; 8. Verreste a lavorare nella mia azienda?

33 I verbi fraseologici

es. 1
1. d.; 2. f.; 3. a.; 4. h.; 5. c.; 6. g.; 7. b.; 8. e.

es. 2
a. 1.; b. 3.; c. 3.; d. 2.

es. 3
1. sto per; 2. fa; 3. insiste a; 4. stiamo camminando; 5. comincerà a; 6. finirà per; 7. terminato di; 8. ha tentato di.

es. 4
1. finire di scaricare; 2. sta già vincendo; 3. - ; 4. prova a andare; 5. finirà per bruciarsi; 6. - ; 7. sta per chiudere; 8. continuo a dimagrire.

es. 5
Diverse soluzioni, per esempio: 1. hanno continuato a; 2. lasciare; 3. hanno già cominciato a; 4. ha smesso di; 5. stanno per; 6. continui a; 7. sto; 8. cercare di.

es. 6
a. sto per; b. sta aprendo; c. finiranno/termineranno di; d. inizierò/comincerò a; e. continuerò a; f. lasceranno/faranno; g. ho cercato di; h. ho finito per; i. avevo smesso di; l. sto seguendo/frequentando; m. ho iniziato a; n. continuo a; o. sto cercando; p. ho iniziato a; q. stai frequentando/seguendo; r. continui a.

34 Ci e ne

es. 1
1. f.; 2. h.; 3. a.; 4. j.; 5. d.; 6. b.; 7. c.; 8. g.; 9. e.; 10. i.

es. 2
1. ci; 2. ne; 3. ci; 4. ci; 5. ne; 6. ne; 7. ci; 8. ne; 9. ci; 10. ne.

es. 3
1. ci sono riuscito; 2. ci torneremmo; 3. ne parliamo, ne parleremo; 4. ci venite; 5. ci vogliono; 6. se ne è dimenticata; 7. ne sono sicuro; 8. ci vogliono; 9. ce l'ho; 10. ci conto.

es. 4
1. ci vado; 2. ci siamo rimasti; 3. ci ho pensato; 4. ne sono molto felice; 5. ci vogliono; 6. ma io ancora non ci credo; 7. ne abbiamo parlato.

es. 5
1. - ; 2. ne sono contento; 3. ci vogliono; 4. ci penso; 5. - ; 6. discuterne; 7. - ; 8. fidatene; 9. ci sono andato; 10. non ci posso.

es. 6
Produzione autonoma.

es. 7
Produzione autonoma.

35 Il ne partitivo

es. 1
1. c.; 2. g.; 3. a.; 4. h.; 5. b.; 6. e., 7. d.; 8. f.

es. 2
1. ne; 2. l'; 3. ne; 4. ne; 5. le; 6. ne; 7. n'; 8. ne.

es. 3
1. ne; 2. li; 3. le; 4. ne; 5. ne; 6. la; 7. ne; 8. lo.

es. 4
1. ne mangio; 2. ne ho; 3. ne bevo; 4. li conosco; 5. ne mangio; 6. le ascolto; 7. ne uso; 8. l'ho usato; 9. ne ho visti; 10. ne è caduta.

es. 5
1. ce ne sono quattro; 2. non ce n'è nessuno; 3. ce n'è uno; 4. ce n'è una; 5. non ce n'è nessuna; 6. ce ne sono due; 7. ce ne sono tre.

es. 6
1. hai mangiato, ne ho mangiati; 2. hai avuto, ne ho avuti; 3. hai bevuto, ne ho bevute; 4. hai conosciuto, li ho conosciuti; 5. hai mangiato, ne ho mangiata; 6. hai ascoltato, le ho ascoltate; 7. hai usato, ne ho usato.

es. 7
1. l'ho vista; 2. ne ho scritti; 3. ne ho visti; 4. - ; 5. ne ho mangiate; 6. finirle tutte; 7. - ; 8. me ne hai scritto.

36 I pronomi composti

es. 1
1. te la; 2. ce li; 3. me l'; 4. ce l'; 5. ve l'; 6. me lo; 7. gliele; 8. ve li.

es. 2
1. ve le; 2. me lo; 3. ce la; 4. te l'; 5. glielo; 6. ce ne; 7. me li; 8. te le.

es. 3
1. me l'; 2. andarmene; 3. glielo; 4. - ; 5. - ; 6. ve la; 7. diglielo; 8. te l'.

es. 4
1. te lo; 2. ve li, me li; 3. ce le; 4. gliel'; 5. glielo; 6. me ne; 7. ce l'; 8. glieli.

es. 5
Diverse risposte possibili, ad esempio: 1. me li manda; 2. te lo offriamo; 3. ve li ha lasciati; 4. me l'ha detto/chiesto, 5. glieli ha prestati; 6. gliela leggi; 7. ce lo ha preparato; 8. gliele ha regalate.

es. 6
Diverse risposte possibili, ad esempio: 1. Chi ti ha preso quegli occhiali?; 2. Chi ha prestato il libro a Marco/Anna/Franco e Simone; 3. Chi mi ha lavato la macchina?; 4. Chi ci porta\accompagna alla stazione?; 5. Perché non dici a Carmelo che lo ami ancora?; 6. Chi ti ha detto che Alida ha cambiato scuola?; 7. Che belle scarpe. Dove le hai prese?; 8. Chi vi ha detto di prendere i fiori di Bach?

es. 7
1. Chi presta le gomme a Paola? Gliele prestiamo noi; 2. Chi presta il gesso a Sandro e Vittorio? Glielo presta Anna; 3. Chi presta la bicicletta a Sofia? Gliela presti tu; 4. Chi presta i guanti a Sonia e Lucia? Glieli prestano Aldo e Mario.

es. 8
1. Chi ha prestato le gomme a Paola? Gliele abbiamo prestate noi; 2. Chi ha prestato il gesso a Sandro e Vittorio? Glielo ha prestato Anna; 3. Chi ha prestato la bicicletta a Sofia? Gliel'hai prestata tu; 4. Chi ha prestato i guanti a Sonia e Lucia? Glieli hanno prestati Aldo e Mario.

37 Il passato remoto

es. 1
1. andai; 2. ebbe; 3. telefonarono; 4. venne; 5. innamoraste; 6. nacque; 7. fosti; 8. iniziò.

es. 2
1. feci; 2. pulii; 3. presi; 4. andai; 5. persi; 6. scrissi; 7. caddi; 8. stetti; 9. dormii; 10. ruppi; 11. tenni; 12. amai; 13. volli; 14. potei; 15. conobbi. Soluzione: il passato remoto.

es. 3
1. andò; 2. mi parlarono, non furono; 3. lavorai; 4. vendeste; 5. stette; 6. fece; 7. partecipai; 8. corse.

es. 4
1. andai, c. visitai; 2. b. tennero, arrivarono; 3. parlasti, a. si addormentarono; 4. trascorremmo, e.; 5. venisti, d.; 6. prestai, g.; 7. f. riusciste, compraste; 8. diede, h. cadde.

es. 5
1. conobbe; 2. presi, uscii; 3. videro, corsero; 4. curò; 5. vivemmo; 6. fu; 7. divenne, andò; 8. parlasti.

es. 6
1. ascoltai; 2. tenne; 3. conoscesti; 4. finimmo, tornammo; 5. perse; 6. faceste; 7. risero, videro; 8. ebbe.

es. 7
1. si tagliò; 2. si fermò, bevve; 3. andammo, rimanemmo; 4. durò; 5. fu, trovò, conobbe; 6. scriveste.

es. 8
1. Quando aveva 12 anni, Alberto si ruppe una gamba in un incidente; 2. Quando scoppiò la Seconda guerra mondiale, mio nonno lavorava come contadino; 3. Modou e Mohamed vennero a vivere in Italia dieci anni fa; 4. A causa di problemi economici doveste abbandonare l'università prima della laurea; 5. Marco e io fummo i primi studenti ad andare a studiare a Erlangen; 6. Luigi subì un'operazione alla gola a 17 anni, 7. Quando i miei studenti seppero il risultato degli esami, fecero una festa; 8. Mentre leggevo un libro, suonò improvvisamente il telefono.

es. 9
1. mi addormentai; 2. raccogliemmo; 3. interrogò; 4. - ; 5. - ; 6. fece; 7. cantò; 8. si accorse.

es. 10
Produzione autonoma.

es. 11
Produzione autonoma.

es. 12
Produzione autonoma.

es. 13
Produzione autonoma.

38 Imperfetto o passato prossimo/passato remoto

es. 1
1. conobbe; 2. arrivò; 3. avete preparato; 4. ci siamo fermati; 5. finivo; 6. hai fatto, sono andato; 7. dormivo; 8. arrivarono.

es. 2
1. portava, seguivano; 2. operò, accompagnarono/ha operato, hanno accompagnato; 3. hanno comprato/comperarono, frequentava; 4. sono andato, era; 5. guardavano, scriveva, leggeva; 6. visse/ha vissuto, lavorava; 7. avete fatto, è arrivata/faceste, arrivò; 8. ho fatto, ho portato.

es. 3
1. frequentavamo, c. andavamo; 2. si lavava, h. puliva; 3. vide/ha visto, f. fece/ha fatto; 4. correvano, e. hanno incontrato/incontrarono, passeggiava; 5. vinse/ha vinto, a. studiavo; 6. è ritornato, b. è andato; 7. facevi, g. ti ho telefonato; 8. si è scaricata/si scaricò, d. parlavo.

es. 4
1. mi ha telefonato; 2. arrivammo; 3. - ; 4. è andato; 5. fece/ha fatto; 6. - ; 7. ci siamo allenati; 8. sei stato.

es. 5
1. facevano, è scoppiato/scoppiò; 2. sono riusciti, è diventato/riuscirono, divenne; 3. siamo usciti/uscimmo, era; 4. trascorsero, fu/hanno trascorso, è stata; 5. hanno abbaiato, c'era; 6. ho perso, sapevo; 7. si è chiuso/si chiuse, stava; 8. ha offerto, hanno collaborato/offrì, collaborarono.

es. 6
Diverse soluzioni possibili, ad esempio:
1. Mentre guidavo in centro ho visto mia moglie con un amico e ho fatto un incidente; 2. Mentre noi studiavamo, mio fratello faceva la doccia e ascoltava la musica a tutto volume; 3. Quando Anna e Paolo hanno aperto la porta, hanno visto i mobili rotti e hanno chiamato la polizia.

es. 7
Produzione autonoma.

SOLUZIONI

39 Il futuro anteriore

es. 1
1. avrà riparato; 2. avranno pensato; 3. verrò; 4. potrai; 5. avrò preso; 6. lavoreremo; 7. avrà corso; 8. sarà rimasto.

es. 2
1. mi concederò, avrò superato; 2. ci vorrà, sapremo, saremo arrivati; 3. verrà, avrà finito; 4. staremo, avremo fatto; 5. vi sarete laureati, potrete; 6. avrà letto, presterà; 7. inizierà, avrà visitato; 8. avranno riparato, trascorreranno.

es. 3
1. riuscirai; 2. avrà comprato; 3. avrò preso; 4. saranno; 5. avrà visto; 6. telefonerete; 7. avremo dipinto; 8. saranno ritornati.

es. 4
1. sarà successo; 2. avrò fatto; 3. telefonerai; 4. avrai risposto; 5. -; 6. potrò; 7. sarete tornati; 8. -.

es. 5
Produzione autonoma.

es. 6
Produzione autonoma.

es. 7
Produzione autonoma.

40 Il trapassato prossimo

es. 1
1. d.; 2. f.; 3. a.; 4. h.; 5. g.; 6. c.; 7. e.; 8. b.

es. 2
1. eravamo ritornati; 2. aveva fatto; 3. avevo cominciato; 4. erano rimaste; 5. era finita; 6. si erano dimenticate; 7. avevano appena incontrato; 8. si erano salutati.

es. 3
1. avevamo prenotato; 2. aveva perso; 3. vi eravate ancora riposati; 4. avevo descritto; 5. avevi appena finito; 6. era successo; 7. aveva da poco fatto; 8. aveva mangiato.

es. 4
1. aveva appena indossato, si sporcò/si è sporcata; 2. andavamo, avevano affittato; 3. parlava, aveva già finito; 4. si è fidanzata/si fidanzò, non si era ancora laureata; 5. mi sono accorto/mi accorsi, aveva salutato, era; 6. hanno portato/portarono, avevano appena arrestato; 7. siete partiti/partiste, non vi eravate ancora sposati; 8. era, sono ritornato/ritornai, avevo fatto.

es. 5
1. era andata; 2. -; 3. era appena arrivato; 4. aveva appena compiuto; 5. era iniziata; 6. avevo appena spento.

es. 6
Produzione autonoma.

es. 7
Produzione autonoma.

41 Il condizionale composto

es. 1
1. d.; 2. f.; 3. h.; 4. a.; 5. b.; 6. g.; 7. c.; 8. e.

es. 2
1. avrebbe dimostrato; 2. avrebbero capito; 3. sarebbe stata; 4. avrebbe dovuto; 5. avrebbe insegnato; 6. sarebbero andati; 7. vi sareste alzati; 8. sarebbe stato.

es. 3
1. sarebbe dovuto uscire; 2. sarebbe stata; 3. avremmo potuto superare; 4. sareste venuti; 5. sarei dovuto/a andare; 6. avrebbe dovuto spedirmi; 7. avrebbero comprato.

es. 4
1. sarebbe durato; 2. avremmo perso; 3. vorrebbe; 4. avrei preso; 5. sarebbe passato; 6. piacerebbe; 7. mangerei; 8. avrebbero riparato.

es. 5
1. sarebbe piaciuto; 2. potresti; 3. ti saresti divertito; 4. vorrebbe; 5. sarebbero cominciate; 6. avrebbe preferito; 7. presterebbe; 8. avrebbe desiderato.

es. 6
1. avrebbe ucciso; 2. avrebbe aiutato; 3. avrei dovuto; 4. piacerebbe; 5. occorrerebbe; 6. sarei arrivato; 7. sarebbe; 8. sarebbe stato.

es. 7
Produzione autonoma.

42 La forma impersonale – *Loro, tu, uno* e i verbi impersonali

es. 1
1. f.; 2. h.; 3. b.; 4. g.; 5. a.; 6. c.; 7. i.; 8. e.; 9. d.

es. 2
1. Hanno fermato lo scippatore mentre correva verso la stazione; 2. Hanno modificato l'orario di apertura del supermercato per il periodo estivo; 3. Hanno arrestato il rapinatore due ore dopo la rapina in banca; 4. Ieri, a Milano, hanno scippato tre persone in una sola mattina; 5. Hanno costruito il condominio vicino al mio in soli quattro mesi; 6. In Parlamento hanno deciso di aumentare di due anni l'età della pensione; 7. Ieri notte, in via Zarotto, hanno rotto gli specchietti di dieci macchine; 8. Dicono che il tasso di inflazione calerà di un punto nei prossimi mesi.

es. 3
1. Quando uno va/vai a letto troppo tardi, uno si alza/ti alzi sempre stanco al mattino; 2. Per stare bene uno deve/devi bere molta acqua ogni giorno; 3. In quell'hotel uno dorme/dormi molto male a causa del traffico; 4. Per il concerto di domani uno può/puoi comprare solo i biglietti delle ultime file del teatro; 5. Nella mia città uno vive/vivi ancora in modo abbastanza tranquillo; 6. Quando fa molto freddo uno si deve/ti devi coprire bene per non prendere l'influenza; 7. In Italia uno si sposta/ti sposti molto in auto e poco con i mezzi pubblici; 8. In estate uno consuma/consumi troppa acqua per annaffiare i giardini privati.

es. 4
1. uno deve fare; 2. devi mettere; 3. dicono che; 4. -; 5. -; 6. non devi; 7. -.

es. 5
1. è nevicato; 2. è grandinato, è bastato; 3. era necessario/bisognava; 4. tuona; 5. è bello; 6. sembra; 7. bisogna/è necessario; 8. è accaduto.

es. 7
Produzione autonoma.

es. 8
Produzione autonoma.

43 La forma passiva

es. 1
1. andava riparata; 2. andrebbe consegnata; 3. vanno prese; 4. va mantenuta; 5. va seguita; 6. vanno curati; 7. i prossimi concerti vanno rimandati.

es. 2
1. viene lasciata; 2. *non è possibile*; 3. venivano costrette; 4. venne scritta; 5. *non è possibile*; 6. verrà condannato; 7. *non è possibile*; 8. non viene mai ascoltato.

es. 3
1. è stata ristrutturata; 2. è stato chiuso; 3. sarebbe/verrebbe pubblicato; 4. saranno/verranno seguite; 5. è/viene proposto; 6. è stata accettata; 7. erano/venivano invitati; 8. è stata detta; 9. è stata comprata; 10. essere riparata.

es. 4
1. sarò/verrò operato; 2. è stato trovato; 3. era/veniva guardato; 4. è stata presa; 5. è stata criticata; 6. era/veniva giudicata; 7. è stata diffusa; 8. saranno/verranno esposti.

es. 5
1. g.; 2. e.; 3. a.; 4. h.; 5. c.; 6. b.; 7. f.; 8. d.

es. 6
1. Il paziente va curato (deve essere curato) dal medico; 2. molte città furono/vennero ricostruite; 3. andrebbe ridotto (dovrebbe essere ridotto) il consumo; 4. Dal governo è stata emanata una legge; 5. la medaglia d'oro nei 200 metri è/viene/sarà/verrà vinta da Usain Bolt; 6. Le linee guida dell'azienda sono state illustrate dal direttore; 7. molti gelati erano/venivano venduti dalle gelaterie del centro; 8. che il mio cane sarebbe stato avvelenato dai miei vicini.

es. 7
1. è stata presa; 2. sono stati ristrutturati; 3. -; 4. andrebbe risolta; 5. -; 6. non vanno raccolti/non devono essere raccolti.

es. 8
a. è stato scritto; b. è stato pubblicato; c. è stato ideato; d. è stato pensato; e. era/veniva comandata; f. è/viene ambientato; g. sono/vengono sfruttati; h. è stato cacciato; i. sono/vengono trattati; l. è/viene preso.

es. 9
Produzione autonoma.

es. 10
Produzione autonoma.

es. 11
Produzione autonoma.

es. 12
a. essere/venire definita; b. è stata scritta; c. è/viene recitata; d. è/viene distribuita; e. aiutare; f. hanno subito; g. perdono; h. vanno; i. cerca; l. trova; m. sono/vengono raccontare; n. siamo/veniamo circondati; o. è stata scritta; p. sono/vengono accompagnati; q. richiama.

es. 13
Produzione autonoma.

44 La forma passiva con *si*

es. 1
1. c.; 2. f.; 3. h.; 4. a.; 5. d.; 6. g.; 7. b.; 8. e.

es. 2
1. si usa; 2. si deve studiare; 3. si coltivano; 4. si cantano; 5. si spenderanno; 6. si guarda; 7. si deve bere; 8. si confrontano/confronteranno; 9. si paga.

es. 3
1. si è usato; 2. si è dovuto studiare; 3. si sono coltivati; 4. si sono cantate; 5. si sono spesi; 6. si è guardata; 7. si è dovuta bere; 8. si sono confrontate; 9. si è pagata.

es. 4
1. si è parlato; 2. si spediscono; 3. si sono visti; 4. -; 5. -; 6. si parlano.

es. 5
1. si pubblicherà; 2. si consumava; 3. si

es. 13
Produzione autonoma.
es. 14
Produzione autonoma.

46 Gli indefiniti (2)

es. 1
1. c.; 2. g.; 3. e.; 4. i.; 5. a.; 6. j.; 7. b.; 8. d.; 9. f.; 10. h.

es. 2
1. pochi; 2. molto; 3. un po'; 4. abbastanza; 5. poca; 6. molti; 7. un po', troppo; 8. molto, troppo; 9. poco; 10. troppi.

es. 3
1. poche/molte/diverse persone; 2. molta/tanta/troppa pasta; 3. poco spazio; 4. tutto il giorno; 5. molti/tanti/vari/diversi/troppi paesi; 6. molte/tante/diverse volte; 7. tutta la notte; 8. poche speranze.

es. 4
1. poca pasta; 2. pochi gli studenti; 3. poche persone e così siamo potuti entrare; 4. aveva sete e ha bevuto molta acqua; 5. molto chiara e così ho capito molto; 6. molti libri poco interessanti.

es. 5
1. un po'; 2. abbastanza/parecchio/molto; 3. un po'; abbastanza/molto; 4. parecchio/molto/troppo; 5. un po'/abbastanza; 6. troppo; 7. poco; 8. abbastanza/molto/troppo.

es. 6
1. troppo/molto; 2. poco, molto/parecchio; 3. molto/parecchio, abbastanza; 4. tutte; 5. molti/parecchi/diversi; 6. poco; 7. diverse/tante/molte/varie/parecchie, molto/tanto/parecchio; 8. pochi.

es.7
1. tanti giovani; 2. un po' di; 3. molta; 4. - ; 5. diverse; 6. - ; 7. tutte; 8. molta fretta.

es. 8
a. tanto/molto/parecchio tempo; b. pochi giorni; c. varie/diverse/molte/tante possibilità; d. molta/tanta/parecchia nostalgia; e. molta/tanta/parecchia gioia; f. un po'/abbastanza/molto/parecchio piacere; g. molto/parecchio/abbastanza spaziosa; h. molto/parecchio grande; i. un po'/abbastanza/molto/parecchio piccolo; l. molto/parecchio stretta; m. molta voglia.

es. 9
1. Sono andato diverse volte a Vienna perché è una città che mi piace molto; 2. Pietro vorrebbe già avere la patente, ma è ancora troppo giovane; 3. Sulle autostrade italiane, in agosto, ci sono molte code a causa del traffico; 4. Andrea deve fare una cura perché sta perdendo tanti capelli; 5. In agosto vogliamo pitturare tutta la casa perché è sporca; 6. La conferenza del professor Bruzzone è stata abbastanza interessante; 7. Roberto è partito e non lo vedo da parecchi mesi; 8. La professoressa Colla ha ancora pochi giorni di lavoro, poi va in pensione.

es. 10
1. molti/diversi/parecchi, c. pochi; 2. tante/parecchie, f. parecchie/tante; 3. poco, h. abbastanza; 4. tutta, b. poca; 5. diversi/molti/parecchi, e. poche; 6. molto, g. abbastanza; 7. un po', a. niente; 8. parecchi/molti/diversi, d. nessuno.

es. 11
Produzione autonoma.

es. 12
Produzione autonoma.

qualsiasi/qualunque cosa; 6. qualche giorno; 7. qualche libro; 8. qualunque/qualsiasi/ogni costo.

es. 4
1. nessuno; 2. alcune; 3. ciascuno; 4. nessuna; 5. alcuni; 6. ciascun; 7. alcun/nessun; 8. alcune.

es. 5
1. qualcuno; 2. chiunque; 3. qualcosa; 4. uno/qualcuno; 5. qualcuno/uno; 6. qualcosa; 7. niente/nulla; 8. ognuno.

es. 6
1. chiunque; 2. qualcuno; 3. ognuno; 4. uno/qualcuno; 5. nulla/niente; 6. chiunque; 7. ciascuno/ognuno; 8. nulla/niente.

es. 7
1. Ognuno/Qualsiasi studente; 2. Nessuno è stato più bravo; 3. Qualche auto… è stata rimossa; 4. ogni mattina; 5. a qualunque/qualsiasi ora; 6. Ogni/Ciascun/Qualsiasi dipendente dell'azienda deve; 7. niente; 8. Alcuni amici hanno telefonato.

es. 8
1. qualcuno; 2. qualche tazza/alcune tazze; 3. - ; 4. ognuno/ogni persona; 5. nessun'amica; 6. alcuni libri; 7. chiunque/qualunque persona; 8. nessun.

es. 9
1. Per la cena di stasera non c'è più nessuna tovaglia pulita; 2. Ho comprato alcune rose per il tuo compleanno; 3. In giardino c'è qualcosa di strano che si muove; 4. In inverno nessun albero del mio giardino ha le foglie; 5. Giulia ha messo la sua firma su ciascun libro della libreria; 6. C'è ancora qualcosa di buono da mangiare nel frigorifero?; 7. Mentre lavavo i piatti ho rotto alcune tazzine da caffè; 8. Che disastro! In cucina non c'è più nessun bicchiere pulito.

es. 10
1. uno, d. niente; 2. qualcuno, f. nessuno; 3. qualche, a. alcune; 4. alcuni, g. nessuna; 5. qualche, b. alcune; 6. chiunque, h. nessuno; 7. qualche, e. qualcuno; 8. qualsiasi, c. niente.

es. 11
Produzione autonoma.

es. 12
a. qualcuno; b. qualche; c. ogni; d. alcuni; e. alcune; f. niente/nulla; g. nessuna; h. ognuna; i. nulla/niente; l. chiunque; m. uno.

es. 13
1. niente/nulla; 2. molta/tanta/parecchia; 3. abbastanza/molti; 4. qualcuno/nessuno; 5. ognuno; 6. poca; 7. molto/troppo; 8. pochi, qualcuno; 9. chiunque; 10. un po'; 11. nessuna; 12. qualche; 13. ogni; 14. tutti, pochi/alcuni; 15. qualunque/qualsiasi; 16. troppe/molte/parecchie; 17. molto/parecchio; 18. nessuno.

47 I comparativi e i superlativi

es. 1
1. e.; 2. h.; 3. b.; 4. f.; 5. j.; 6. c.; 7. i.; 8. d.; 9. a.; 10. g.

es. 2
1. della; 2. che; 3. di; 4. che; 5. di; 6. che; 7. del; 8. di; 9. della; 10. che.

es. 3
1. Paolo è più alto di Aldo, Aldo è più basso Paolo, Paolo è meno basso di Aldo, Aldo è meno alto di Paolo; 2. Sara è più magra di Ada, Ada è più grassa di Sara, Sara è meno grassa di Ada, Ada è meno magra di Sara; 3. Marco è più forte di Rino, Rino è più debole di Marco, Marco è meno debole di Rino, Rino è meno forte di Marco; 4. Rita è più allegra di Luisa, Luisa è più triste di Rita, Rita è meno triste di Luisa, Luisa è meno allegra di Rita; 5. Lino è più veloce di Franco, Franco è più lento di Lino, Lino è meno lento di Franco, Franco è meno veloce di Lino.

es. 4
1. A Simone piace (tanto) ascoltare la musica quanto guardare i film d'autore; 2. Laura si è svegliata con una bella giornata di sole ed è (tanto) allegra quanto riposata; 3. Angelo è un ragazzo (tanto) intelligente quanto simpatico; 4. È molto bello chiacchierare con le persone come stare tranquillamente in silenzio; 5. Il cinese è difficile come l'arabo; 6. È stata una giornata di duro lavoro e noi siamo (tanto) stanchi quanto contenti di quello che abbiamo fatto; 7. Mario guida l'auto tanto velocemente quanto pericolosamente.

es. 5
1. Oggi è piovuto più intensamente di ieri; 2. Si discute più difficilmente con Andrea che con Federico; 3. Paola scrive più elegantemente di Simona; 4. Tommaso si è comportato meno intelligentemente di Gregorio; 5. Questa notte ho dormito più serenamente di mia moglie; 6. Un italiano impara più facilmente lo spagnolo che il tedesco; 7. Sven parla correttamente (tanto) quanto Frank.

es. 6
1. più bella di; 2. più magra di; 3. più lentamente che; 4. meno faticoso che; 5. più conveniente che; 6. più rapidamente di; 7. (tanto) divertente… quanto; 8. meno interessanti dei; 9. più sano… che.

es. 7
a. più recenti; b. maggiore; c. più precisi; d. più grande; e. più numerosa; f. più basso; g. più piccola; h. interessantissime; i. minima; l. più accogliente; m. massima.

es. 8
1. b. più brava; 2. e. più spaziosa; 3. g. più grande; 4. i. meno veloce; 5. c. più comode; 6. j. più lungo; 7. a. più alto; 8. d. meno interessanti; 9. f. più buoni; 10. h. meno divertenti.

es. 9
1. più alto della; 2. il più ricco dei/tra i; 3. i più costosi della; 4. il meno comodo della;

187

SOLUZIONI

5. più famosa del; **6.** più dissetante che; **7.** la più vecchia dei/tra i; **8.** le più sporche che; **9.** il meno esperto del; **10.** i più difficili... i più interessanti che.

es. 10
1. collega più disponibile di; **2.** squadra più forte del; **3.** lampadario più luminoso di; **4.** coperte... più calde che; **5.** stagione più fredda dell'; **6.** città più popolose della; **6.** studenti più bravi della; **8.** telefono più economico del; **9.** auto più sporca di; **10.** libri più divertenti che.

es. 11
Diverse soluzioni possibili.

es. 12
1. affettuosamente, b.; **2.** velocemente, c.; **3.** i. sinteticamente; **4.** pochissimo, e.; **5.** g. rapidissimamente; **6.** il più possibile, a.; **7.** più chiaramente, d.; **8.** benissimo, j.; **9.** serenamente, h.; **10.** correttamente, f.

es. 13
1. ottimo, il migliore; **2.** caldissima, più calde; **3.** pessimi, i peggiori; **4.** massimi, maggiori; **5.** più interessanti, interessantissimo.

es. 14
1. nel modo peggiore; **2.** il maggiore tra i miei fratelli; **3.** andare peggio; **4.** ci vedo malissimo; **5.** il più possibile; **6.** il minimo dei voti.

es. 15
Diverse soluzioni possibili, ad esempio:
1. assai più lentamente; **2.** molto più attentamente; **3.** molto meno faticosamente; **4.** assai più freddamente; **5.** molto più amorevolmente; **6.** molto meno brillantemente; **7.** molto più chiaramente; **8.** molto più duramente.

es. 16
1. molto comodamente/comodissimamente; **2.** il più possibile/moltissimo; **3.** nel modo più chiaro/nella maniera più chiara; **4.** assai/molto nervosamente; **5.** nel modo più corretto/nella maniera più corretta; **6.** molto tristemente/nel modo più triste; **7.** nel modo più pericoloso/nella maniera più pericolosa; **8.** nel modo più simpatico/nella maniera più simpatica.

es. 17
1. stracotti; **2.** stracolmo; **3.** ipercritici; **4.** arcistufo; **5.** ipersensibile; **6.** ultramoderno; **7.** ultraresistente; **8.** ipercaloriche; **9.** ultraleggeri; **10.** iperattivo.

es. 18
1. migliore; **2.** più tranquillamente; **3.** meno difficile; **4.** tanto ricco; **5.** più caldo; **6.** più attentamente; **7.** più alta; **8.** tanto gustosa; **9.** meno faticoso; **10.** meno rapidamente.

es. 19
Produzione autonoma.

48 L'imperativo

es. 1
1. f.; **2.** h.; **3.** i.; **4.** b.; **5.** a.; **6.** c.; **7.** j.; **8.** d.; **9.** g.; **10.** e.

es. 2
1. scusi; **2.** giocare; **3.** arriva; **4.** ricordatevi; **5.** fammi; **6.** fumate; **7.** dica; **8.** avere; **9.** raccontateci; **10.** sii.

es. 3
1. cammina; **2.** parcheggiate; **3.** stia; **4.** andiamo; **5.** scelga; **6.** siate; **7.** abbi; **8.** lavori; **9.** telefonino; **10.** abbiate.

es. 4
1. non camminare; **2.** non parcheggiate; **3.** non stia; **4.** non andiamo; **5.** non scelga;

6. non siate; **7.** non avere; **8.** non lavori; **9.** non telefonino; **10.** non abbiate.

es. 5
1. guarda; **2.** lavate; **3.** raccontare; **4.** beva; **5.** stia; **6.** fate; **7.** gettate; **8.** faccia, guardi; **9.** sappi; **10.** andare, resta.

es. 6
1. alzatevi; **2.** si ricordi; **3.** dimmi; **4.** si arrabbi; **5.** pettinati; **6.** sbrigati; **7.** fermiamoci; **8.** dagli; **9.** si decida; **10.** sederti.

es. 7
1. diglielo; **2.** restituiscimela; **3.** pagarla; **4.** riportateglieli; **5.** credetegli; **6.** dimenticatevene; **7.** prestacelo; **8.** guardali; **9.** raccoglietemele.

es. 8
1. prendetevelo; **2.** diglielo; **3.** andateci; **4.** prenderlo; **5.** leggili; **6.** parlane; **7.** fallo.

es. 9
1. se lo prenda; **2.** glielo dica; **3.** ci vada; **4.** lo prenda; **5.** li legga; **6.** ne parli; **7.** lo faccia.

es. 10
Produzione autonoma.

es. 11
Produzione autonoma.

es. 12
Produzione autonoma.

es. 13
a. scusi; **b.** aspetti; **c.** dia; **d.** prenda; **e.** dica; **f.** prenda; **g.** faccia; **h.** dica; **i.** prenoti; **l.** creda.

es. 14
a. scusi; **b.** aspetta; **c.** dammi; **d.** prendi; **e.** dimmi; **f.** prendere; **g.** fammi; **h.** dimmi; **i.** prenotala; **l.** credimi.

49 Il congiuntivo

es. 1
1. e.; **2.** g.; **3.** h.; **4.** b.; **5.** a.; **6.** j.; **7.** c.; **8.** f.; **9.** i.; **10.** d.

es. 2
1. prenda; **2.** sia; **3.** abbia; **4.** finisca; **5.** debbano; **6.** torniate; **7.** dimetta; **8.** interrompano; **9.** veda; **10.** accetti.

es. 3
1. ascolti; **2.** parli; **3.** entrino; **4.** riesca; **5.** prendiate; **6.** debba; **7.** ci confrontiamo; **8.** vivano; **9.** vada; **10.** abbia.

es. 4
1. farà; **2.** vada, **3.** trascorrerai; **4.** possiate; **5.** sono; **6.** va; **7.** usciate; **8.** possa; **9.** sta; **10.** comprino.

es. 5
1. possa; **2.** cambiamo; **3.** prenotiate; **4.** ti assuma; **5.** frequentino; **6.** debba; **7.** smetta; **8.** decida; **9.** guadagnino; **10.** mi vesta.

es. 6
1. potesse; **2.** cambiassimo; **3.** prenotaste; **4.** ti assumessi; **5.** frequentassero; **6.** dovesse; **7.** smettesse; **8.** decidessi; **9.** guadagnassero; **10.** mi vestissi.

es. 7
1. sia stata; **2.** sia andato/a; **3.** sia già partito; **4.** abbiano deciso; **5.** abbiate superato; **6.** si sia dimenticato; **7.** ci siamo trovati; **8.** vi siate comportati/e; **9.** si sia licenziata; **10.** abbia riflettuto.

es. 8
1. fosse stata; **2.** fossi andato/a; **3.** fosse già partito; **4.** avessero deciso; **5.** aveste superato; **6.** si fosse dimenticato; **7.** ci fossimo trovati; **8.** vi foste comportati/e; **9.** si fosse licenziata; **10.** avessi riflettuto.

es. 9
1. sia andato; **2.** - ; **3.** - ; **4.** decida; **5.** fossi già arrivata; **6.** - ; **7.** sia; **8.** hai telefonato; **9.** obbediscano; **10.** sia migliorato.

es. 10
1. Spero che Vanessa si ricordi di prenotare il ristorante per domani sera; **2.** Avevo l'impressione che noi fossimo già stati in questo hotel alcuni anni fa; **3.** È giusto che tutti i cittadini paghino le tasse; **4.** Non siamo sicuri che ieri sera voi siate andati alla conferenza sul cinema neorealista; **5.** Credo che il vostro aiuto sia ancora necessario; **6.** Mia moglie è contenta che sua sorella venga a casa nostra la settimana prossima; **7.** A Daniela dispiace molto che suo figlio non vada d'accordo con i suoi compagni di classe; **8.** È pericoloso che guidiate la macchina quando siete così stanchi; **9.** Per vivere sani occorre che voi camminiate almeno un'ora al giorno.

es. 11
Diverse soluzioni possibili, ad esempio: **1.** Penso che il risultato elle elezioni abbia premiato i partiti della minoranza; **2.** Signor Verdi, è assolutamente necessario che lei venga nel mio ufficio domani alle otto in punto; **3.** Può darsi che non abbiate esattamente capito quello che vi ho detto riguardo al lavoro da fare domani; **4.** Non mi piace per niente che tu non abbia ascoltato le mie parole; **5.** È indispensabile che io domattina rimanga in casa ad aspettare il postino che mi deve portare un pacco; **6.** Non so se la fidanzata di Luigi sia veramente innamorata di lui; **7.** Penso che Francesca sapesse cucinare bene anche prima di sposarsi.

es. 12
1. d. a meno che; **2.** f. sebbene; **3.** h. chiunque; **4.** a. prima che; **5.** c. a patto che; **6.** i. senza che; **7.** secondo me b.; **8.** j. di quanto; **9.** e. affinché; **10.** g. anche se.

es. 13
1. Vorrei comprarvi alcune specialità gastronomiche locali prima che voi partiate; **2.** Cristian continua a mangiare cibi molto grassi, sebbene abbia il colesterolo molto alto; **3.** Il mio gatto è scappato. Offro una ricompensa di 200 euro a chiunque lo trovi; **4.** Nicolas ha comprato uno scooter nuovo e l'ha pagato molto meno di quanto costasse; **5.** Andrea non è mai d'accordo con me, qualunque cosa io dica; **6.** Maria non si può permettere di smettere di lavorare, a meno che non vinca alla lotteria; **7.** José non ha superato l'esame di livello B2, sebbene abbia studiato molto tempo; **8.** Anna ha voluto divorziare, sebbene sia ancora innamorata di Aldo; **9.** Ho un cane molto fedele che mi segue dovunque io vada.

es. 14
Produzione autonoma.

es. 15
Produzione autonoma.

es. 16
Produzione autonoma.

es. 17
Produzione autonoma.

es. 18
a. venga/sia venuto; **b.** abbia; **c.** ascoltasse; **d.** desse; **e.** faccia; **f.** riflettesse; **g.** sia; **h.** ci siano; **i.** possano; **l.** debba; **m.** sia; **n.** metta; **o.** conceda; **p.** aiuti; **q.** abbia già fatto; **r.** abbia mai ricevuto/abbia mai avuto; **s.** sia successo; **t.** abbiate/riceviate; **u.** risultino; **v.** giudichiate; **z.** finisca/sia finito; **aa.** immaginassi

50 La concordanza dei tempi

es. 1
1. c.; 2. f.; 3. h.; 4. a.; 5. b.; 6. d.; 7. i.; 8. g.; 9. e.; 10. j.

es. 2
1. avrò; 2. avevi dormito; 3. posso; 4. saresti dimenticato; 5. ci sarà; 6. conosco; 7. stava correndo; 8. dormiva; 9. si risolverà; 10. sta piovendo.

es. 3
1. si sposa/si sposerà; 2. siamo andati; 3. piove/pioverà; 4. hai raccontato; 5. ci sono stati; 6. finiamo/finiremo; 7. stai; 8. è entrata.

es. 4
1. era convinto, si sarebbe sposata; 2. incontravo, ricordava, eravamo andati; 3. era, sarebbe piovuto; 4. ho saputo, hai raccontato; 5. è arrivato, c'erano stati; 6. avevo, dovevi, avremmo finito; 7. riuscivo, stavi, leggevi, studiavi; 8. sapevo, era entrata.

es. 5
1. si era licenziato; 2. hai ricevuto; 3. aveva conosciuto; 4. avreste regalato; 5. si è divertito, ha faticato; 6. si sarebbero laureati; 7. pensa/sta pensando; 8. accompagnava.

es. 6
1. aveva già preparato; 2. potrò/posso; 3. aumenterà; 4. tornava, aveva litigato; 5. cambierai; 6. correva, era; 7. diceva, saresti uscito; 8. comprerò.

es. 7
1. era andata; 2. avrebbero cambiato; 3. –; 4. migliorerà; 5. erano; 6. –; 7. riusciremo; 8. avevo portato.

es. 8
1. si senta; 2. saresti ricordato; 3. facesse; 4. aiutasse; 5. guidi; 6. avessero aumentato; 7. sia finita; 8. dobbiate.

es. 9
1. abbia; 2. cominciasse; 3. fossi partita; 4. ci siano; 5. mi laureassi; 6. sia tornata; 7. sia dimagrito; 8. dica.

es. 10
1. avesse; 2. avrebbe voluto, cominciasse; 3. avrei voluto, fossi partita; 4. credevo, ci fossero; 5. sarebbe piaciuto, mi fossi laureato; 6. pensavo, fosse tornata, era; 7. mi sembrava, fossi dimagrito, eri; 8. volevo, dicessi, pensavi.

es. 11
1. ci sia, superi; 2. trascorressimo; 3. abbia ancora finito; 4. sarebbe diventato; 5. preparassi; 6. fossi già guarito/a; 7. fossero; 8. sareste andati.

es. 12
1. potessi; 2. tornasse; 3. abbiano; 4. telefonasse; 5. –; 6. –; 7. ti sia espresso; 8. sia il caso; 9. –; 10. avrebbe avuto.

es. 13
1. I miei studenti speravano che io non facessi il test di grammatica; 2. Bisogna assolutamente che tu telefoni al tuo direttore prima di mezzogiorno; 3. Temevo che Andrea e Cristian si fermassero a casa mia fino alle due di notte; 4. Lisa vuole che questa settimana tutti la lascino in pace e non le telefonino; 5. Non ti ho preparato niente perché pensavo che tu avessi già mangiato; 6. Non è necessario che voi mi scriviate tanti messaggi, basta una telefonata; 7. Il mio meccanico non crede che la mia vecchia auto possa funzionare ancora; 8. Il mese scorso mia moglie mi ha promesso che mi avrebbe aiutato con il mio lavoro.

es. 14
a. sia; b. sia stato; c. si tratti; d. esprima; e. abbiano; f. ci siano; g. sia; h. derivi; i. portassi; l. sia; m. si siano dimenticate; n. coincida; o. rischino; p. fosse; q. funzionasse; r. si fermi.

es. 15
1. aveva mangiato, era rimasto; 2. sia andata; 3. è, leggessi; 4. si fosse iscritto, frequenta/sta frequentando; 5. avrei voluto, avessi ascoltato; 6. cerchi; 7. ci sono stati; 8. ebbi, avesse riconosciuto.

es. 16
1. sarebbe diventata; 2. ha assicurato, proviene; 3. ti alzassi, facessi; 4. avesse già parlato; 5. è arrivato, lavorava; 6. ha comprato, costasse; 7. avessi già finito; 8. prenda.

es. 17
a. voglio/vorrei; b. è successo; c. ho portato; d. sia; e. dividano; f. mi sono resa conto; g. era; h. fosse stato; i. era stato; l. ha aperto; m. possano; n. fosse; o. sono andata; p. avesse visto; q. aveva visti; r. aveva avuto; s. è; t. interessa; u. avrei chiamato; v. debba; z. mi sia comportata.

es. 18
Produzione autonoma.

es. 19
Produzione autonoma.

51 Il periodo ipotetico

es. 1
1. e.; 2. f.; 3. b.; 4. h.; 5. c.; 6. g.; 7. a.; 8. d.; 9. i.

es. 2
1. avessi mangiato, saresti; 2. fosse, mangerei; 3. incontri, guarda; 4. leggeste, riuscireste; 5. avesse saputo, avrebbe comprato; 6. piacerebbe, avessi; 7. fossi uscito, avrei.

es. 3
1. se non fossimo partiti, non saremmo arrivati; 2. se ci aveste telefonato, vi saremmo venuti a prendere; 3. se avessero letto, avrebbero visto; 4. se avessi lavorato, avrei avuto; 5. se si fosse trasferita, avrebbe potuto.

es. 4
1. Se stamattina ci fossimo incontrati al parco, avremmo potuto fare colazione insieme; 2. Se cambiassi i tuoi vecchi occhiali, forse vedresti meglio lo schermo del computer; 3. Se finalmente Anna ti telefona, ti prego di parlarle; 4. Se cammini più velocemente, riesci a non sentire il freddo; 5. Se tu mi avessi chiesto aiuto, a quest'ora tutto si sarebbe risolto.

es. 5
Diverse soluzioni possibili, ad esempio: 1. Se leggessi con più attenzione le istruzioni, sapresti fare funzionare meglio la mia lavatrice nuova; 2. Se Rosa avesse più tempo da dedicare al suo lavoro, sarebbe un'ottima avvocatessa; 3. Se Sandro dedicasse più tempo a suo figlio, costruirebbe un rapporto migliore con lui; 4. Se non ci fosse la nebbia, non avrei paura di fare un incidente; 5. Se tu imparassi a guidare la moto, in estate potresti fare dei viaggi bellissimi; 6. Se l'Inter vincesse la Champions League, farei una grande festa con i miei amici; 7. Se Massimo non fumasse tante sigarette, non avrebbe problemi ai polmoni.

es. 6
1. se avessi letto, avrei saputo; 2. se Rosa avesse avuto, sarebbe stata; 3. se Sandro avesse dedicato, avrebbe costruito; 4. se non ci fosse stata, non avrei avuto; 5. se tu avessi imparato, avresti potuto fare; 6. se l'Inter avesse vinto, avrei fatto; 7. se non avesse fumato, non avrebbe avuto.

es. 7
1. imparassi, potresti; 2. avessi continuato, avrei; 3. riuscirà/riesce, avrà/ha; 4. offrisse, accetteresti; 5. smette, rischia; 6. fossimo dimenticati, si sarebbero arrabbiati; 7. uscisse, potremmo; 8. fa, nascono; 9. avessi conosciuto/a, avrei dato; 10. vedi, raccontagli.

es. 8
a. brucerei; b. tempesterei; c. farei; d. farei; e. sarei; f. metterei; g. farei; h. taglierei; i. andrei; l. fuggirei; m. farei; n. prenderei; o. lascerei.

es. 9
Produzione autonoma.

es. 10
Produzione autonoma.

es. 11
Diverse soluzioni possibili, ad esempio: 1. Se Daniela si riposasse di più, riuscirebbe a essere concentrata sul lavoro; 2. Se vieni a casa mia stasera, ti preparo una cena eccellente; 3. Se tu impari/imparassi bene a usare il computer, puoi/potresti avere più possibilità di trovare lavoro; 4. Se tu avessi accettato l'invito di Pietro, saresti potuto andare ad ascoltare un concerto bellissimo; 5. Se domani incontri Vincenzo, digli che ci vediamo sabato alle sei alla biglietteria della stazione; 6. Se tu avessi fatto il vaccino contro l'influenza, adesso non saresti di nuovo ammalato; 7. S bevi così tanta acqua ghiacciata, ti viene il mal di stomaco; 8. Se vi foste alzati prima, non avreste perso il treno; 9. Se non accendi le casse dello stereo, non riesci ad ascoltare la musica.

es. 12
Produzione autonoma.

52 Il trapassato remoto

es. 1
1. ebbe salutato; 2. ebbero visitato; 3. tornò; 4. ebbe terminato; 5. ebbe telefonato; 6. iscrisse; 7. ebbe cominciato; 8. ebbe fatto.

es. 2
1. ebbe visto, riuscì; 2. fu arrivato, si accorse; 3. furono entrati, disse; 4. decise, ebbe comunicato; 5. avemmo camminato, ci fermammo, bevemmo; 6. aveste visto, telefonaste; 7. andò, ebbe saputo; 8. furono finite, ripartirono, si bloccò.

es. 3
1. si fu allenata, e. tornò; 2. ebbe finito, g. scoppiò; 3. ebbero preparato, b. decise; 4. riuscimmo, c. avemmo bevuto; 5. ebbe scritto, a. si rese conto; 6. si sposarono, h. ebbe cambiato; 7. guardarono, d. ebbero messo; 8. mi fui coricato, f. mi addormentai.

es. 4
a. ebbero interrogato; b. mi sentii; c. divenni; d. ero; e. poteva; f. fui costretto; g. ebbi risposto; h. arrivò; i. risposi; l. avevo imparato; m. ebbero scoperto; n. partecipai; o. scoppiavo; p. avevo; q. mi fui sposato; r. invitava; s. smise; t. stavamo; u. ebbero conosciuto; v. considerarono.

es. 5
Produzione autonoma.

es. 6
Produzione autonoma.

53 Il discorso indiretto

es. 1
1. Anna dice che è andata al mare in treno, Anna disse che era andata al mare in treno; **2.** Anna dice che sicuramente finirà l'università entro la fine dell'anno, Anna disse che sicuramente avrebbe finito l'università entro la fine dell'anno; **3.** Anna dice che vorrebbe riposarsi un po' perché è molto stanca, Anna disse che avrebbe voluto riposarsi un po' perché era molto stanca; **4.** Anna dice che ha così fame che mangerebbe un chilo di pasta, Anna disse che aveva così fame che avrebbe mangiato un chilo di pasta; **5.** Anna dice che nel 2002 era andata in Inghilterra a studiare l'inglese, Anna disse che nel 2002 andò in Inghilterra a studiare l'inglese; **6.** Anna dice che vuole imparare a suonare la chitarra, Anna disse che voleva imparare a suonare la chitarra; **7.** Anna dice che non può venire perché non ha ancora finito di pulire la casa, Anna disse che non poteva venire perché non aveva ancora finito di pulire la casa.

es. 2
1. quando partirà Sandro per gli Stati Uniti, quando sarebbe partito Sandro per gli Stati Uniti; **2.** che il cinese sia una lingua difficile, che il cinese fosse una lingua difficile; **3.** dove abbia/ha traslocato Sergio nel 1999, dove avesse/aveva traslocato Sergio nel 1999; **4.** che sia freddo e che dovrebbe indossare abiti più pesanti, che fosse freddo e che avrebbe dovuto indossare abiti più pesanti; **5.** quando sia/è ritornato dalla Spagna, quando fosse/era ritornato dalla Spagna; **6.** che prima o poi leggerà tutti i libri di Umberto Eco, che prima o poi avrebbe letto tutti i libri si Umberto Eco; **7.** che il film sia stato molto noioso, che il film fosse stato molto noioso.

es. 3
1. Sara ordina a suo marito che vada, ordinò a suo marito che andasse, ordina/ordinò a suo marito di andare; **2.** Sara ordina ai suoi studenti che studino, Sara ordinò ai suoi studenti che studiassero, Sara ordina/ordinò ai suoi studenti di studiare; **3.** Sara ordina che noi siamo più gentili con le perone che lavorano con noi, Sara ordinò che noi fossimo più gentili con le persone che lavoravano con noi, Sara ci ordina/ordinò di essere più gentili con le persone che lavorano/lavoravano con noi; **4.** Sara ordina che voi non mangiate, Sara ordinò che voi non mangiaste, Sara vi ordina/ordinò di non mangiare i cibi; **5.** Sara ordina che tu non ti alzi, Sara ordinò che tu non ti alzassi, Sara ti ordina/ordinò di non alzarti.

es. 4
1. Giovanni e Alberto ci dissero che quella sera non sarebbero potuti uscire con noi; **2.** Maria pensava che il giorno successivo le sarebbe piaciuto incontrare la sua amica Lucia; **3.** Gianni chiese a Rita se fosse stata lei, il giorno prima, a parlare per più di un'ora con il suo cellulare; **4.** Andrea disse che quel giorno sarebbe stato in casa sua tutto il giorno perché voleva finire quel lavoro urgente; **5.** Lara ci disse che non le interessava più parlare con noi dei nostri soliti problemi; **6.** Tu mi chiedesti che cosa ne pensassi del tuo nuovo libro che era uscito un mese prima; **7.** Voi ci diceste che non credevate alle nostre parole e che ne avremmo riparlato la settimana successiva; **8.** Noi vi chiedemmo quando sareste andati alla stazione a prendere nostro cugino; **9.** Ti dissi che quella mattina avevo incontrato tua sorella che passeggiava con il suo cane.

es. 5
1. che era lì vicino; **2.** che l'anno precedente; **3.** che avrebbe riparato; **4.** – ; **5.** – ; **6.** di telefonarti; **7.** che ti aveva detto.

es. 6
1. quel giorno era partito in treno da Venezia alle 8.42 e che era arrivato lì da loro a Bologna alle 10.40, e durante quel viaggio aveva conosciuto due ragazzi con cui si era divertito; **2.** perché non avesse risposto alle sue e-mail. Gliene aveva mandate tre solo il mese precedente e anche il giorno prima gliene aveva inviata una da quel posto così triste dove lavorava in quei giorni; **3.** l'estate prima era andata in vacanza sull'isola che le avevamo consigliato. Aveva anche fatto delle belle foto. In quel momento non poteva, ma ce le avrebbe fatte vedere nei giorni successivi; **4.** se avesse letto quel nuovo libro del suo autore preferito. Secondo lui era il migliore che avesse mai letto in quegli ultimi anni; **5.** che quattro giorni prima aveva deciso che il mese successivo sarebbe andata a cercare una casa nuova nel quartiere dove abitava sua sorella, perché non le piaceva più vivere lì vicino all'autostrada; **6.** che fino a un anno prima si era sentito così giovane e in quel momento gli sembrava di essere invecchiato improvvisamente.

es. 7
1. Anna disse che la settimana seguente sarebbe partita per la Danimarca con suo cugino. **2.** Sara chiese se il giorno prima qualcuno fosse andato alla riunione di lavoro; **3.** Paolo pensò che quella mattina avrebbe dovuto alzarsi prima del solito. **4.** Chiesi a Lucia perché avesse rifiutato l'invito a cena in quel bel ristorante; **5.** Mio fratello mi disse che aveva spostato tutti i miei libri perché aveva pulito la libreria; **6.** Giulia pensò che dopo quell'incidente non avrebbe più avuto il coraggio di guidare una macchina; **7.** Daniela voleva che suo figlio studiasse di più e imparasse l'inglese in breve tempo; **8.** Vittorio mi disse che il mattino dopo sarebbe venuto a casa mia alle cinque per andare in montagna.

es. 8
1. Un mese fa sono andato con mia moglie a casa di nostro figlio, il quale è andato a vivere un anno fa a Londra con la sua fidanzata; **2.** Domani preparerò una cena a base di verdura fresca per i miei amici che sono arrivati ieri da Londra. La verdura è molto buona e me l'ha data il mio vicino di casa che la coltiva nel suo orto, proprio qui vicino alle nostre case; **3.** Stamattina stavamo per uscire di casa quando abbiamo sentito un rumore che proveniva dall'appartamento del nostro vicino. Sapevamo che il vicino era già uscito per andare al lavoro e così abbiamo pensato che fosse un ladro e abbiamo telefonato alla polizia; **4.** A che ora partiremo domani per andare a trovare i miei cugini, che abitano in un paese non molto lontano dal nostro, perché vorrei portare dei pasticcini che un mese fa gli sono piaciuti molto; **5.** Il mese prossimo lei si dovrebbe occupare di un progetto che ho appena finito di scrivere. Il testo è già pronto qui sul mio tavolo e si tratta dell'organizzazione di un corso di formazione sulla sicurezza all'interno della nostra azienda; **6.** Perché non mi hai telefonato per dirmi che mia nonna è stata ricoverata all'ospedale ieri mattina? Ieri non sono andata al lavoro e avrei potuto aiutare mia madre nei preparativi per il ricovero.

es. 9
Carriera di Dario Fo: **a.** inizia; **b.** compone; **c.** monologhi; **d.** vita; **e.** recita; **f.** teatro; **g.** drammaturgo; **h.** Nobel; **i.** medievali; **l.** premiare; **m.** organizzazione; **n.** domande. Un'intervista rilasciata da Dario Fo: **a.** premio; **b.** economici; **c.** motorie; **d.** abbiamo ricevuto; **e.** studente; **f.** persone; **g.** questi; **h.** trasportati; **i.** ci preoccupiamo; **l.** rendono; **m.** indispensabile; **n.** gruppo; **o.** finestra; **p.** completo; **q.** sporcarsi.

es. 10
Durante l'intervista a Dario Fo, il giornalista gli chiese da cosa nascesse nasce il suo impegno a favore delle persone con disabilità e Dario Fo rispose che nasceva da molto prima di aver ricevuto il premio Nobel, al punto che avevano dedicato il Nobel e i riconoscimenti economici del premio stesso che gli era stato elargito per creare un movimento, una organizzazione che si occupasse delle persone che avevano disabilità motorie oltre che dell'esigenza di sopravvivenza. Avevano creato quel centro dedicato al premio che avevano ricevuto "un Nobel per disabili".
Il giornalista disse poi a Fo che erano venuti a conoscere quella fondazione in occasione della loro amicizia e del suo supporto a favore di uno studente disabile iscritto all'Università di Modena e Reggio Emilia. E gli domandò in che cosa consistesse. Dario Fo rispose che lo diceva già il nome, la "Fondazione Nobel per i disabili", una realtà che si faceva carico di andare incontro proprio alle persone con disabilità, e per le quali – in quell'ultimo periodo – avevano acquistato quaranta mezzi di locomozione che consentissero, a quelle donne e quegli uomini con difficoltà oggettive, di essere sollevati con appositi congegni elettrici e quindi trasportati nei luoghi di destinazione. Oltre a quel supporto logistico si preoccupavano sempre di più delle persone che avevano problemi finanziari, problemi finanziari talmente importanti che gli rendevano difficile perfino di avvicinare il mondo della cultura quasi non partecipassero più a quella vita sociale di relazione indispensabile per mantenere l'equilibrio psicologico.
Infine il giornalista disse che lui e Franca avevano lavorato molto riguardo alla disabilità non solo motoria, ma anche di difficoltà ad accedere alla cultura e chiese che messaggio di sensibilizzazione volesse dare. E così Fo rispose che il problema era partecipare. C'era una canzone bellissima di De André e del suo gruppo che raccontava di quanto fosse importante essere presenti dentro le cose e non stare alla finestra a vedere come andavano solo per applaudire o dissentire. Se una persona non dava il suo apporto completo alle cose, stava barando e a volte, per sentirsi presenti ed acclamati, c'era gente che fingeva di aiutare quella gente. Nelle cose, invece, bisognava esserci dentro: sporcarsi le mani, la faccia ed anche il cervello.

54 Il gerundio
es. 1
1. d.; 2. f.; 3. b.; 4. h.; 5. a.; 6. c.; 7. e.; 8. g.
es. 2
1. camminando; 2. sbagliando; 3. avendo preso; 4. avendo finito; 5. avendo ascoltato; 6. essendosi affaticata; 7. facendo; 8. cucinando.
es. 3
1. faticando; 2. pur non avendo; 3. avendo cantato; 4. avendo lavorato intensamente; 5. essendo; 6. avendo mangiato; 7. pur avendo risposto; 8. guidando.
es. 4
1. sebbene non avesse dormito; 2. quando si dialoga; 3. poiché si può permettere; 4. se tu avessi ascoltato; 5. mentre guardavo.
es. 5
1. avendo parlato; 2. studiando; 3. avendo ricevuto; 4. avendo cambiato; 5. comprando; 6. avendo lavorato; 7. viaggiando; 8. offrendo; 9. essendovi allontanati; 10. andando.
es. 6
1. se aveste parlato; 2. mentre/quando/poiché studia; 3. poiché non ho ricevuto; 4. sebbene abbia cambiato; 5. se tu comprassi; 6. sebbene abbia lavorato; 7. quando/mentre viaggio; 8. se tu offrissi; 9. poiché vi siete allontanati; 10. mentre/quando vai.
es. 7
a. analizzando; b. continuando; c. spostandosi/spostandoci; d. mantenendo; e. essendo; f. avendo realizzato; g. basandosi; h. essendoci; i. proseguendo; l. ottenendo; m. essendo cambiato; n. aumentando.

55 Il participio
es. 1
1. d.; 2. f.; 3. h.; 4. b.; 5. g.; 6. a.; 7. c.; 8. e.
es. 2
1. (risiedenti =) residenti; 2. deludenti; presidente; 3. insegnante; 4. sorprendente; 5. credenti; 6. seguenti; 7. interessanti; 8. paganti.
es. 3
1. assolto; 2. rapito; 3. partiti; 4. tornati; allagato; 5. comprata; 6. filmato; 7. lette; 8. conosciute.
es. 4
1. che era stata vista; 2. dopo aver tagliato/dopo che ebbe tagliato; 3. dopo aver letto/dopo che ebbe letto, che aveva comprato; 4. che era stato asciugato/che si era asciugato/dopo essere stato asciugato; 5. dopo aver venduto/dopo che ebbe venduto; 6. che erano state rovinate; 7. che era stato condiviso; 8. dopo aver assaggiato/dopo che ebbe assaggiato.
es. 5
1. Il figlio di Paola è un bambino tranquillo e ubbidiente; 2. Chiusa la porta di casa, Paola non ha più pensato ai suoi problemi di lavoro; 3. Il vino, bevuto in grandi quantità, crea enormi problemi di salute; 4. Non ero mai stato a vedere una finale di calcio allo stadio ed è stata un'esperienza sorprendente; 5. Il professore ha scritto un libro di grammatica studiato in tutto il mondo; 6. Francesca si è spaventata perché ha sentito un rumore proveniente dalla cucina; 7. La corda si è spezzata perché non era molto resistente.
es. 6
a. ritornati; b. viste; c. vissute; d. partiti; e. accogliente; f. affascinante; g. costruito; h. imponenti; i. celebrata; l. credenti; m. riposanti; n. attirati; o. aperti; p. affaticato; q. rinfrescante; r. consigliata.

56 L'infinito
es. 1
1. avere lavorato, d.; 2. venire, g.; 3. a. passare; 4. h. aver superato; 5. b. lavorare, guadagnare; 6. aver parlato, c.; 7. e. perdere; 8. lasciare, f.
es. 2
1. trascorrere, prenotare; 2. aver dichiarato; 3. fare; 4. essersi fermato; 5. installare, riavviare; 6. funzionare, aver letto; 7. avere scelto; 8. aver condiviso.
es. 3
1. dopo; 2. per; 3. dopo; 4. per; 5. per; 6. dopo.
es. 4
1. Dopo essere arrivata a casa, Anna ha guardato le foto della gita di suo figlio; 2. L'atleta era su tutti i giornali per/dopo aver vinto una medaglia d'oro alle Olimpiadi; 3. Dopo aver comprato una moto nuova, sono partito per la Corsica con Loredana; 4. Non sono riuscito a dormire per aver perso il portafogli sull'autobus.
es. 5
1. mentre/quando/che parlano; 2. mentre/quando/che partiva; 3. mentre/che entrava; 4. mentre/quando suonavi; 5. mentre giocherai/giochi.
es. 6
1. d. a costo di; 2. e. invece di; 3. g. a forza di; 4. a. in modo da; 5. c. da; 6. h. senza; 7. b. prima di; 8. f. per.
es. 7
1. Invece di criticare; 2. A forza di parlare; 3. a costo di farsi odiare; 4. in modo da perdere.
es. 8
Diverse risposte possibili, ad esempio:
1. giocare prima di/senza aver finito;
2. Armando vuole avere un lavoro, a costo di fare anche i turni di notte; 3. A forza di mangiare troppi dolci; 4. Cerca di reagire con forza, invece di piangere; 5. Prima di cominciare a lavorare, mi vai a prendere le aspirine.
es. 9
1. da risolvere; 2. da vedere; 3. da licenziare; 4. da tenere; 5. per arrivare; 6. per prepararti; 7. da lavare; 8. da comprare; 9. per studiare; 10. da spendere.
es. 10
2. film che va visto/deve essere visto/devi vedere assolutamente; 3. dipendenti che deve licenziare/devono essere licenziati; 4. un disco che devi/si deve avere in casa; 7. camicie che devono essere lavate; 8. macchina che si può/deve comprare; 10. che possono spendere/che possono essere spesi.
es. 11
Diverse soluzioni possibili, ad esempio:
1. da perdere; 2. da dire; 3. da mangiare; 4. da aprire/da scartare/da scambiare; 5. da masticare; 6. da affittare/comprare; 7. da lavare; 8. da visitare.
es. 12
Produzione autonoma.
es. 13
Produzione autonoma.
es. 14
Produzione autonoma.
es. 15
a. morire; b. vedere; c. dedicare; d. ripercorrere; e. salvare; f. diventare; g. dire; h. creare; i. affermare; l. dimenticare; m. andare; n. giocare; o. essere; p. rinascere; q. tornare; r. salutare; s. avvicinare; t. accarezzare.

57 Verbi e aggettivi + *di* o *a* + infinito
es. 1
1. abbiamo deciso di; 2. imparare a; 3. si sta sforzando di; 4. aiuti a; 5. avrai finito di; 6. andò a; 7. sognava di; 8. faremo in tempo a; 9. continuavano a; 10. negate di.
es. 2
1. a; 2. di; 3. di; 4. a; 5. di; 6. a; 7. a; 8. di; 9. a; 10. di.
es. 3
1. d. di; 2. h. a; 3. g. di; 4. b. di; 5. a. a; 6. i. a; 7. c. di; 8. e. a; 9. j. a; 10. f. di.
es. 4
1. capace di; 2. pronti a; 3. sicura di; 4. felice di; 5. interessato a; 6. orgoglioso di; 7. occupata a; 8. certa di; 9. abituati a; 10. attento a.
es. 5
1. aiuta; 2. disse; 3. penso/spero; 4. iniziò; 5. tornerò; 6. smette; 7. accompagnare; 8. sono riusciti; 9. smettete; 10. continuare; 11. hanno spinto; 12. spero/penso; 13. invitiamo; 14. avrai terminato; 15. ho fatto in tempo.
es. 6
1. Maria sogna/ha sognato di prendere il sole su una spiaggia dei Caraibi; 2. Ieri abbiamo avuto paura che aveste fatto un incidente in auto; 3. Questa sera dubito che Francesca possa essere puntuale per uscire in tempo con gli amici; 4. Anna e Sara si sforzano in tutti i modi di studiare il cinese, ma non ci riescono; 5. Dopo aver riflettuto a lungo, Giacomo ha deciso di portare la sua famiglia a vivere a Tenerife; 6. Ieri il direttore ha ordinato che gli impiegati facessero tutti un'ora di straordinario.
es. 7
1. non ha voglia di; 2. interessato a; 3. - ; 4. a credere; 5. studenti di usare; 6. - ; 7. credo di potere; 8. curioso di leggere.
es. 8
1. Spesso Alessandra si vergogna di non sapere parlare la lingua inglese; 2. Da ragazzi (noi) ci divertivamo ad ascoltare la musica tutti i pomeriggi; 3. Finalmente ho convinto Sara a riprendere i suoi studi all'università; 4. Il mese scorso, dopo tanti sforzi, sono riuscito a smettere di fumare; 5. Mi scuso, ma non credo di poter arrivare in tempo per il vostro matrimonio; 6. Ho dovuto rinunciare a lavorare nella nuova azienda perché è troppo lontana da casa mia; 7. Lorenzo dubita di potersi laureare entro la fine dell'anno prossimo; 8. Luigi non ha mai imparato a usare la moto semplicemente perché non gli piace.
es. 9
Produzione autonoma.
es. 10
Produzione autonoma.
es. 11
Produzione autonoma.
es. 12
a. è riuscita a; b. era interessata a; c. ha iniziato a; d. era felice di; e. pensava di; f. sperava di; g. è stata capace di; h. ha chiesto di; i. imparare a; l. ha insegnato a; m. ha deciso di; n. ha ritenuto di; o. ha continuato a; p. si annoiava a; q. ha tentato di; r. ha cominciato a; s. sognava di; t. era sicura di.

58 I connettivi (2)

es. 1
1. pure; 2. bensì; 3. ciononostante; 4. mentre; 5. pertanto; 6. per cui; 7. per questo; 8. cosicché; 9. al punto da.

es. 2
1. non solo... ma anche; 2. da un lato... dall'altro; 3. abbastanza... per; 4. così... da; 5. troppo... per; 6. non solo... ma anche; 7. da un lato... dall'altro; 8. talmente... da.

es. 3
1. comunque va bene; 2. non solo conosce l'inglese ma anche; 3. pertanto/per cui/per questo non ho superato; 4. ciononostante/comunque andrò; 5. mentre mia madre; 6. è ricco al punto da non dover; 7. troppo sorpresa per parlare; 8. bensì gettati; 9. pure sua sorella.

es. 4
1. affinché (perché); 2. sebbene (benché, nonostante, malgrado); 3. a meno che (salvo che); 4. se; 5. visto che; 6. pur; 7. allo scopo di; 8. nell'ipotesi che; 9. tranne che; 10. per paura di; 11. senza che; 12. a condizione che (a patto che, purché); 13. benché (sebbene, nonostante); 14. perché (affinché); 15. purché (a condizione che, a patto che).

es. 5
1. c. visto che; 2. g. a condizione che (a patto che, purché); 3. a. a meno che; 4. i. sebbene; 5. j. nell'ipotesi che; 6. d. senza che; 7. f. affinché; 8. e. se; 9. h. pur; 10. b. allo scopo di.

es. 6
1. mentre; 2. pertanto (per cui, per questo, cosicché, sicché, tanto che); 3. nell'ipotesi che; 4. a meno che (salvo che); 5. non solo... ma anche; 6. troppo... per; 7. per paura di; 8. comunque; 9. pur; 10. talmente (così, tanto) da.

es. 7
1. Ti ho portato questi libri, affinché (perché) tu possa trovare degli spunti interessanti per la tua tesi; 2. Marco e Giuseppe sono tornati a essere ottimi amici, sebbene (benché, nonostante, malgrado, per quanto) in passato abbiano avuto dei problemi; 3. Potresti darmi un passaggio, visto che andiamo nella stessa direzione?; 4. Quando fa caldo bisogna bere molta acqua, allo scopo di mantenere l'organismo idratato; 5. Francesca è fuori città fino a venerdì, pertanto (per cui, per questo, cosicché, sicché, tanto che) non potrà venire alla presentazione del libro; 6. Pensavo che Paola e Luigi fossero ancora in vacanza, mentre sono rientrati già da parecchi giorni; 7. Noi crediamo nelle tue capacità, al punto da affidarti un incarico di grande responsabilità; 8. Il paziente verrà dimesso il giorno successivo all'intervento, a meno che (salvo che) non subentri qualche complicazione.

es. 8
Produzione autonoma.

es. 9
Produzione autonoma.

es. 10
Produzione autonoma.

es. 11
a. in altre parole; b. purtroppo; c. a dire la verità; d. pertanto; e. in realtà; f. pertanto; g. sebbene; h. per quanto riguarda; i. in ultimo; l. purtroppo; m. sicché; n. tuttavia.

es. 12
Produzione autonoma.

es. 13
Produzione autonoma.

es. 14
a. così da; b. a mio avviso; c. senza che; d. se; e. nell'ipotesi che; f. allo scopo di; g. pur; h. invece; i. in altre parole; l. mentre; m. tuttavia; n. purtroppo; o. relativamente; p. in ultimo.

59 La formazione delle parole (1)

es. 1

A	N	T	I	A	C	Q	U	A	S	
N		C		N					T	
T	P	O	S	T	I	C	I	P	A	R	E
E		M		I		O			N		
C		P		C		N		A		A	
E		O		I		T		L	O		
D		R	I	P	R	E	S	A	G	T	
E		R		A		S			E	T	
N		E		R		T			S	O	
T	I	P	E	R	O	S	S	I	D	O	
E	P	R	E	M	E	S	S	A		C	
		B	I	S	C	O	T	T	O		

es. 2
1. antefatto; 2. semifinale; 3. ipocalorica; 4. iperteso; 5. subaffittare; 6. antigelo; 7. disinformato; 8. posporre; 9. rinnovare; 10. sovradimensionare.

es. 3
1. e. sottolineare; 2. g. ultravioletti; 3. a. supermercato; 4. b. bimestre; 5. h. intervallo; 6. j. ipovedente; 7. c. rileggere; 8. i. concittadino; 9. d. pregiudizio; 10. f. subacqueo.

es. 4
1. incivile; 2. disattento; 3. disordinato; 4. scarica; 5. incomprensibile; 6. anormali; 7. sfortunata; 8. disabilitato; 9. impossibile; 10. simpatica.

es. 5
1. disattento; 2. incivile; 3. simpatica; 4. disordinato; 5. incomprensibile; 6. disabilitato; 7. anormali; 8. sfortunata; 9. scarica; 10. impossibile.

es. 6
1. f. fornaio; 2. h. moltitudine; 3. j. comunismo; 4. b. settimanale; 5. c. pigrizia; 6. d. protestantesimo; 7. e. inglese; 8. a. motocicletta; 9. g. felicità; 10. i. commerciante.
1. comunismo; 2. protestantesimo; 3. commerciante; 4. settimanale; 5. fornaio; 6. pigrizia; 7. felicità; 8. inglese; 9. moltitudine; 10. motocicletta.

es. 7
1. portalettere; 2. agrodolce; 3. girotondo; 4. pastasciutta; 5. spazzaneve; 6. dormiveglia; 7. arcobaleno; 8. capodanno; 9. grattacielo; 10. guardaroba.

es. 8
1. onnivoro, vegetariano; 2. sottosuolo; 3. controindicazioni; 4. antinquinamento; 5. portale, bassorilievi; 6. multimediale; 7. monotematico; 8. tridimensionale, occhiali; 9. portiere; 10. anticipare.

es. 9
1. giornalista; 2. atossici; 3. coinquilina; 4. antifurto; 5. –; 6. perseveranza; 7. pluriennale; 8. ipercritico.

es. 10
Diverse soluzioni possibili, ad esempio: 1. è un romanzo molto lungo; 2. è un luogo dove si effettuano trattamenti per la cura e la salute del corpo; 3. è un locale pubblico in cui si può giocare con videogiochi; 4. è la strada principale che unisce due paesi o città; 5. è la regina di tutte le api dell'alveare; 6. è una porta a vetri che consente l'accesso a balconi e giardini; 7. è l'albero posto al centro della nave oppure l'albero principale; 8. è una donna molto grassa, era un'attrazione da circo; 9. è un contratto che garantisce un capitale in caso di morte o invalidità dell'assicurato.

es. 11
a. appartenenza; b. straconosciuto; c. evidenza; d. variabile; e. velocità; f. ortografia; g. frequenza; h. probabilità; i. ricercatore; l. coinvolto; m. inglese; n. stragrande; o. iperdistanti; p. prevedere; q. immutabili; r. americana; s. irregolari; t. morfologia; u. impermeabili.

es. 12
Diverse risposte possibili, ad esempio:
1. manovale, manubrio, manipolazione, manuale, manette, maneggiare, maneggevole; 2. cartolaio, cartella, cartuccia, carteggio, incarto, cartografo, cartografia, cartaceo; 3. allattamento, allattare, lattaio, latteria, lattiginoso, lattosio, latticino; 4. panino, panificio, panettiere, paninoteca, panificazione, impanare; 5. guerrafondaio, guerreggiare, guerresco, guerriero, guerriglia; 6. acquitrino, acquerello, acquario, acquazzone, acquedotto, acquavite, acqueo, acquolina.

es. 13
4. antipasto; 5. previsione; 6. passeggiata; 8. francobollo; 10. schiaccianoci; 12. sottovoce; 13. pittore; 16. impressionismo; 17. neonato; 22. benessere; 23. palcoscenico; 24. minigonna; 26. trimestre; 27. sovrattassa; 28. disabitato; 29. megafono.
1. congiuntivo; 2. pianoforte; 3. monologo; 7. multinazionale; 9. pescecane; 11. ambidestro; 14. neozelandesi; 15. biografia; 18. microscopio; 19. discoteca; 20. ghiacciai; 21. bandiera; 25. bisnonna.

60 La formazione delle parole (2)

es. 1
1. macchinine; 2. nottataccia; 3. bomboletta; 4. lampadina; 5. tempaccio; 6. tavolino; 7. scatoloni; 8. venticello; 9. coniglietti, asinello; 10. bustina.

es. 2
1. donnone; 2. canzonetta; 3. leprotti; 4. erbaccia; 5. cestino; 6. portone; 7. postaccio; 8. ragazzino; 9. bottiglietta; 10. gabbianella.

es. 3
abbaino, abbaia, botte, bottone, mela, melone, mulo, mulino.

es. 4
1. parlottare; 2. ho dormicchiato/dormicchiavo; 3. ha fischiato; 4. scoppiettare; 5. ho letto; 6. fischiettare/che fischietta; 7. scoppiarono; 8. abbiamo parlato; 9. dormire; 10. leggiucchiando.

es. 5
4. pulcino; 5. cavallone; 7. calzone; 9. aquila; 11. cerino; 12. canino; 14. pulce; 15. tifone; 16. cane; 17. tifo
1. aquilone; 2. monte; 3. rapa; 6. montone; 7. cavallo; 8. cero; 10. girino; 12. calza; 13. giro.